国家社会科学基金一般项目
"农村学校布局调整对农村文化建设的影响"
（批准号：11BSH031）研究成果

农村学校布局调整
对农村文化建设的影响

蔡应妹 严米平◎著

中国社会科学出版社

图书在版编目 (CIP) 数据

农村学校布局调整对农村文化建设的影响 / 蔡应妹, 严米平著. —北京: 中国社会科学出版社, 2019.9

(浙江师范大学马克思主义理论研究文库)

ISBN 978 - 7 - 5203 - 4755 - 6

Ⅰ.①农… Ⅱ.①蔡…②严… Ⅲ.①农村学校—区域布局—关系—农村文化—文化事业—建设—研究—中国 Ⅳ.①G725②G12

中国版本图书馆 CIP 数据核字 (2019) 第 149167 号

出 版 人	赵剑英
责任编辑	喻 苗
责任校对	胡新芳
责任印制	王 超

出　　版	中国社会科学出版社
社　　址	北京鼓楼西大街甲 158 号
邮　　编	100720
网　　址	http://www.csspw.cn
发 行 部	010 - 84083685
门 市 部	010 - 84029450
经　　销	新华书店及其他书店

印　　刷	北京君升印刷有限公司
装　　订	廊坊市广阳区广增装订厂
版　　次	2019 年 9 月第 1 版
印　　次	2019 年 9 月第 1 次印刷

开　　本	710 × 1000　1/16
印　　张	18.75
字　　数	289 千字
定　　价	88.00 元

总　序

　　自《共产党宣言》发表以来，马克思主义在世界上得到了广泛传播。在人类思想史上，没有一种思想理论像马克思主义那样对人类产生了如此广泛而深刻的影响。这种影响不但是世界的，更是中国的；不但是过去的，更是未来的；不但是思想意识的，更是社会实践的。

　　马克思主义是科学的世界观和方法论，创造性地揭示了人类社会发展的规律，第一次创立了人民实现自身解放的思想理论体系，指引着人民认识世界和改造世界的行动，并始终具有巨大的开放性和包容性，具有无比强大的生命力。

　　一百年前，十月革命一声炮响，给中国送来了马克思主义。中国先进分子从马克思主义的科学真理中看到了解决中国问题的出路，找到了建设强大中国的根本方法。在近代以后中国社会的剧烈变化中，在中国人民反抗封建统治和外来侵略的激烈斗争中，在马克思主义同中国工人运动的结合过程中，1921年中国共产党应运而生。从此，中国人民谋求民族独立、人民解放和国家富强、人民幸福的斗争有了主心骨，中国人民从精神上由被动转为主动，有了照亮前行的灯塔。

　　无数事实证明，马克思主义的命运早已同中国共产党的命运、中国人民的命运、中华民族的命运紧紧连在一起，它的科学性和真理性在中国得到了充分检验，它的人民性和实践性在中国得到了充分贯彻，它的开放性和时代性在中国得到了充分彰显。马克思主义为中国革命、建设、改革提供了强大思想武器，使中国这个古老的东方大国创造了人类历史上前所未有的发展奇迹。"历史和人民选择马克思主义是完全正确的，中国共产党把马克思主义写在自己的旗帜上是完全正确的，坚持马克思主义基本原理同中国具体实际相结合、不断推进马克思主义中国化时代化是完全正确的"。

理论的生命力在于不断创新，推动马克思主义不断发展是中国共产党人的神圣职责。我们要坚持用马克思主义观察时代、解读时代、引领时代，用鲜活丰富的当代中国实践来推动马克思主义发展，用宽广视野吸收人类创造的一切优秀文明成果，坚持在改革中守正出新、不断超越自己，在开放中博采众长、不断完善自己，不断深化对共产党执政规律、社会主义建设规律、人类社会发展规律的认识，不断开辟当代中国马克思主义新境界，这是习近平新时代中国特色社会主义思想。习近平新时代中国特色社会主义思想，是对马克思列宁主义、毛泽东思想、邓小平理论、"三个代表"重要思想、科学发展观的继承和发展，是马克思主义中国化最新成果，是党和人民实践经验和集体智慧的结晶，是中国特色社会主义理论体系的重要组成部分，是全党全国人民为实现中华民族伟大复兴而奋斗的行动指南，我们必须长期坚持并不断发展。

研究马克思主义理论，就是要坚持马克思主义指导地位，不断推进实践基础上的理论创新。改革开放 40 年的实践启示我们，创新是改革开放的生命。实践发展永无止境，解放思想永无止境。我们坚持理论联系实际，及时回答时代之问、人民之问，廓清困扰和束缚实践发展的思想迷雾，不断推进马克思主义中国化时代化大众化，不断开辟马克思主义发展新境界。

研究马克思主义理论，就是要坚持与中国特色社会主义事业相结合，解决好中国问题。我们要强化问题意识、时代意识、战略意识，用深邃的历史眼光、宽广的国际视野把握事物发展的本质和内在联系，反映时代精神、回答时代课题、引领时代潮流、推动时代发展，把握好中国特色社会主义伟大实践的基本规律，把握当代中国的基本国情，把握好中国在世界格局中的地位，把握好实现民族复兴强国梦的根本目标，让马克思主义在中国放射出更加灿烂的真理光芒。

研究马克思主义理论，就是学精悟透用好马克思主义，解决好学什么、如何学的问题。学习马克思主义不是仅仅学习马克思的思想，而必须整体性地学习、历史性地学习。立足新时代中国特色社会主义实践，要更加突出地学习习近平新时代中国特色社会主义思想。同时，要坚持自觉学、深入学、持久学、刻苦学，把读马克思主义经典、悟马克思主义原理当作一种生活习惯、当作一种精神追求，用经典涵养正气、淬炼思想、升华境界、指导实践。

浙江师范大学马克思主义理论学科历史悠久，特色明显，成果突出，影响广泛。1963 年成立马克思主义理论教研室，1977 年创办政史系，1987 年成立马克思主义理论教研部，1999 年成立社会科学教研部，2011 年在整合原有资源基础上，学校组建马克思主义学院，2017 年被确定为省重点建设高校马克思主义学院，2018 年与金华市委宣传部共建马克思主义学院。目前马克思主义理论学科为省一流 A 类学科、浙江省重点高校重点建设学科、浙江师范大学高峰学科，已形成马克思主义基本原理、马克思主义中国化研究、思想政治教育、国外马克思主义研究、中国近现代史五个研究方向，在 2012 年教育部学科评估中，马克思主义理论学科综合实力位居浙江省属高校第一，其中科学研究水平位居全国第五。在艾瑞森中国校友会网 2016 年中国大学学科排行榜上获评五星级学科，在全国该学科中排名为 14/332，在 2017 年在全国第四轮学科评估中获 B，位列省属高校第一。

组织出版《浙江师范大学马克思主义理论研究文库》，旨在整体呈现浙江师范大学长期以来特别是党的十八大以来马克思主义理论研究的成果，分"马克思主义基本理论""马克思主义中国化在浙江""伦理学与思想政治教育""国外马克思主义""中国近代史基本问题"等研究系列，体现原创性与时代性，体现学科特色与地方特色，体现科研与教学的高度融合，以实现"引人以大道、启人以大智、育人以大才"之目标。

"夫学术者，天下之公器"。《浙江师范大学马克思主义理论研究文库》的出版，期待来自理论界的关注与关心、来自学术界的批评与讨论！

是为序！

李建华

2019 年 2 月 16 日

序　村庄需要文化和文化传承

农村教育的发展十年一直是我关心的问题，因为我当过农村小学教师，而且教的是复式班（一个教室里有两个及以上年级的班级）。那个时候没有学生升学排名的压力，但是教师们还是认真教学。村小学生的学习和活动与村庄的活动密切联系在一起，每当学生放学排队回家或在村子搞活动时，我看到了村民们满意的目光。在这里，学校与村庄是连在一起的，他们的密切互动使学生和村民双方受益，也使儿童少年的成长少了坎坷。2000年，我参加了一个扶贫研究项目，到河北省一个贫困县去做扶贫调查，发现一年级的孩子因为村小被撤不得不到离家15里的乡镇政府所在地去上学，为此奶奶不得不在镇政府所在地租房陪孙子。我愕然了。后来进一步了解到这是全国性的现象，我有机会向领导反映了这种"撤点并校"（撤掉村小并入乡镇级学校）的担忧。

前一段时间，教育部部长说西部贫困农村初中学生辍学率高，辍学者中有60%不愿再上学。我想，这里的原因是多方面的，乡村学校往"更高层级"集中、上学远、就学成本增加，可能是重要原因。于是，是为了办教育（省钱的教育）而设立学校，还是为了儿童少年的成长而办教育，就成了一个值得思考的问题。

"撤点并校"据说是基础教育"改革"的组成部分，自然被许多人关注。蔡应妹成功申请了国家社会科学基金课题，对"撤点并校"的社会效果进行研究，是很有现实意义的。《农村学校布局调整对农村文化建设的影响》在比较深入丰富的实地调查的基础上，充分利用文献资料，从社会学、教育学、文化学等多学科相结合的视角，理论研究与实证研究相结合，研究"撤点并校"现象对农村社会文化发展、延续和传承的影响，做了比较全面的阐述和深入的分析。研究从农村社区文化主体的角度，分析了村小撤离导致村庄文化"空场"的现象——作为农村文化主体的教师离场、学生缺场、村民缺席，使原有的"学校文化＋乡村文化"的农村文化结构走向解体。从离开村庄的学校的角度看，远离乡村的农村学校成为围墙中的文化孤岛，实施的是他者化的乡村教育，它失去了学校的农村文化建设的功能，教师也失却了乡村公共性。学校与村庄疏离了，这里产生了区隔，农村基础教育在走向"去农化"。在各种类型的城市化加速推进、市场经济对教育过分侵蚀的大背景下，农村文化在走向衰落。作者点出了我不愿意看到的，但是有事实根据的结论。从学术研究的角度看，作者的分析是有根据的，她所运用的文化场域、文化空间、文化主体性的分析视角是恰当的，分析是有深度的，在概念使用上有所创新，该项成果推进了关于"撤点并校"问题的学术研究，相信这会引起对此问题感兴趣者的共鸣，也会对政策制定者的反思有所帮助。

　　学生少、乡村教学质量差被认为是"撤点并校"可以"说得过去"的理由，但这基本上是基于成本分析的视角。学生、家长、村民在此过程中失却了主体地位，学校成为乡村中的"孤岛"，学校在做与乡村无关的事，即彻底的"脱嵌"，这是应该的吗？这与"办好人民满意的教育"是何种关系？

　　习近平总书记在党的十九大报告中宣告"中国特色社会主义进入新时代"，提出要"实施乡村振兴战略"，指出要"优先发展教育事业"，"推动城乡义务教育一体化发展，高度重视农村义务教育"。在这个节点上，重新思考几乎"一刀切"的"撤点并校"政策是必要的。

　　面对已经实施了近20年的"撤点并校"给农村文化建设带来的严重冲击，蔡应妹给出了自己的"对策"：通过重塑"校—村"文化共同体，来弥补学校消失后农村文化建设上的空缺。这是比较务实的，是具有启发意义的，也是该项研究的"落实"之处。当然，"校—村"文化共同体的重建，还需要教育工作者、教育行政管理部门多一份乡村文化发展、文化传承和乡村振兴的视角。我很希望能看到"中国特色社会主义新时代"乡村基础教育的这种有创新意义的实践。

王思斌

2017 年 11 月

于北京大学社会学系

目　　录

绪　　论

　　学校的撤并是一个国家教育事业发展过程中教育布局调整最常用的方式，是管理者应对经济社会发展、人口结构和空间分布变化、产业结构变化的常规教育管理活动。而在过去的十多年间，发生在我国广大农村的学校撤并，其规模之大、波及之广、程度之深前所未有，已远不止是一次常态的教育布局调整行为，可以说是一场空前的运动。尽管这场持续十多年的运动至 2012 年底基本停止，但农村学校的撤并对农村社会发展、农村文化建设的影响是复杂且深远的。随着我国经济社会的发展和城镇化的推进，农村学校撤并仍将是农村教育布局调整的基本方式之一。所以，研究这场历时十多年的大规模学校撤并运动对农村特别是那些撤离了学校的农村文化建设的影响，总结经验教训，具有理论和实践的意义。

一　问题的提出与研究意义

（一）问题的提出

　　20 世纪 90 年代中后期，我国绝大多数地区基本完成了"基本实施九年义务教育和基本扫除青壮年文盲"的"两基"普及任务。为巩固"两基"普及成果，提高"两基"整体水平和质量，1998 年，教育部颁发了《关于认真做好"两基"验收后巩固提高工作的若干意见》，提出"遵循方便学生就近入学和充分利用教育资源，提高办学规模、效益原则，合理调整中小学校布局"①。同时，随着我国计划生育政策的推行与落实、城镇化水平的不断提高，引起人口的流动和分布的变化，农村学龄人口逐年减少，从而使广大农村地区不少中小学校生源不足，原有的"村村办小学，乡乡办初中"的办学格局难以持续，学校布局分散、规模小、效益低的问题日益突出。为了解决这些问题，我国部分农村地区开始了对小规模学校的裁撤与合并。2001年5月，国务院颁布了《关于基础教育改革与发展的决定》，明确提出"因地制宜调整农村义务教育学校布局。按照小学就近入学、初中相对集中、优化教育资源配置的原则，合理规划和调整学校布局"。此后，我国正式开始了有目标、有规划、有步骤的农村中小学布局调整，并在全国范围内展开。学校布局调整的主要方式就是对偏远地区小规模学校和教学点实行"撤点并校"，促使"小学向乡镇集中，初中向中心乡镇集中，高中向县城集中"。从2001年到2010年的十年间，我国农村学校数量急剧减少，全国教学点由11.4万个减少到6.7万个，减少了4.7万个，减幅为41.2%，其中，农村减少了4.5万个，占减少总量的95.7%。同期全国小学由49.1万所减少到25.7万所，减少了23.4万所，减幅为47.7%，其中，农村减少了20.5万所，占减少总量的87.6%。同期全国初中由6.7万所减少到5.5万所，减少了1.2万所，减幅为17.9%，其中，农村减少了1.1万所，占减少总量的91.7%。②

从总体上看，农村学校布局调整取得了明显成效，主要体现在：教育资源得到有效整合，学校规模普遍扩大，办学效益显著提高；教师资源得到整合，教师专业化程度明显提升；农村学校各种设施逐渐优化，办学条件明显改善。但与此同时，广大农村学校布局调整所带来的各种问题及其消极影响也日益凸显，如家校距离增加，学生上学安全隐患增大，导致新的辍学、失学现象；学生就学成本提高，加重农民家庭经济负担；学校、班级规模扩大，增加管理难度，影响培养质量等。

农村学校对于农村社区具有独特的地位和价值，对于农村文化更有着

① 教育部：《关于认真做好"两基"验收后巩固提高工作的若干意见》，《教育部政报》1998年第9期，第353页。
② 王定华：《关于我国农村义务教育学校布局调整的调查与思考》，《华中师范大学学报》（人文社会科学版）2012年第6期，第141—146页。

不可替代的作用。对于那些失去了学校的乡村来说，学校的撤离对其所产生影响是重大的，尤其是对其文化建设的不利影响更是毋庸置疑的，但这方面鲜有人关注。当今时代农村学校的价值何在？学校撤离后的农村文化生态如何？合并后的农村学校的文化功能何以发挥？失去了学校的农村文化怎样重建？等等，这些问题值得切实关注，迫切需要解决，以进一步推进新农村建设和新型城镇化的发展。

（二）研究意义

农村文化建设是新农村建设的重要组成部分，而农村学校对于农村文化建设则具有举足轻重的作用。进入21世纪以来十多年的农村学校布局调整基本上是从经济学的效益观点出发的，它对提高办学效率、促进教育均衡发展起了很大的促进作用。在某些农村地区，学校的消失意味着文化高地和文明标识的缺失，带来新的农村文化危机和文化贫困。因此，系统研究这一课题，对于化解由此带来的农村文化危机，促进农村文化建设健康发展，有着重要的意义。

1. 理论意义

准确把握我国农村社会变迁特别是学校布局调整对农村文化建设的影响，正确认识由于学校的撤离所产生的农村文化危机的表现、特征、本质和各种发展可能，探索化解新的农村文化危机的路径和方法，揭示学校布局调整后农村文化建设的规律，能够丰富农村文化建设和农村教育发展理论。

2. 实践意义

揭示我国农村学校布局调整引发的农村文化建设出现的问题，剖析学校撤离后的农村文化生态，提出化解新的农村文化危机、消除文化贫困、摆脱文化困境的路径与具体策略，对于农村文化建设工作、农村学校布局调整工作的改进和农村学校文化功能的全面有效发挥，具有一定的借鉴意义。

二　文献述评

进入21世纪以来，农村学校布局调整成为我国教育改革的重要内容，经过十多年的努力，这项改革取得了令人瞩目的成绩，也显露了不少问题，迅速成为学术界的研究热点。如教育学关注的学校布点的合理化、教育资源的整合、布局调整的效益与学生发展、布局调整中的利益冲突与协调、巨型学校与大班额、寄宿制等问题；文化学关注的"文字上移"、村落文化的消逝等问题；社会学关注的社会主义新农村建设中的文化传统、现代文明等问题。因为本书是从社会学、教育学、文化学、伦理学等多学科交叉的视角进行研究的，所以需要从多学科相关研究中去了解该问题的研究现状。

（一）关于农村学校布局调整的研究

农村学校布局调整是教育布局的主要内容，影响最直接、反应最敏锐、研究最集中的自然是教育学界。我国教育学界较早的有关研究是范先佐主持的课题"中西部地区农村中小学合理布局结构研究"。该课题组先后发表了《我国农村中小学布局调整的背景、目的和成效——基于中西部地区6省区38个县市177个乡镇的调查与分析》《中国中西部地区农村中小学合理布局结构研究》等一系列成果，① 系统分析了农村中小学布局调整的背景、预期、动力、障碍、具体模式等，评价了布局调整带来的促进区域内教育均衡发展等的成效，同时也揭示了农村学校布局调整带来的公平与效率的冲突、中心学校和教学点难以兼顾、寄宿制学校现状堪忧等问题及其原因，提出了农村中小学合理布局的基本原则和指标体系。

王嘉毅等通过对一些地方农村学校布局调整状况的分析，发现布局调整措施失当造成许多"教育真空地带"，使教育公平难以体现。② 庞丽娟

---

① 这一研究课题的主要成果有：范先佐等：《我国农村中小学布局调整的背景、目的和成效——基于中西部地区6省区38个县市177个乡镇的调查与分析》，《华中师范大学学报》（人文社会科学版）2008年第7期，第121—127页；郭清扬：《农村学校布局调整与教育资源合理配置》，《教育发展研究》2008年第7期，第61—65页；范先佐：《农村学校布局调整与教育的均衡发展》，《教育发展研究》2008年第7期，第55—60页；吴宏超：《农村中小学布局调整的困境与出路》，《华中师范大学学报》（人文社会科学版）2007年第2期，第135—139页；范先佐等：《中国中西部地区农村中小学合理布局结构研究》，中国社会科学出版社2009年版。

② 王嘉毅、吕晓娟：《教育公平视野中的农村学校布局调整》，《甘肃社会科学》2007年第6期，第85—88页。

也指出，部分地区农村中小学不合理的布局调整严重影响了当地农村义务教育的普及，给农村学生带来了新的求学困难，甚至对当地的社会稳定造成了一定的威胁。[①] 社会学界也有对这一问题的少量研究，如石人炳从人口流动的角度对此进行了研究。[②]

近几年，随着对农村学校布局调整问题研究的深入，系统性的研究成果迭出。史宁中主持的教育部哲学社会科学研究重大课题攻关项目"新农村建设与城镇化推进中农村教育布局调整研究"，也是把研究重心落在农村学校布局上，在对我国农村学校布局调整的发展历程考察和全国范围内各种学校调整类型抽样调查的基础上，进行了系统的政策研究、规划研究和比较研究。[③] 21世纪教育研究院对农村撤点并校政策存在的问题对农村教育造成的影响做了系统的分析评价，探讨了农村教育的出路。[④] 有关农村学校布局调整中的某一问题的专题性研究成果也逐渐出现，如刘善槐在对农村学校布局调整决策的基本模式、产生的问题及原因展开调研分析的基础上，提出建立一套科学合理的决策模式的构想，以实现学校布局调整效用的最大化；[⑤] 又如张洪华运用个案研究的方式，以博弈思维的方法，对农村学校布局调整中各个主体的利益立场、利益矛盾做了详细描述，提出构建城乡和谐的学校生态系统的愿景。[⑥]

与此同时，也有少数研究从学业成绩、学校适应、道德成长等方面考察学校布局调整对农村学生发展的影响。如侯龙龙等通过对广西、云南、四川、甘肃和宁夏等西部五省区的实证研究发现，学校布局调整对来自被

①　庞丽娟：《当前我国农村中小学布局调整的问题、原因与对策》，《教育发展研究》2006年第2B期，第1—6页。
②　石人炳：《我国人口变动对教育发展的影响及对策》，《人口研究》2003年第1期，第55—60页。
③　史宁中等：《新农村建设与城镇化推进中农村教育布局调整研究》，经济科学出版社2014年版。
④　21世纪教育研究院：《农村教育向何处去——对农村撤点并校政策的评价与反思》，北京理工大学出版社2013年版。
⑤　刘善槐：《农村学校布局调整决策的科学化、民主化与道义化研究》，教育科学出版社2014年版。
⑥　张洪华：《农村中小学布局调整中的利益博弈——基于苏镇个案的实地研究》，南开大学出版社2014年版。

撤并教学点的转校学生的学业有着显著负面影响,他们的学校适应性明显差于非转校生。[1] 蔡志良等通过大量的调查研究发现,农村学校的撤并对部分学生的道德成长带来风险,即学生道德成长的不确定,主要是因为学生与父母、老师的交往减少和监管力量削弱,合并后学校内外环境变化会使学生道德成长形成断层,认为学生道德成长的风险是可以规避的并成为道德创生的触发点。[2]

　　对农村学校进行布局调整也是世界各国基础教育发展和城镇化进程中共同面临的课题。国外对于学校布局调整的研究主要集中在调整目的、学校布局标准、学校关闭的后果、如何避免不利影响等问题上。例如,美国前后经历了100多年的农村学校布局及调整,在20世纪中后期进行了大规模的"学校合并"运动。根据查伯(Chamber)、布莱克(Bryk)等人的研究,20世纪美国农村"学校合并"运动使具有维系社区凝聚力"纽带"的社区小学校不断消失,农村邻里关系疏远,许多儿童感到失去了小学校的"家庭氛围",情感交流和社会交往被弱化,教师和家长的沟通也大为减少,学生的归属感、人际交往等方面受到很大影响。日本在进入新世纪以来,由于町村的合并,小规模町村数量锐减,教育财政投入减少,进行了学校撤并运动。这引起教育者们的担忧,学校的撤并将导致区域社会中许多学习资源消失,使培养孩子人格形成的空间狭小化。[3] 韩国从1982年以来一直持续着农村小规模学校的合并政策,认为小规模学校的合并有助于促进学生学习能力、社会交往能力的提高和个人性格的完善,但结果是使被合并学校的学生的不安定因素增加,心理负担加重,影响学习成绩和成长发育。[4]

　　综合研究情况看,国内关于农村学校布局调整本身的研究内容主要包

————————

　　[1]　侯龙龙等:《西部五省区农村学校布局调整与学生发展》,《教育学报》2010年第6期,第77—83页。

　　[2]　蔡志良等:《跨越德性生长的断层——农村学校布局调整后学生道德成长风险研究》,浙江教育出版社2016年版。

　　[3]　史宁中等:《新农村建设与城镇化推进中农村教育布局调整研究》,经济科学出版社2014年版,第406页。

　　[4]　同上书,第415页。

括学校布点的合理化、教育资源的整合、布局调整的效益、布局调整中的利益冲突与协调等方面。也有少数研究注意到布局调整后学生的学业、道德发展问题。相比之下，美国、日本、韩国等发达国家的农村学校布局调整经历了较长的历史，对经验、教训的总结也更为全面深入，较多关注对学生发展的影响，也有少数研究涉及学校撤并对农村社区的不利影响，如农村社区凝聚力下降、农村社区居民社会交往减少，等等。

（二）关于学校布局调整对农村文化影响的研究

研究学校布局调整对农村文化的影响，是以肯定农村学校对农村文化具有重要意义为前提的。在我国，由于学校撤并对农村文化建设的影响逐渐显露，所以近些年对这一问题的探讨一直是个热点。

1. 农村学校对农村文化的意义

对于学校之于农村文化的意义，中国古代就已有论述，如子产把学校看作是能"闻忠善以损怨""闻作威以防怨"的场所。孟子把"庠序之教"作为与"制民之产"同样重要的治国之策。在 20 世纪二三十年代的乡村教育运动中，一批先进知识分子希望从教育农民入手从而改善乡村生活、推进乡村建设，进而达到国家的繁荣富强，如黄炎培的农村教育实验、陶行知的生活教育实验、晏阳初的平民教育实验和梁漱溟的乡村建设运动，都是基于农村是中国社会和中华文化的根本这样一种判断和信念而掀起的。

可以说，农村学校对于农村文化的意义是个不证自明的命题，因此在相当长的历史时期人们并没有去讨论这一问题，直到新世纪这一轮学校布局调整中出现农村学校大规模的撤离农村并业已对农村文化生态产生不利影响时，才引发人们重新认识现代农村学校的文化意义。李书磊认为乡村小学是深入村落中唯一的国家机构，在乡村背景和气氛中显出一种不可替代的身份，它在村落中的功能变迁具有文化史的意义。[①] 王铭铭指出，在传统社会中，教育是社区生活的一部分，社区的仪式和传统是教育的主要

[①] 李书磊：《村落中的"国家"——文化变迁中的乡村学校》，浙江人民出版社 1999 年版，第 5 页。

内容。但民族国家兴起以后，产生了"国民教育"的概念，使教育成为全民的事，导致社区以外的文化和知识取代社区的传统。乡村新学校的成立，反映的就是这个过程。①

　　除了这些从文化史和人类史的角度认识农村学校的理论意义之外，许多学者更是直接阐述了其具体意义。安晓敏认为学校对于当地村落具有符号意义、生活意义和文化意义，学校成为乡村社会文化的最后一片圣地。②龙宝新认为农村小学是"村落的文化堡垒"，是乡村文化的着生点、乡村文化的守护者和乡村文化的整合者，在村落文化形态再造、重构中担负着作为文化机构的社会使命。③吴惠青等认为，农村学校是农村地区的文化中心，通过加强与当地农村的文化对话，可以在传统文化的保存、传递与创新以及现代文化的引入、传播和融合等方面发挥重要的引领作用，从而优化农村文化场域，提高村民文化自觉，丰富群众精神世界，有效促进新农村文化建设。④也有学者如冯翠云、代静亚、王成芝等从乡村文化传承的视角阐述农村学校的文化意义。⑤美国学者艾伦·狄杨（Alan J. De Young）等人认为学校是整个社区社会、文化活动的中心，社区居民通过学校获得社会身份，并借以产生对社区的归属感与责任感，所以乡村学校对于社区的意义远胜于法律上的规定，它的存在有利于社区的稳定与延续。⑥日本学者藤田英典认为，学校是当地居民一起参加各种活动、交换意见、协商利害关系、积累共同经验、培养相同的回忆和归属感的基础，

　　① 王铭铭：《溪村家族——社区史、仪式与地方政治》，贵州人民出版社2004年版，第84—85页。

　　② 安晓敏：《"公平·质量·效率：农村教育政策的抉择"国际学术研讨会论文集》，东北师范大学出版社2009年版，第308—312页。

　　③ 龙宝新：《村小"消逝"现象的文化学思考》，《中国教育学刊》2012年第6期，第12—16页。

　　④ 吴惠青、王丽燕：《新农村文化建设中农村学校的使命》，《教育发展研究》2011年第19期，第69—72页。

　　⑤ 参见冯翠云《学校布局调整背景下乡村文化传承的困境分析》，《清华大学教育研究》2012年第2期，第96—99页；代静亚、龙红霞《"后撤点并校时代"的乡村教育与乡村文化传承》，《教学与管理》（理论版）2014年第4期，第39—42页；王成芝、曹晶《乡村文化传承何以受阻：农村学校布局调整的文化学思考》，《教育理论与实践》2015年第31期，第30—34页。

　　⑥ Alan J. De Young and Craig B. Howley, "The Political Economy of Rural School Consolidation", *Peabody Journal of Education*, Vol. 67, No. 4, 1990, pp. 63–89.

是社区社会的共同性基础。①

显然，学术界对于农村学校之于所在农村的文化意义不但没有异议，而且有着许多共同的认识。

2. 撤点并校对农村文化的影响

作为农村文化高地和文明象征的农村学校的大量消失，引起人们对农村文化建设的担忧，许多学者认为这一变化是对农村文化的冲击。熊春文和万明钢等认为，历史上的学校下乡进村代表着"文字下乡"，而今天大量乡村学校急剧消失正呈现出一个"文字上移"的趋势，这对农村教育和农村文化极为不利。② 安晓敏认为学校的消失使农村社会凝聚力削弱、乡村本土文化秩序迅速瓦解。③ 薛文俊认为，学校撤离农村的一个直接后果就是加剧乡村文化生态的凋敝和荒漠化。④ 张孝德尖锐批评，撤点并校使维系乡村文明的乡村文化传承系统遭到摧残性破坏，从根上切断了乡村文化的传承。⑤ 刘善槐指出，学校的消失意味着对农村文化的一种抽离，许多农民将会离开农村，最终加速农村社会的"空心化"。⑥ 龙宝新认为，村小的撤并破坏了"新文化内嵌式"的良性村落文化结构，打破了城乡间的文化均衡，蚕食着农村文化的自然生态，放弃了学校的文化建设责任。⑦ 董树梅也认为，学校的撤并割断了农村文化发展的血脉，削弱了农村文化

---

① ［日］藤田英典：《走出教育改革的误区》，张琼华、许敏译，人民教育出版社 2000 年版，第 3 页。

② 参见熊春文《"文字上移"：20 世纪 90 年代末以来中国乡村教育的新趋向》，《社会学研究》2009 年第 5 期；熊春文《再论"文字上移"：对农村学校布局调整的近期观察》，《中国农业大学学报》（社会科学版）2012 年第 4 期；万明钢《文字上移：渐行渐远的乡村教育》，《教育科学研究》2010 年第 7 期；李强《中国村落学校的离土境遇与新路向》，《中国教育学刊》2010 年第 4 期。

③ 安晓敏：《"公平·质量·效率：农村教育政策的抉择"国际学术研讨会论文集》，东北师范大学出版社 2009 年版，第 308—312 页。

④ 21 世纪教育研究院：《农村教育向何处去——对农村撤点并校政策的评价与反思》，北京理工大学出版社 2013 年版，第 66 页。

⑤ 张孝德：《拯救中国乡村文明呼吁书——生态文明视野下中国乡村文明发展命运反思》，载 21 世纪教育研究院《农村教育向何处去——对农村撤点并校政策的评价与反思》，北京理工大学出版社 2013 年版，第 192—203 页。

⑥ 刘善槐：《农村学校布局调整决策的科学化、民主化与道义化的研究》，教育科学出版社 2014 年版，第 107 页。

⑦ 龙宝新：《村小"消逝"现象的文化学思考》，《中国教育学刊》2012 年第 6 期，第 12—16 页。

发展的动力，瓦解了农村文化发展的整体。① 周晔认为"学校离村"带来
社会文化隐忧，表现为村庄凝聚力弱化而加速村落消亡和乡村社会瓦解、
乡村文化"失地"、中华生态文化遭遇破坏、乡村少年文化人格健全"土
壤"缺失。② 周洪新、徐继存也认为农村学校撤点并校造成乡村文化的危
机，使乡村文化建设主阵地缺失、原始村庄凝聚力弱化、乡村文化传播途
径被割断。③ 冯翠云、代静亚、王成芝等都认为农村学校的撤离严重影响
乡村文化的传承。④

国外对于学校布局调整的研究主要集中在学校布局标准、学校关闭的
后果、如何避免不利影响等问题上，其中也部分涉及了学校撤并后对农村
社区文化的影响问题。这在对 20 世纪美国农村"学校合并"运动的研究
中有所体现。查伯（Chamber）、布莱克（Bryk）等人的研究表明，美国农
村学校的合并，使农村社区凝聚力下降，邻里关系疏远，许多儿童感到失
去了小学校的"家庭氛围"，农村社区居民之间情感交流和社会交往弱化，
造成了"当你中止了学区，你也就中止了社区"的不良后果。弗勒（Full-
er）更是深刻指出："关闭一所农村社区的学校，就等于摧毁了一个凝聚
这些小型农村社区的机构，摧毁了社区人口所共有的建筑，事实上也在一
定程度上摧毁了这个社区。"⑤ 藤田英典也认为，学校被撤并，乡村社区的
共同性基础便会遭到破坏，孩子的生活脱离社区反过来又会破坏社区的活
力基础。丧失了凝聚力的乡村社区会进一步促进家庭的孤立化，把孩子的

---

① 董树梅：《"后撤点并校时代"农村文化困境突围中农村学校的担当》，《河北师范大学学报》
（教育科学版）2014 年第 1 期，第 99—112 页。

② 周晔：《"学校离村"的乡村教育新动向及其社会文化隐忧——兼与"文化上移"提法商榷》，
《河北师范大学学报》（教育科学版）2015 年第 5 期，第 118—122 页。

③ 周洪新、徐继存：《农村学校布局调整中的乡村文化危机与反思》，《理论学刊》2014 年第 9
期，第 104—107 页。

④ 参见冯翠云《学校布局调整背景下乡村文化传承的困境分析》，《清华大学教育研究》2012 年
第 2 期，第 96—99 页；代静亚、龙红霞《"后撤点并校时代"的乡村教育与乡村文化传承》，《教学与
管理》（理论版）2014 年第 4 期，第 39—42 页；王成芝、曹晶《乡村文化传承何以受阻：农村学校布
局调整的文化学思考》，《教育理论与实践》2015 年第 31 期，第 30—34 页。

⑤ Ljonel J. Robert Gibbs, *The role of education promoting the economic & social vitality of rural America*,
2009 - 04 - 02, http://www. eric. ed. gov/ERICDocs/data/ericdocs2sql/content_ storage_ 01/0000019b/
80/1b/ea/Oe. pdf.

生活封闭在学校与家庭的循环之中。①

可见，国内外学者对学校撤并对农村文化建设影响的研究焦点都是关注负面的后果，但由于社会结构、文化传统的差异，结论不尽一致。

（三）关于学校撤并后的农村文化建设研究

随着我国农村城镇化进程的推进，特别是党的十六届五中全会提出要按照生产发展、生活宽裕、乡风文明、村容整洁、管理民主的要求扎实推进社会主义新农村建设，农村文化建设成为学术界持续的研究热点。综合起来看，现今的研究成果迭出，文献浩繁，主要集中在三个方面：关于农村文化建设现状的研究；关于新时期农村文化的地位、价值、内容的研究；关于农村文化建设方法途径的研究。

也有少量以学校布局调整为新的变量对农村文化建设进行的研究，这方面主要表现在对农村教育和乡村文化相结合的研究中。

钱理群提出，农村教育不应是自我封闭的，而要发挥学校的外扩性的影响与辐射作用，要建立"现代乡村社区教育体系"，把国民教育与社区教育统一起来，使学校成为乡村社会"家园"的象征与载体，乡村教师成为乡村精英的重要成员和乡村建设与改造的骨干力量。② 刘铁芳认为，乡村文化重建的核心是恢复乡村文化的自信，重建乡村作为社会文化有机体存在的尊严，扩大传统乡村文化生存的空间；乡村教育要填补乡村文化虚化后给乡村少年成长留下的精神空白，培育他们完整的心性与情感。③

有些学者从不同的角度给予了一些具体的建议。安晓敏提出学校布局调整背景下建设农村社会文化的对策有：制定有弹性的因地制宜的学校布局调整标准；利用农村社会特有的文化环境，加强学校自身的文化功能；建设和引进优秀文化资源，形成农村社会文化的自我生成机制。④ 杨东平

---

① ［日］藤田英典：《走出教育改革的误区》，张琼华、许敏译，人民教育出版社2000年版，第4页。
② 钱理群：《关于西部农村教育的思考》，载21世纪教育研究院《农村教育向何处去——对农村撤点并校政策的评价与反思》，北京理工大学出版社2013年版，第211—222页。
③ 刘铁芳：《乡土的逃离与回归：乡村教育的人文重建》，福建教育出版社2008年版，第41—47页。
④ 安晓敏：《"公平·质量·效率：农村教育政策的抉择"国际学术研讨会论文集》，东北师范大学出版社2009年版，第308—312页。

建议，未来农村学校要建立与社区发展、经济、民生的新关系，教育对象和教育内容应该是全方位的，实现普通教育、成人教育、职业教育"三教结合"，发挥学校作为新农村的文化中心的功能；农村教育不应该是单一的升学教育，而应该回归生活，回归社区，与农村文化建设、社区发展紧密结合，重视乡土教育的价值。① 吴惠青等认为，农村学校服务新农村文化建设的途径有：弘扬农村传统道德、推广农业科技培训、丰富农民文化活动、激发农民文化自觉。② 龙宝新建议，要坚持村小的文化公益组织性质，将之纳入国家文化体系来建设；坚持学校布局与文化布局兼顾的村小布点原则；坚持将文化收益评估作为村小撤并的基本依据。③ 董树梅提出，要科学、稳妥地恢复或重建一些农村学校，为农村文化立魂；培育为全体农村儿童服务的学校文化，接续农村文化发展的血脉；加强学校与家庭、社区的互动，有效促进农村文化的活化。④

也有部分学者从乡村文化传承的角度提出解决路径。冯翠云认为要解决乡村文化的传承，要加强学校教育与其他教育系统的整合，拓展乡村文化传承的场域；乡村文化进校园，把乡村文化纳入学校教育体系；充分肯定和发挥乡村文化精英的作用。⑤ 代静亚等提出要寻求乡村教育与乡村文化的沟通，要突破城市教育的价值预设，加强乡村学校的乡村文化底蕴。⑥ 王成芝等认为要疏通乡村文化传承通道，教育需要回归生活，感受乡土文化；加强农村学校师资建设，促进乡土课程的开发与完善；构建城乡文

---

① 杨东平：《关于深化教育领域综合改革的思考》，《清华大学教育研究》2013 年第 1 期，第 1—5 页。

② 吴惠青、王丽燕：《新农村文化建设中农村学校的使命》，《教育发展研究》2011 年第 19 期，第 69—72 页。

③ 龙宝新：《村小"消逝"现象的文化学思考》，《中国教育学刊》2012 年第 6 期，第 12—16 页。

④ 董树梅：《"后撤点并校时代"农村文化困境突围中农村学校的担当》，《河北师范大学学报》（教育科学版）2014 年第 1 期，第 109—112 页。

⑤ 冯翠云：《学校布局调整背景下乡村文化传承的困境分析》，《清华大学教育研究》2012 年第 2 期，第 96—99 页。

⑥ 代静亚、龙红霞：《"后撤点并校时代"的乡村教育与乡村文化传承》，《教学与管理》（理论版）2014 年第 4 期，第 39—42 页。

一体化，创新乡土文化。①

　　通过对学术界研究文献的梳理，可以看到，由于前十多年农村学校大规模撤并的负面效果日渐显现，学校撤并对农村文化建设的影响及其发展趋向问题，近年来逐渐为学术界所关注，但现有的研究，多是从某个学科展开的单一性研究。学校撤并对农村文化建设的影响是综合性的，还有待从社会学、教育学、文化学、伦理学等学科综合的视角展开深入系统的研究。

三　研究设计

　　本书在对农村学校布局调整和农村文化建设进行宏观分析的基础上，从多学科相结合的角度探讨新时期农村学校对于农村文化进步的意义，分析学校撤并对农村文化建设的影响，揭示存在的问题，进而提出学校撤并后的农村文化建设的对策，以促进农村文化进步为基本取向来设计研究方案。

（一）研究内容

1. 学校对于农村文化进步的意义

　　主要从历史的、比较的角度研究学校这一教育制度形式对于农村的文明象征的符号意义、社会成员的凝聚意义、精神寄托的生活意义，特别是在当今时代的特殊价值。

2. 学校撤并对农村文化建设的影响

　　运用区位理论和社会系统理论，研究农村学校这一次系统的缺失对农村文化结构系统的影响。研究重点：一是对研究经过并校后办学规模扩大、办学效率提高的农村学校文化功能的变化，认识学校布局调整对农村文化建设的积极影响。二是研究经过撤点并校而失去学校的农村文化建设状况，揭示农村学校布局调整对农村文化结构和文化生活、各种人际关系、乡风文明等方面的消极影响。

---

　　① 　王成芝、曹晶：《乡村文化传承何以受阻：农村学校布局调整的文化学思考》，《教育理论与实践》2015 年第 31 期，第 30—34 页。

3. 学校撤并后的农村文化建设出现的问题

主要研究由于失去了学校的农村在文化建设方面出现的问题，如文化象征符号丧失、农村社会凝聚力下降、农村文化主体缺失、传统文化和乡风变异等；还有经过并校的农村学校远离乡村文化的"离农"和"孤岛"化等问题。

4. 学校撤并后的农村文化建设的路径与策略

主要研究学校布局调整后的农村文化建设规避负向发展的可能性、趋向正向发展可能性。一方面是如何填补学校消失后农村文化建设上的空缺，化解由此带来的农村文化危机，消除文化贫困的路径与策略；另一方面是如何实现农村学校的文化功能，为促进新农村文化进步发挥作用。

（二）核心概念界定

1. 农村学校布局调整

学校布局调整是管理者应对经济社会发展、人口结构和空间分布变化、产业结构变化的常规教育管理活动，是教育布局调整最常用的方式。农村学校布局调整指从各地区的自然条件和经济社会发展需要出发，将比较分散的农村学校和教学点适当集中起来，重新进行区域内中小学校网点布局和规划，通常也称为撤点并校。本书所研究的农村学校布局调整始于20世纪90年代，2001年起进入高潮，经过十多年的调整，许多地区已基本实现"小学向乡镇集中、初中向中心镇集聚、高中向县城集聚"的布局目标。至2012年底，大规模的农村学校布局调整基本停止。

2. 农村文化

农村文化是指在特定的农村社会生产方式基础之上，以农民为主体，建立在农村社区的文化。它是农民在长期的历史进程中，创造和形成的精神文明的总和，包括农民文化素质、价值观念、交往方式、生活方式、风俗习惯、行为规范等精神文化和心理结构。农村文化是与城市文化相对应的区域文化，它的特点是：农民是其主体；农村社区是其载体；农村社会生产方式是其底色。农村文化是由农村生产力水平和生产关系类型决定的，社会生产方式的不同不但是决定农村文化与城市文化差异的主要原因，而且是决定农村文化变迁的决定性因素。①

　　与农村文化类似的有乡村文化、乡土文化两个概念。乡村文化、乡土文化与农村文化的含义是基本相同的，具有共同的特点，但仔细品味还是有细微差异。相比之下，乡村文化概念显得更具有学理性，体现文化变迁性，②但内容上与农村文化并没有实质性差异；乡土文化更偏重于乡村的自然生态观念、生活方式、道德秩序、行为规范、风俗习惯、民间娱乐等乡民们在长期生产生活中所积累的大众性文化。在本书中根据各自的特殊性在概念使用上有所选择，但对农村文化和乡村文化常常不作区分而等同使用。

　　3. 农村教育

　　广义的教育泛指一切以人为教育对象，以影响并促进人的身心综合的发展为根本目标的社会化活动，在外延上是一个融机构性的学校教育和非机构性的家庭教育、社会教育为一体的综合体。狭义的教育专指学校教育，是由专职人员和专门机构承担的，有目的、有组织地系统影响入学者身心发展的社会活动。本书中所说的农村教育使用的是狭义"教育"概念，专指农村的学校教育，是指作为正式的社会机构的农村学校内的，有目的、有组织地系统影响入学者身心发展的教育实践活动。

（三）研究思路与方法

　　1. 研究思路

　　本书以促进社会主义新农村文化建设健康发展为基本取向，以农村学校布局调整为基本背景和问题发生原点，利用社会学、教育学、伦理学、文化学等多学科融合的优势，运用理论研究与实证研究相结合的方法，采用普遍调查与个案分析相结合、乡村实地研究与学校现场研究相印证等手段，弄清农村学校撤并对农村文化建设的影响，揭示由于学校撤并而带来

----

　　①　参见刘豪兴《农村社会学》，中国人民大学出版社 2008 年版，第 168—169 页；肖桂云、张蓉《农村社会学》，中国审计出版社 2001 年版，第 199—200 页。

　　②　这还涉及"农村"和"乡村"两个概念的区别。有学者通过对农村、乡村概念的内涵和外延、地域的确定性、产业的发展、社区特征和城市化的前提等多方面进行比较，主张由"乡村"概念取代"农村"概念。参见王洁钢《农村、乡村概念比较的社会学意义》，《学术论坛》2001 年第 2 期，第 126—129 页。

的农村文化建设问题，探索填补学校消失后农村文化建设上的空缺，化解由此带来的农村文化危机，消除文化贫困的路径与策略。

2. 研究方法

文献法。收集国内外关于农村学校布局调整的政策、进展状况的资料和关于农村文化建设方面的研究文献，梳理研究现状和存在问题，做出研究展望。

问卷调查法。编制学校布局调整对农村文化建设影响的问卷，在浙江、湖北、山西、河南、辽宁、山东、青海等7个省选择17个县（市、区）20个乡镇进行1700多人的问卷调查（问卷分为乡友卷和乡村教师卷），对收集到的有效数据进行分析。

访谈法。对选定农村的村民、村干部、乡村教师以及所在地乡镇干部共46人进行访谈，并选择若干有代表性的对象，进行深度访谈。

观察法。进入乡镇、村庄、学校、村民家庭现场进行细致观察，从各种现象中把握实质。

比较法。对学校布局调整前后农村文化建设状况、村民文化生活状况进行比较，对拥有学校的农村和被撤并学校的农村的文化建设状况进行比较。另外进行中外比较研究。

（四）基本观点

第一，学校这一教育制度形式是农村文化不可或缺的重要组成部分，它对于当地农村具有文明象征的符号意义、社会成员的凝聚意义、精神寄托的生活意义。

第二，学校布局调整对当地农村文化建设产生重大影响，其中的消极影响是布局一旦不合理会瓦解农村文化结构，削弱学校文化功能，影响各种人际交往，伤害农民的文化生活、乡风文明，造成一定程度的农村文化危机和文化贫困。

第三，学校布局调整对农村文化建设的负面影响在一定程度上是可以消除的，学校消失后农村文化建设上的空缺是能够用其他方式弥补的，由此带来的文化危机在一定程度上可以得到化解。

（五）研究样本与调查对象

为从整体上了解我国农村学校撤并对农村文化建设的影响，准确把握当前农村文化建设的诉求以及存在的问题特别是由于学校撤并而引起的问题，笔者在做了大量前期准备的基础上，于 2012 年 7 月至 2014 年 9 月就农村学校布局调整对农村文化建设的影响问题在全国 7 个省展开调查，获取了大量第一手数据与材料。

考虑到我国区域经济、文化、人口、地理等差异，课题组从我国东、中、西部选取了浙江、湖北、山西、河南、辽宁、山东、青海等 7 个省，从中选择自 20 世纪 90 年代以来经过学校布局调整的 20 个乡镇进行重点调研（见表 0 - 1）。

表 0 - 1　　　　　　　　　　研究样本分布

省（自治区）	县（市、区）	乡镇
浙江	平阳县	鳌江镇
	南浔区	练市镇、菱湖镇
	北仑区	梅山乡
	余姚市	泗门镇
	常山县	新昌乡、芳村镇
	柯城区	万田乡、九华乡
	衢江区	杜泽镇
	婺城区	白龙桥镇
	永康市	方岩镇
湖北	京山县	永漋镇
	鹤峰县	邬阳乡
	天门市	渔薪镇
山西	汾西县	僧念镇
河南	睢县	涧岗乡
辽宁	长海县	小长山乡
山东	微山县	欢城镇
青海	湟源县	日月乡

　　课题组实际发放学校被撤的村、乡的乡友调查问卷821份，调查对象的职业、文化程度多样，但以普通村民为主，回收有效问卷780份，有效回收率95%（见表0-2、表0-3、表0-4）。

表0-2　　　　　问卷调查对象个人情况分布（学校被撤地乡友）

类别	频数	百分比（%）	有效百分比（%）	累计百分比（%）
普通村民	633	81.2	81.2	81.2
村两委干部	46	5.9	5.9	87.1
乡镇干部	20	2.6	2.6	89.7
农村文体骨干	17	2.2	2.2	91.9
乡镇文化员	12	1.5	1.5	93.4
其他	52	6.6	6.6	100.0
合计	780	100.0	100.0	

表0-3　　　　　问卷调查对象文化程度情况（学校被撤地乡友）

类别	频数	百分比（%）	有效百分比（%）	累计百分比（%）
小学以下	103	13.2	13.2	13.2
小学	123	15.8	15.8	29.0
初中	249	31.9	31.9	60.9
高中及中专	191	24.5	24.5	85.4
大专及以上	114	14.6	14.6	100.0
合计	780	100.0	100.0	

表0-4　　　　　问卷调查对象所在区域分布（学校被撤地乡友）

类别	频数	百分比（%）	有效百分比（%）	累计百分比（%）
老少边穷地区	27	3.5	3.5	3.5
民族聚居区	36	4.6	4.6	8.1
城乡接合部	80	10.3	10.3	18.3
名村古镇	27	3.5	3.5	21.8
有文物古迹	6	0.8	0.8	22.6
普通乡村	600	76.9	76.9	99.5
其他	4	0.5	0.5	100.0
合计	780	100.0	100.0	

同时，为对比研究的需要，课题组对经历布局调整的现存学校的教师和所在地村民进行调查。发放教师问卷 320 份，主要是小学教师、少量初中教师，回收有效问卷 309 份，有效回收率 96.6%（见表 0-5、表 0-6、表 0-7）。发放现存学校所在地乡友问卷 660 份，回收有效问卷 637 份，有效回收率 96.5%（见表 0-8、表 0-9、表 0-10）。

表 0-5　　　　　问卷调查对象性别分布（现存学校教师）

性别	频数	百分比（%）	有效百分比（%）	累计百分比（%）
男	145	46.9	46.9	46.9
女	164	53.1	53.1	100.0
合计	309	100.0	100.0	

表 0-6　　　　　问卷调查对象文化程度情况（现存学校教师）

类别	频数	百分比（%）	有效百分比（%）	累计百分比（%）
小学以下	7	2.3	2.3	2.3
小学	16	5.2	5.2	7.5
初中	86	27.8	27.8	35.3
高中及中专	188	60.8	60.8	96.1
大专及以上	12	3.9	3.9	100.0
合计	309	100.0	100.0	

表 0-7　　　　　问卷调查对象所在区域分布（现存学校教师）

类别	频数	百分比（%）	有效百分比（%）	累计百分比（%）
老少边穷地区	7	2.3	2.3	2.3
民族聚居区	3	1.0	1.0	3.2
城乡接合部	93	30.1	30.1	33.3
名村古镇	24	7.8	7.8	41.1
有文物古迹	8	2.6	2.6	43.7
普通乡村	172	55.7	55.7	99.4
其他	2	0.6	0.6	100.0
合计	309	100.0	100.0	

表0-8   问卷调查对象文化程度情况（现存学校所在地乡友）

类别	频数	百分比（%）	有效百分比（%）	累计百分比（%）
小学以下	40	6.3	6.3	6.3
小学	133	20.9	20.9	27.2
初中	189	29.7	29.7	56.8
高中及中专	130	20.4	20.4	77.2
大专及以上	145	22.8	22.8	100.0
合计	637	100.0	100.0	

表0-9   问卷调查对象个人情况分布（现存学校所在地乡友）

类别	频数	百分比（%）	有效百分比（%）	累计百分比（%）
普通村民	528	82.9	82.9	82.9
村两委干部	25	3.9	3.9	86.8
乡镇干部	16	2.5	2.5	89.3
农村文体骨干	16	2.5	2.5	91.8
乡镇文化员	16	2.5	2.5	94.3
其他	36	5.7	5.7	100.0
合计	637	100.0	100.0	

表0-10   问卷调查对象所在区域分布（现存学校所在地乡友）

类别	频数	百分比（%）	有效百分比（%）	累计百分比（%）
老少边穷地区	19	3.0	3.0	3.0
民族聚居区	15	2.4	2.4	5.3
城乡接合部	126	19.8	19.8	25.1
名村古镇	31	4.9	4.9	30.0
有文物古迹	2	0.3	0.3	30.3
普通乡村	443	69.5	69.5	99.8
其他	1	0.2	0.2	100.0
合计	637	100.0	100.0	

在问卷调查的基础上，采用个别访谈、座谈、讨论等调查形式，访谈了 22 名村民和村干部、5 名乡镇干部、6 名乡镇文化员、8 名乡村教师、2 名乡镇中心校校长、1 名乡镇初中校长和 2 名村小校长。

四　研究过程

本书研究自 2011 年 6 月立项以来，历时五年，其间经历了农村学校布局调整政策的变化调整和"三农"政策改革发展，整个研究过程分为以下 6 个具体研究阶段。

（一）文献收集与研究阶段

时间：2011 年 7 月至 12 月。

系统检索收集国家关于农村地区教育发展、农村学校布局调整的法规政策、国内外有关学校布局调整的文献资料，以及农村文化、农村文化变迁和建设发展的文献资料。课题组对这些文献资料和各种信息进行系统分析，掌握我国农村学校布局调整的基本历程、取得的成效、产生的影响和农村文化建设的基本状况、存在的问题。

（二）初步考察调研阶段

时间：2012 年 1 月至 3 月。

课题组成员分 3 个小组分别对浙江省南浔区、河南省睢县、湖北鹤峰县进行实地调研，考察了 3 个乡镇、3 个村、1 所初中、3 所小学，对 20 多人进行访谈，其中包括 3 个乡镇的有关负责人、文化员、村干部、村民、乡村学校校长和教师，获得了反映当地关于农村学校撤并及其影响、农村文化建设的第一手资料。

（三）调查方案的设计、定型阶段

时间：2012 年 4 月至 10 月。

在初步考察调研的基础上，根据研究内容和目标要求，课题组对调查内容进行多次讨论，设计了 3 套"农村学校布局调整对农村文化建设的影响"调查问卷,包括学校被撤并村村民卷,合并学校所在村村民卷、教师卷;调查问卷题型包括单选题、多选题和开放式问题。制定了分别针对上述三类对象的3套访谈提纲。调查内容包括了村民对学校撤并的态度和看法、当地村民文化生活现状和需求、当地的乡风文明状况、村民与学校与教师的关系、学校对当地文化建设的作用等情况,特别关注因学校撤并引起的文化生活、村风乡俗的变化,比较完整地涵盖了学校撤并可能影响乡村文化的各种状况。调查方案设计好后,课题组先后在浙江省南浔区、河南省睢县、湖北鹤峰县选择了3个乡(镇)、3个村进行试调查,对调查过程中发现的问题进行讨论分析。同时对调查问卷和访谈提纲征求专家意见。在此基础上,对调查问卷和访谈提纲进行修改、补充,完善调查方案并正式定型。

(四) 正式调查阶段

时间:2012年11月至2014年6月。

课题组组成了9个调查小组,先后分别前往浙江、湖北、山西、河南、辽宁、山东、青海等7个省的20个乡(镇)、22个村庄、4所初中、6所小学进行重点调研。由于学校布局调整政策影响最大的是农村初中和小学,对高中影响不大,所以本书选择农村学校均为初中、小学,其中初中4所、小学6所。

实地调查过程中,除了进行设计好的问卷调查、个别访谈外,还组织了一些座谈、讨论等小组式调查活动,深入乡(镇)文化室、村民活动室、家庭、学校进行日常观察,采集典型案例。有时为了获得准确的一手材料,需要反复访谈、观察。因此,整个调查工作进程艰难而缓慢,前后历时一年零八个月。

(五) 材料的整理分析与补充阶段

时间:2014年7月至2015年6月。

课题组对调查得到的数据统一编码和录入,运用 SPSS 16.0 软件进行统计分析,并将开放式问题的回答内容、访谈材料和案例进行了整理。为尽量保证材料、信息的完整性、可靠性和时效性,对有些必要的材料及时进行补充，为此用访谈、观察等方法适当扩充了调查的地域范围和对象。

（六）研究成果的撰写阶段

时间：2015 年 7 月至 2016 年 8 月。

在对包括调查材料在内的各种资料进行综合分析的基础上，撰写研究成果初稿，并将调查材料的分析结果、研究结论和建议反馈给部分重点调研地区和对象，听取意见、收集建议，再进行修改完善。

第一章　农村学校之于农村
文化的价值

中国是一个农业大国，农村教育历史悠久。在漫长的历史发展中，形式多样的农村教育缓慢推动了我国农村社会的变迁，促进了农村文化的发展。对于广大乡村地区来说，作为农村教育主要载体的农村学校，有着极为不一般的文化意义。

一　农村教育与社会变迁

教育是社会系统的重要组成部分，无论是从宏观社会看还是从微观地域看，教育与社会之间都存在客观的紧密联系，不管是城市或是乡村，莫不如此。弄清农村教育与农村社会变迁的关系，是理解农村教育、农村学校之于农村社会、农村文化的价值的认识基础。

（一）教育与社会变迁

对教育与社会变迁关系的把握，是为认识农村教育与农村社会变迁关系寻找理论依据，而要把握这一关系，需要从对教育、社会变迁这些概念的理解入手。

1. 教育的历时性考察

一般地说，对教育的理解和界定，有广义和狭义之分。从广义上说，凡是增进人们的知识和技能，影响人们的思想品德的活动，都是教育。也有人认为教育是指一切有目的地影响人的身心发展的社会实践活动，无意当中对别人的影响不能称之为教育。如王国维就认为："教育者，成人欲未成人之完全发育，而所施之有意之动作也。""父母欲其子为良人时所施之训诫，及教师启发生徒时之教授，皆教育之作用也。然无心于教育之作用，虽于冥冥之中，助良童之发育，不得谓之真正之教育。"[①] 狭义的教育是指学校教育，它是教育者根据一定的社会要求和受教育者的身心发展规律，有目的、有计划、有组织、系统地对受教育者的身心施加影响，期望受教育者发生预期变化的活动。

无论从何种视角对教育做出怎样的界定，从共时性维度分析，教育就是一种社会活动，构成这一社会活动的要素有：活动主体——教育者；[②] 活动对象——受教育者；活动动机——教育目的；活动方式——教育方法与手段；活动载体——教育内容；活动效果——教育实效。不论什么时代、什么国家，任何教育活动都是这些要素组合成为一个体系而在社会环境中进行的。

从共时性维度看教育，我们看到了教育存在于社会的这一静态的共性，可以从中感悟教育与社会的关联性，但是不能从中体会教育与社会变迁的相关性。对教育与社会变迁相关性的体会，只能在从历时性维度对教育演变过程的考察中去寻求。

"自有人生，便有教育"，[③] 教育起源于人类社会生活的需要。[④] 伴随人类发展历史，教育演进的基本线索是：第一，人类历史上存在着自在教育和自为教育两种不同层次、不同体系、不同形式、不同特点的教育；第

---

① 王国维：《教育学》，福建教育出版社 2008 年版，第 1 页。

② 对教育活动中主体的认识有多种观点，主要有：主客体论，即教师是教育活动的主体，学生是客体；双主体论，即教师和学生都是教育活动的主体；交互主体，即在教育活动中师生双方互为主客体。教育思想演进的趋势是，学生的主体地位得到承认，主体性逐步增强。这里将教育者定为活动主体，将受教育者视为活动对象，只是为在理论上对社会活动要素做出区分，并不意味着教育观上、师生关系观上把学生确认为客体。

③ 中央教育科学研究所、厦门大学：《杨贤江教育文集》，教育科学出版社 1982 年版，第 414 页。

④ 关于教育的起源，有多种观点，主要有以法国社会学家勒图尔诺为代表的生物学起源说，以美国教育学家孟禄为代表的心理学起源说，以苏联教育学者为代表的劳动起源说。这些学说先后都曾传入我国并产生一定影响，我国一些学者在此基础上进行深入研究，认为这些学说都存在一定的缺陷，并提出多种观点，其中最有代表性的并得到广泛认可的是社会生活需要起源说。参见胡德海《教育学原理》，甘肃教育出版社 1998 年版，第 182—197 页。

二，人类教育总的发展趋势是由教育的自在状态向自为状态发展的，教育从"自在之物"向"为我之物"的发展，是历史的必然。[①]

人类产生至今约 300 万年，这期间，大部分时间里人类对自然、对自身的认识是朴素的、模糊的，甚至是混沌的，主要的生产方式是采集。人类的教育也有了 300 万年的历史，在绝大多数的时间内，只是自发的"自在之物"，即自在教育。自在教育的主要特点如下。

第一，教育者的不确定性。没有专业的、专职的教师，长者为师，能者为傅，在共同的生产生活中进行直接学习、模仿。

第二，教育对象的普遍性。教育对象覆盖了全体社会成员，教育活动普遍地存在于任何社会群体之中，每个个体无一例外地可以平等成为教育活动的作用对象。

第三，教育目的的被动性。教育的目的是让每个社会成员学会别人的生活生产经验和技能，获得生存生活的能力，这是一种被动的适应。

第四，教育内容的生活性。教育内容与生活内容合一，教育内容是生活的经验和规范、生产的知识和技能。

第五，教育方式的日常性。自在教育没有确定的教育场所、制度、形式、教材，是在日常的生活、生产、交往中用口耳相传的方式进行的，往往是自发地、随机地、分散地开展的。

在这个主要依靠狩猎野生动物、采集天然植物为生的时代，教育也是简单的、粗陋的，但作为一种教育体系和形式，自在教育长期存在着，一直延伸到以种植业为主要生产方式的农业时代。农业时代尽管和采集时代是不同的两个时代，相比之下农业时代是产生了巨大进步的时代，但从经济形态上看它们同属于自然经济，而自在教育是和自然经济相互适应、相互依存的，所以在农业时代的教育在绝大部分地区和时间里，仍然处于自在教育状态。可见，不能把自在教育与自为教育绝对地划分为两个阶段，这两种教育形态在相当长的时期内是并存的。准确地说，采集时代的教育是全面自在教育时代，农业时代的教育是自在教育与自为教育并存的时代。

[①] 胡德海：《教育学原理》，甘肃教育出版社 1998 年版，第 202 页。

在 300 万年的采集时代和农业时代里，教育活动和日常生活结成了一体，教育即生活，生活即教育，世代如此，处处如此。人们生于其中，活于其中，习焉不察，教育活动在人们的"不知"之中"而行"，在人们习以为常的生活常态中传递着社会文化。[①] 因此，我们的祖先对"教""育"的理解是非常宽泛的。"教，上所施，下所效也。""育，养子使作善也。"[②] 随着生产力水平的提高和人的主体能力的增强，人类认识利用改造自然界的需要和认识改造自身的需求日益增长，教育的被动适应性逐步让位于主动进取性，教育活动形态逐步分化，产生了有目的、有计划、有组织、系统地对受教育者的身心施加影响的学校教育。学校教育这种具有高度自觉性和主动进取性的教育形态的出现，是人类教育进入自为教育阶段的标志。

从传说中夏代的"序""校"算起，学校教育的产生迄今已约 4000 年，按照学校教育所依据的生产力和社会文化发展水平以及学校教育所产生的社会影响的不同，可以将人类自为教育的发展历程分为萌芽时期、发展时期和全面时期。[③]

自为教育的萌芽时期。原始社会末期，随着社会生产力的发展，社会财富有所增加，积累的生产生活经验、知识逐渐增多，社会文化有所丰富，为了文化传播、保存、传递的需要，文字应运而生。文字的产生，使教育逐渐从原来口耳相传的直接教育向以文字为中介为主的间接教育转变，这为学校教育的产生创造了条件，而学校教育的出现，则标志着人类的教育进入了自为教育阶段。随着简帛的使用，造纸术和印刷术的发明，使学校教育获得了发展进步的条件。学校教育有了专门的教育场所、专门的教师、相对固定的内容，它使人类教育活动从无形、自发、零散、随机发展为有形、自觉、系统、有序，从简单的被动适应性

---

① 胡德海：《教育学原理》，甘肃教育出版社 1998 年版，第 204 页。

② 许慎：《说文解字》。

③ 胡德海先生在其所著的《教育学原理》中将人类自为教育分为初期、中期、全面三个阶段，分析颇为清晰。但笔者认为，"初期""中期"只是一种时序上的划分，不能表达自为教育内涵的发展变化，因而这里采用"萌芽""发展""全面"的划分方式。参见胡德海《教育学原理》，甘肃教育出版社 1998 年版，第 206—215 页。

教育活动发展为承担起传承社会文化、培养社会所需人才的社会事业，人类教育从此进入了一个新的阶段。但是，农业时代的教育，学校教育规模小、覆盖面小、受众少、层次单一、形式简单，社会上大面积存在的还是自在状态的教育，所以这一时期的自为教育还处于萌芽状态。

自为教育的发展时期。自为教育产生以后，伴随人类社会的演进而逐步提升自身的水平和能力，为人类社会的文化积累与传承、人类整体素质的提高做出了贡献，为近代工业革命的掀起提供了知识与人才条件。而工业革命的发展，资本主义的兴起，为教育发展提供了强大的人才、物质力量的支持，从而促进了人类自为教育的快速发展，学校教育能力显著增强，人类教育事业进入了一个新的阶段。

教育的全面自为时期。20世纪中叶，以电子计算机、信息技术的普及与应用为标志的第三次科技革命率先在美、欧、日等发达国家掀起，人类从工业时代进入后工业时代、信息时代。第三次科技革命全方位地改变了人类的社会生活，教育作为与科技活动关系最为密切的社会事业，受到了前所未有的影响与关注，引起了人类对教育的认识和态度的深刻改变。继续教育、学习型社会、终身教育等概念的提出与实践，网络教育、"线上""线下"教育的构想与实施，等等，都表示着人类对世界的关注点正从过去指向外部客体转向人类主体，从开发物质世界的外在价值转向人类自身的潜在价值。教育已经成为推动社会进步和个人发展的重要力量，人类主体力量因此不断得到增强，主体意识完全觉醒，教育也就进入了全面自为的阶段。

2. 教育与社会变迁的交互作用

通过上述对教育的历时性考察，我们可以发现教育发端于人类社会生活的实际需要，随着社会生产力的发展、生产方式的进步、生活方式的改变和物质条件的改善，教育逐渐从完全的自在形态向完全的自为形态转变。在这过程中，因社会的变迁引起教育体系及其各个结构要素如教育主体、教育对象、教育方式、教育内容等的变化，所以社会变迁无疑是教育发展的基本推动力，其作用是显而易见的。但这并不意味着教育只是被动地接受社会变迁单向的推动而对社会变迁无所作为，它反过来也是社会变迁的重要促进力量，双方互为因果、相互促进。①

　　理解教育与社会变迁的交互作用，实际上就是对社会变迁因素、教育的社会功能以及两者的作用机制的认识。

　　在社会学中，社会变迁就是指社会所发生的变化，它包括社会整体的变化，也包括部分的变化。社会变迁的内容非常广泛，宏观的如人类社会形态的变化、国家的兴衰治乱，中观的如社会结构的调整、社会制度和运行机制的变化，微观的如人们的生活方式、行为方式的变化等。影响社会变迁的因素是多种多样的，主要的有环境变化、人口变动、科学技术的发展、社会生产力的进步、社会价值观念的变革等。

　　教育的功能有本体功能和工具功能两大类，本体功能就是其特有的育人功能，工具功能就是其社会功能。社会功能是从本体功能中派生的，一般来说包括经济功能、政治功能、文化功能和社会成层功能。经济功能体现为：一是教育对劳动力的再生产，是教育才能将可能的劳动者变为事实的劳动者，进而提高劳动者的劳动生产率；二是教育是和科学技术联系最为紧密的领域，教育是科学技术发展的基础，科学技术的进步又会直接促进教育的变革，两者紧密联系、相互促进已成为生产力的首要推动力量；三是现代教育已经成为智力投资、人力资源培育的场所，具有显性的经济意义，是促进现代经济增长的重要因素。教育的政治功能体现为：一是传播一定的政治观点、意识形态和法律规范，使教育对象政治社会化；二是根据一定社会的政治需要，培养符合特定政治集团要求的，具有组织管理社会能力的，能促进社会发展的政治人才。教育的文化功能体现为：一是教育的本质就是传承文化，传承人类文明，传承人类劳动所创造的一切成果和智慧；二是任何时代的教育，本身就是当时社会文化的重要构成要素。教育的社会成层功能体现为教育按照不同的人才培养要求，根据教育

①　关于教育与社会变迁的关系，主要有三种理论：一是"结果说"，认为教育变革都是为了适应社会变迁的需要，是社会变迁的结果；二是"条件与原因说"，认为随着社会的发展，教育越来越显示出在社会、经济、文化发展中的重要作用，长期的教育效果能够促进社会变迁；三是"交互说"，认为社会变迁会形成对任何领域包括教育领域的冲击和改变，而教育领域的变化也能够引起某种社会变迁。笔者以为，"结果说"和"条件与原因说"尽管有合理性，但各执一端，有失偏颇，而"交互说"则显得比较客观与辩证。

对象不同的智能结构、兴趣特长、综合素养，在教育筛选的基础上给予不同的教育，为社会输送不同类型、不同专业、不同层次的人才。

教育对社会变迁的促进，就是发挥其经济、政治、文化、社会成层等社会功能，作用于社会变迁的因素，使这些因素发生改变，从而实现社会的变迁。如教育的经济功能对于环境变化、人口变动、科学技术的发展、社会生产力的进步等因素的作用，教育的政治功能对于人口变动、社会价值观念变革的作用，教育的文化功能对于科学技术的发展、社会生产力的进步、社会价值观念变革的作用，教育的社会成层功能对于人口变动、社会价值观念变革的作用。当然，教育的各个社会功能对社会变迁因素的作用并不是单一的，而往往是交叉的甚至是综合的。

（二）农村教育与农村社会变迁

认识教育与社会变迁关系，为我们考察中国农村教育与农村社会变迁的关系提供了基本的理论思路。要弄清中国农村教育与农村社会变迁的关系，需要对农村教育有个明确的界定。

1. 对农村教育的理解

要正确认识农村教育，先需要了解什么是农村。在不同的社会历史条件下，在不同发展阶段的国家内，人们对"农村"是有不同理解的。

农村是人类由采集生产方式进入农耕生产方式后，需要定居生活而产生的，它是以农业生产活动为基础，以农业为主要职业的居民聚居地。农村本身是个历史概念，是人类社会发展到奴隶社会时，作为政治统治中心和手工业生产集中的"城邦"开始出现，并与作为商品交易场所的"市"相结合而形成"城市"，才有了与"城市"相对应的农村。所以在现代，人们往往是从城乡二元结构中界定农村的，如美国社会学家 R. 比勒和 R. D. 菲尔德等认为，与城市相比，农村一般具有这样一些特点：第一，自然生态方面，农村地域广袤，居民的生产和生活对自然生态环境依存性强；第二，人文生态方面，人口密度相对较小，人力资源素质偏低，但在相对的生存与发展空间中是个熟人社会，人际关系比较和谐；第三，谋生职业方面，以广义的农业为基本职业；第四，动态方面，其经济、政治、文化和社会结构长期变迁缓慢，但随着工业化、城镇化的加速而加速。①

在当代中国，从不同角度对农村外延的界定差距很大，通常把县以下的乡（镇）、村看作农村，也有的认为农村包括县及县以下的乡（镇）、村。笔者认为，在现代中国的农村应该是指县以下的乡（镇）、村，而不应该包括大部分地区的县城。这是因为：一是县城是所属各乡（镇）、村的政治、经济、文化中心，是各种功能比较完整的单元；二是大多数县城居民的生产方式、生活方式已经市民化；三是大多数县城已经具有当地农村城市化指示性功能；四是如果将县城作为农村对待，则会挤占对"三农"的各种扶持资源，影响真正的农村建设。

对农村教育的界定，也有多种观点，有代表性的是以下几种。

《国际教育百科全书》提出的农村教育是"为农村人口设计的机构和学习设施，提供学习设施可以由国家正规的学校体制，或者学习设施可以安排正规的条件加以组织"②。

由日本学者提供的，联合国秘书处提出的农村教育是指"农村地区的基础教育、职业技术教育和成人教育，包括有文凭的全日制正规学习和短期非正规的成人扫盲学习以及技能培训"③。

我国学者李少元认为："社会主义初级阶段的农村教育就是指县和县以下的教育，包括县、乡（镇）、村教育。"④ 陈敬朴认为，"一般把发生在农村、以农村人口为对象并为农村经济和社会发展服务的教育称之为农村教育。对于广大发展中国家，农村教育是农业文明向工业文明过渡、出现农村与城市二元社会、农民处于不利条件的历史背景下进行的旨在使农村人口获取知识与劳动技能、现代公民意识与创业能力的教育"⑤。还有学者提出："农村教育是指在农业文明向工业文明过渡和城乡二元结构背景下农村地区举办的，以农村人口为对象的、为农村经济社会发展服务的，

---

① 刘豪兴等：《农村社会学》，中国人民大学出版社 2008 年版，第 72 页。
② ［瑞典］托尔斯顿·胡森、［德］内维尔·波斯尔斯韦特：《国际教育百科全书》第七卷，徐培成译，贵州教育出版社 1990 年版，第 660 页。
③ ［日］田岛重雄：《战后农村教育的发展及其贡献》，国际农村教育研讨会论文，1991 年。
④ 李少元：《农村教育论》，江苏教育出版社 1996 年版，第 2 页。
⑤ 陈敬朴：《农村教育概念的探讨》，《教育理论与实践》1999 年第 11 期，第 39—43、57 页。

旨在最终消除二元结构的各级各类教育形式的总称。"①

　　上述这些关于农村教育概念的不同观点，是从不同角度界定的，如第一种是从教育机构和教育设施来界定的；第二种是从构成教育体系的主要类型角度界定的；第三种是从教育发生地域界定的；第四种和第五种是综合了发生地域、服务对象、教育目的和发展指向等因素给出的概念。综合这些观点，可以发现它们的共同特点，一是现代意识，给出的是现代农村教育的概念；二是二元立场，认为农村教育是出现城乡二元社会结构后出现的教育形态。这一理论视角与思维，早在 20 世纪 30 年代就出现了，如郭人全就曾指出："农业时代，无所谓农村教育；在初期的商业时代，亦无所谓农村教育。农村教育运动之产生是在产业革命以后。产业革命兴起了较大的都市，于是社会形态上有了都市与农村的区别，农村教育运动亦就在这个关系下发轫……都市兴起了以后，于是经济、文化、人才，一切集中于都市。农村教育问题也就随之产生了。"② 卢绍稷也有类似的看法，他认为直至民初，中国并无真正的乡村教育，甚至没有人重视乡村教育。③

　　从现代的视角看，上述观点都有其合理性，但是农村教育不但是一个区域性的教育概念，还是一个发展演变的历史范畴。一般来说，农村教育的主要特征是：发生在农村区域、以农村人口为主要对象、为农村经济社会发展服务，凡是符合这些特征的教育都应纳入农村教育的范畴。这样就既不会把发生于自在教育阶段的、城乡不分的乡野的教育排除出农村教育范畴，也不会产生凡是发生在农村的教育活动都称为农村教育的泛化。

　　2. 农村教育与农村社会关系变迁

　　我国是传统农业大国，农村教育历史悠久，自古以来就有乡学、义学、社学、庙学等多种形式的传统农村教育，以及近代新式教育产生后的各种现代农村教育。通过对我国农村教育沿革的历史考察，我们可以发现，这是一个农村教育与我国农村社会从融合到分离的历程。

---

① 刘豪兴等：《农村社会学》，中国人民大学出版社 2008 年版，第 195 页。
② 郭人全：《农村教育》，黎明书局 1932 年版，第 2 页。
③ 卢绍稷：《中国现代教育》，上海商务印书馆 1934 年版，第 139 页。

第一，传统的中国农村教育与农村社会的低层次融和。

"自有人生，便有教育"，处于蒙昧时期的原始人的教育活动是人类教育史的开端。当时的人们都身处荒野，没有"城""乡"之分，都是乡野之人，把这种纯粹自发的、自然的教育活动称之为农村教育确实勉强。但是，至少在夏商时代，我国古代农村教育开始萌芽。司马迁著《史记》时就提到"乡里有教，夏曰校"①。朱熹指出"校"为乡学。商代的"序"，"以习射为义，皆乡学也"②。西周时，王都以外为"郊"，郊有六乡；郊区以远为"野"，野分六遂。《礼记》称西周时"家有塾，党有庠，术有序，国有学"③。塾、庠、序都是位于郊、野的乡遂之学。可见，在西周时已经出现农村教育的雏形。

春秋战国时期，社会变革与动荡，形成"天子失官，学在四夷"的文化变局，教育领域出现了私学兴起的新现象。这就打破了"学在官府"的局面，使原来由贵族垄断的知识、文化、学术向社会下层扩散，下移民间，教育也借此向广大乡村延伸。私学的兴起，扩大了教育对象和地域，为古代农村教育的形成起了巨大的促进作用。

两汉时官私并设的农村教育体系开始建立。汉代在农村设立庠、序等地方官学，还遴选德高望重的"乡三老"④对民众进行道德教化，并从"乡三老"中选择一人为"县三老"。农村中的私学有三种形式：一是以书馆为主要形式的蒙学教育，学习的目的是识字；二是以乡塾为主要形式的一般经书教育，学习目的是对经书"粗知文义"或"略通大义"；三是以"精庐"或"精舍"为主要形式的专经教育，带有研究与教学相结合的性质。

魏晋南北朝时期是我国教育史上"继汉开唐"的时代，教育事业处于大变革、大转轨时期，农村教育也得到了发展。三国时魏国有官立乡学，西晋的地方官学有乡校等农村学校。两晋农村私学很盛，还延伸到边陲，

---

① 《史记·儒林传》。
② 朱熹注《孟子·滕文公上》中"殷曰序"句。
③ 《礼记·学记》。
④ 《汉书·高帝纪上》记载，"乡三老"的条件是"年五十以上，有修行，能帅众为善"。

如敦煌效谷人宋纤，"隐居于酒泉南山，明究经纬，弟子受业三千余人"①。南北朝时期的农村教育很有生气，如北魏献文帝时普遍设立乡学，规定郡置博士2人、助教2人、学生60人。南朝的私学也有较大发展，许多学者从事私学教育活动。

唐朝是封建社会的鼎盛时期，文化事业获得发展，统治阶层也采取支持农村教育发展的态度和政策。唐高祖时曾下诏兴学，要求"吏民子弟有识性明敏，志希学艺，亦具名申送，量其差品并即配学。州县及乡里，各令置学"②。政府管州学、县学，乡里学校放开由民众自办，不加限制。唐玄宗时更是"许百姓任立私学"。于是，以乡里学校的发展为标志的农村教育得到了发展。

从宋代开始，直到明、清末，是古代农村教育的发展期，但随着我国封建制度的衰落，古代农村教育也随之由盛转衰。这时期的农村教育，一方面积极维护社会的稳定，另一方面注重劝导生产。不管是乡学、私学，还是社学、庙学、义学，都大力宣扬封建伦理纲常，出现了一些"乡约""宗规""家规""家训"，也有一些农业生产知识方面的书籍。这一时期农村教育机构也纷纷设立，北宋时农村有乡党之学，南宋时设有乡校、村学、冬学。元代开办了社学，这是农村教育史上的重大举措，这标志着"正规乡村初等教育的兴起"。③ 当时以五十家为一社，每社设立一所学校，所以元代时农村教育已相当普及。明时在城镇和乡村地区广设社学，以民间子弟为教育对象，招收8—12岁儿童入学，入学时间兼顾农村的农忙与农闲的生物节律，选择农闲时开课。明朝还有一些农村教育机构，如乡校、村学、义学、家塾以及私设的经馆和书院，它们对于善乡俗、育人才，对于农村教育的平民化具有一定的作用。清建国不久，以义学取代社学而成为农村教育的主要形式。

鸦片战争以后，我国封建的自给自足的自然经济逐渐解体，"中学为体，西学为用"指导下的新式教育出现，传统教育也逐渐瓦解，农村教育

---

① 《晋书·隐逸列传》。
② 武德七年《置学官备释奠礼诏》。
③ 高水红：《乡村学校教育变迁与时空意识的变革》，《北京大学教育评论》2012年第4期，第14—32页。

也开始转化。

　　通过对传统中国教育发展史的考察可以发现，与"皇权不下县"的政治格局相一致，传统中国的官学基本停留在县级以上"城市"，但同时农村也有教育活动及其相应的载体存在。尽管"传统中国的统治者一意地将教育的重点放在以应试教育为目的的官学之上，对民间教化听之任之，普及教育的观念极其淡薄"[1]，但是，由于中国传统社会农业经济占绝对主导地位，城市和农村都是建立在农耕文明基础上的，因而在经济上、政治上、文化上构成了城乡一体化格局，从而在教育上形成"无差别的统一"[2]，即教育目的、教育要求、教育内容都一样，最终都是为了选拔人才、教化民众，也许正因为此，郭人全才会得出农业时代无所谓农村教育的结论。不仅如此，在"无差别的统一"基础上，城乡教育之间还存在着良性的循环：传统中国人以耕读为荣，士人多在乡间读书，即便是入科登堂，最终多半还是要告老还乡、叶落归根、魂归故里，乡野是乡间读书人的安身立命之所。这就形成了传统中国城乡教育"'无差别的统一'基础上的良性循环"关系。[3] 同时，传统中国农村教育的教化功能是主要的，人才选拔功能是次要的，因为真正能够通过科考而博取功名的毕竟是极少数，对于绝大多数农家子弟来说，那是遥不可及的。农村教育的主要任务是对农家子弟进行伦理教化、认字识数、写字记事，仅仅满足他们社会生活的基本需求。所以，传统的中国农村教育与农村社会是融和的，不会引起社会阶层的结构性、规模化的分化，也不会与平静简单、超稳定的社会秩序产生矛盾。但是，这种"无差别"的城乡教育关系，平静稳定的农村教育与农村社会的融和关系，是建立在粗浅的尚未分化的教育需求和传统教育范式基础上的，当社会教育需求提高、教育范式改变的新时代到来时，这种低层次融和就破裂了。

---

　　[1]　Borthwick Sally, *Education and Social Change in China*: *The Beginnings of the Modern Era*, Hoover Institution Press, 1983, p. 4.

　　[2]　苏刚：《城乡教育现代化：从"二元对抗"走向"有差别的统一"》，《上海教育科研》2013年第10期，第23—26页。

　　[3]　饶静、叶敬忠、郭静静：《失去了乡村的中国教育和失去了教育的中国乡村：一个华北山区村落的个案观察》，载叶敬忠、吴惠芳、孟祥丹《中国农村教育——反思发展主义的视角》，社会科学文献出版社2015年版，第137页。

第二，近代中国农村教育与农村社会的疏离。

清代后期国力衰弱，西方列强入侵，城乡一体的传统文化在西洋文明的冲击下缺乏应对信心和能力，不得不向近代文明转变。传统中国的自然经济解体，城市有所发展，吸引着离乡离土的农村居民，社会职业逐渐分化。在这样的背景下，"无差别"的城乡教育关系改变了，农村教育与农村社会的融和状态不复存在。

清末十年的新政时期是教育大变革的时期，废科举、兴学堂、建立新学制。光绪帝在《明定国是诏》中明示：从今以后，王公大臣、士子以及庶民百姓，都要兼习中、西学问，令各省府厅州县之大小书院一律改为兼习中学、西学的新式学堂。以省会之大书院为高等学堂，郡城之书院为中学堂，州县之书院为小学堂，地方自行捐资办理的社学、义学等一律中西学兼习。凡民间祠庙不在祀典者，也一律改为学堂，并鼓励绅民捐资兴学。① 通过改良私塾、庙产兴学等方式，广大农村纷纷创办新学堂。经过"壬寅学制"与"癸卯学制"的颁布、科举制的废除，到中华民国建立、"壬子癸丑学制"的颁布，基本完成了中国传统教育的近代化改造。

新式教育在课程安排、教育内容各方面都发生了根本性变化，西方科学知识进入课堂并成为教学内容的主体，这些知识都是属于城市的，是远离农村社会的。新式教育的推行就是费孝通所说的"文字下乡"过程，② 它具有明显的实用性和功利性，对农家子弟的社会教化功能明显弱化，所以新式教育对传统文化特别是乡村文化的传承作用大为削弱，造成乡村文化生态链的中断，导致乡村文化生态的失衡与退化。正如王铭铭所说："在传统社会中，教育是社区生活的一部分，社区的仪式和传统是教育的主要内容。但民族国家兴起以后，产生了'国民教育'的概念，使教育成为全民的事，导致社区以外的文化和知识取代社区的传统。乡村新学校的成立，反映的就是这个过程。"③ 由于新式教育内容远离农村生活，新学堂不及私塾灵便，上学费用提高，农民看不到子弟流动上升的渠道等，所以

---

① 孙培青：《中国教育史》（第3版），华东师范大学出版社2009年版，第334—335页。
② 费孝通：《乡土中国》，人民出版社2008年版，第9—24页。
③ 王铭铭：《溪村家族——社区史、仪式与地方政治》，贵州人民出版社2004年版，第84—85页。

导致贫寒农家子弟的失学越来越普遍，农村"读书人的数量日益减少、平均识字率逐渐降低应是一个相对普遍的倾向"[①]。失学率的提高使农村教育的不公平问题凸显，如清举人李蔚然所说，科举确实有诸多弊端，但它尚能"公平"对待贫富，但"今学堂学生，近城镇者入之，僻远不与；有势力者入之，寒微不与"[②]。教育的不公平又助长了城乡教育的分离和质量差距，城市教育先进、农村教育落后的观念开始形成。

新式教育的推行，使中国城乡渐呈分离态势。随着农村的衰落，乡村精英不再回流，造成传统士绅阶层分化，品质较高的乡绅和学生纷纷离乡入城，乡间劣绅充斥。传统城乡教育之间的良性循环系统衰亡，乡村逐步被中国教育所抛弃，在文化上渐处落后境地，农村教育与农村社会的融和关系不再，疏离的空隙愈来愈大。正是看到新式教育与中国社会现实的格格不入，20世纪20年代后出现了一批先进知识分子，怀着改造乡村、改造社会的理想，掀起了乡村教育思潮和运动。他们带着强烈的忧患意识、崇高的使命感和执着的探索精神，揭示了中国教育特别是农村教育的问题。"三十年间新式教育的结果，就是一批一批地将农村人家子弟诱之驱之于都市而不返。又以我工商业之不发达，麇集于都市之人乃不得不假政治名义重剥农民以自养；乃不得不争夺其所剥削的地盘而酿发战祸。故新式教育于乡村曾无所开益，而转促其枯落破坏。"[③]"中国乡村教育走错了路！他教人离开乡下向城里跑。他教人吃饭不种稻，穿衣不种棉，做房子不造林。他教人羡慕奢华，看不起务农。他教人分利不生利。他教农夫子弟变成书呆子。他教富的变穷，穷的变得格外穷；他教强的变弱，弱的变得格外弱。"[④]他们深刻认识到中国社会的基础在农村，中国社会的改造、教育的改造应以农村为基础。因此，为了纠正新式教育的偏失，探索中国教育的出路，以陶行知、黄炎培、晏阳初、梁漱溟、王拱璧、雷沛鸿、俞庆棠等为代表的知识领袖和教育界的先贤将国民教育、平民教育、职业教

---

① 罗志田：《科举制废除在乡村中的社会后果》，《中国社会科学》2006年第1期，第191—204页。

② 同上。

③ 马秋帆：《梁漱溟教育论著选》，人民教育出版社1994年版，第78页。

④ 陶行知：《中国教育改造》，东方出版社1995年版，第84页。

育、生活教育、民众教育思潮引向农村，开展教育实验、乡村建设运动。可惜的是，日本帝国主义的全面入侵使这些教育实验和乡村建设运动被迫中止，但他们的思想和实践在中国教育史上和农村建设史上留下了浓墨重彩，对于今天的中国农村教育和农村社会建设仍有重要的启示。

第三，当代中国农村教育与农村社会的再融和与再疏离。

新中国成立伊始，《中国人民政治协商会议共同纲领》规定"中华人民共和国的文化教育为新民主主义的，即民族的、科学的、大众的文化教育"，这就指明了新中国教育事业包括农村教育事业的性质和发展方向，推动了农村教育事业的发展。当时的中国，人口的80%以上是文盲，其中绝大多数是工农及其子女。为迅速改变这种状态，提高广大工农群众的文化素质，第一次全国教育工作会议提出了学校应向工农开门，应以工农教育为主体，以普及成人教育为重点和教育应为国家建设服务的方针。在广大工农群众的热情拥护与参与下，采取大力开展农村扫盲运动、中小学向工农开门、举办工农速成中学等措施，掀起了共和国教育史上的第一个高潮。

"文革"期间，不顾农村教育特别是农村学校教育基础薄弱这一实际，盲目发展农村中学，结果造成中学教育质量低下，小学教育严重削弱。1971年的全国教育工作会议开始调整指导思想，提出争取在第四个五年计划期间，在农村普及5年小学，在有条件的地区普及7年教育，大力提倡群众集体办学。到"文革"结束前夕，据新华社报道，全国农村基本普及了5年制小学教育，不少地区已经普及了7年（初中）教育，93%以上的农村学龄儿童都上了学。① 这一时期的农村普及教育是当时政治、经济、人口等因素综合作用的结果，尽管在教育价值观的角度反映了广大农村人口的利益，但是在操作层面上不完全符合教育发展规律，是一种低水平的普及。

20世纪80年代，随着《中华人民共和国义务教育法》的颁布与实施，普及九年义务教育的有步骤推进，农村教育发展的新高潮到来了。为普及农村九年义务教育，实行多渠道集资办学，形成"村村办小学，乡乡

---

① 《我国农村教育革命十年来取得巨大成就》，《光明日报》1976年6月1日第1版。

办中学；上小学不出村，上中学不出乡"的学校布局格局。广大农村通过农民自行投入教育建设的方式，完成了基本普及九年义务教育、基本扫除青壮年文盲的任务，对农村社会发展做出巨大贡献。这样建立起来的学校，发展起来的农村教育，被广大农村居民看成是自己村庄的财富和文化表征，是构成村庄的重要部分。每天看着孩童背着书包上学、放学，听听学校的广播、孩童琅琅书声，成了村民的日常生活内容。这时的农村教育及其组织深深融入村民的日常生活之中，与农村社会是浑然而融和的。

　　20 世纪 90 年代中后期，我国绝大多数地区基本完成了"基本实施九年义务教育和基本扫除青壮年文盲"的"两基"普及任务，为巩固"两基"普及成果，提高"两基"整体水平和质量，国家教育部提出"遵循方便学生就近入学和充分利用教育资源，提高办学规模、效益原则，合理调整中小学校布局"①。同时，随着我国计划生育政策的推行与落实、城镇化水平的不断提高，引起人口的分布、流动的变化，农村学龄人口逐年减少，从而使广大农村地区不少中小学校生源不足，学校布局分散、规模小、效益低的问题日益突出。另外，农村财税体制的改革使农村教育进入"农村教育政府办"的阶段，农村教育与农民的经济联系削弱了。农村教育布局调整提上日程，2001 年 5 月，国务院颁布了《关于基础教育改革与发展的决定》，明确提出"因地制宜调整农村义务教育学校布局。按照小学就近入学、初中相对集中、优化教育资源配置的原则，合理规划和调整学校布局"。此后，农村中小学布局调整在全国范围内有目标、有规划、有步骤地展开了。从 2001 年到 2010 年的十年间，我国农村学校数量急剧减少，全国教学点由 11.4 万个减少到 6.7 万个，减少了 4.7 万个，减幅为 41.2%，其中，农村减少了 4.5 万个，占减少总量的 95.7%。同期全国小学由 49.1 万所减少到 25.7 万所，减少了 23.4 万所，减幅为 47.7%，其中，农村减少了 20.5 万所，占减少总量的 87.6%。同期全国初中由 6.7 万所减少到 5.5 万所，减少了 1.2 万所，减幅为 17.9%，其中，农村

---

①　教育部：《关于认真做好"两基"验收后巩固提高工作的若干意见》，《教育部政报》1998 年第 9 期，第 353 页。

减少了 1.1 万所，占减少总量的 91.7%。① 仅剩的农村学校也以城市学校为办学模板，日益成为农村中的"城市学校"，实际上已成为脱离农村社会的"孤岛"。与此同时，与"三农"有关的各种教育活动在广大农村地区也基本消失。

这一轮农村教育布局造成农村学校急剧消失，有学者把这一现象称之为与民国时期"文字下乡"的教育现代化进程相反的"文字上移"。② 也有学者认为这一现象不应称为"文字上移"，而应称为"学校离村"，是与"学校进村"相背而行的乡村教育新动向。③ 不管是称之为"文字上移"还是称之为"学校离村"，这一过程都是乡村学校与乡村社区之间关系的第二次断裂，④ 实质上是农村教育与农村社会的再次疏离。

二 农村教育与农村文化发展

从产生之日起，教育的职能就是传递人类文明，传递人类劳动成果和智慧结晶，也就是传递文化。教育与文化相伴而生、相随而长，"文化给教育以社会价值和存在意义，教育给文化以生存依据和生机活力"⑤。农村是中国文化广泛而深厚的自然根基，农村文化是农村教育生命和活力的重要源泉，农村教育是农村文化传承和发展的主要途径。

---

① 王定华：《关于我国农村义务教育学校布局调整的调查与思考》，《华中师范大学学报》（人文社会科学版）2012 年第 6 期，第 141—146 页。

② 参见熊春文《"文字上移"：20 世纪 90 年代末以来中国乡村教育的新趋向》，《社会学研究》2009 年第 5 期，第 110—140 页；熊春文《再论"文字上移"：对农村学校布局调整的近期观察》，《中国农业大学学报》（社会科学版）2012 年第 4 期，第 22—36 页；汪淳玉、潘璐《"文字上移"之后——基于三地农村小学寄宿生学习生活现状的研究》，《中国农业大学学报》（社会科学版）2012 年第 4 期，第 44—52 页；万明钢《文字上移：渐行渐远的乡村教育》，《教育科学研究》2010 年第 7 期，第 19—20 页；李强《中国村落学校的离土境遇与新路向》，《中国教育学刊》2010 年第 4 期，第 28—31 页；李涛《"文字"何以"上移"？——中国乡村教育发展的社会学观察》，《人文杂志》2015 年第 6 期，第 122—128 页。

③ 周晔：《"学校离村"的乡村教育新动向及其社会文化隐忧——兼与"文化上移"提法商榷》，《河北师范大学学报》（教育科学版）2015 年第 5 期，第 118—122 页。

④ 邬志辉：《当前我国城乡义务教育一体化发展的核心问题探讨》，《教育发展研究》2012 年第 17 期，第 8—13 页。

⑤ 郑金洲：《教育文化学》，人民教育出版社 2005 年版，第 1 页。

（一）教育本质的文化性

教育的根本目的是造就人。教育是通过系列而有序的活动培养人的自我意识使其成为自觉的人，培养人的社会意识使其成为社会的人，培养人的智能使其成为能动的人。在这使人从一个生物体转化为一个能认识、利用、改造外在世界进而能融合于外在世界的社会人的过程中，教育所做的就是将社会已经积淀的文化去"包裹"成长中的人，使其在文化的浸润中得到自我意识的觉醒、智力能力的生长、价值观念的形成、制度规范的认同，从而成为有独特个性的完整主体生命。可见，教育就是造就人的文化活动。

教育运用文化造就人的活动，是将外在的客观文化转化为个人内在的主观文化的过程，这就注定了这一过程决不像获得某种特定的知识和技能那么简捷、高效，而是一个缓慢过程。德国教育学家斯普朗格从文化哲学的角度提出"教育是文化过程"，从这一角度看，教育就是一个"以环绕个人周围的客观文化为材料，使个人心灵获得陶冶的客观文化体系，由于个人心灵的不断介入，得以更为生动、进展"的过程。① 这是一个从文化积淀到文化传递再到文化创造的复杂过程，正是在这样的复杂过程中，教育才造就了具有"文化财"的人。

从文化学的角度看，教育就是教育者向受教育者有目的、有意识地传授文化的活动，正是借助这一活动，人类才得以不断加深对自然、社会以及自身的认识，并由此使人类文化得以积累、传承、发展。无论是物质文化、制度文化，还是精神文化的传承，都是通过教育实现的，所以教育是文化传承的载体。对于物质文化，教育就是让受教育者不仅认识、理解各种物质文化形态本身，还要学习、掌握创造物质文化形态的经验和技能；对于制度文化，教育就是让受教育者认识、理解、学习和掌握各种制度规范、行为准则和礼仪习俗等；对于精神文化，教育就是让受教育者认识、理解各种价值观念、伦理观念、审美观念并引导他们从中选择和接受某些观念，进而具备精神文化的创造能力。"由于这种不知不觉的教育，个人便逐渐分享人类总结积累下来的智慧和道德财富"，"就成为一个固有文化

---

① 邹进：《现代德国文化教育学》，山西教育出版社 1992 年版，第 9 页。

资本的继承者"①。

教育的文化传承本质还体现在文化与教育的共生关系中。教育不只是文化传承的生命机制，而且教育本身就是文化的一个组成部分。杜威认为，文化是多种事物的"结晶体"，教育是这结晶体中的一个主要成分。英国人类学家马林诺夫斯基认为文化是由经济、教育等八个方面构成的"统一的整体"。从文化与教育的发展历程来说，可以说它们同时产生，因为最早的潜在文化因子即文化萌芽须经教育的传播才成为现实的文化，而教育传播的内容就是潜在文化因子即文化萌芽。所以文化的形成依赖于教育，教育的进行则以文化萌芽的存在为前提，这种共生关系说明了教育是为传承文化这一社会需要而产生的。

（二）农村教育与农村文化的相互滋养

农村教育与农村文化之间除了具有教育与文化的普遍性关系，还蕴含着特殊的相互滋养的关系。

1. 农村文化是农村教育的精神根基和教育元素

农村文化是农村社会的精神之根，也是农村教育的精神根基。刘铁芳通过对自身成长史的解读指出："构成乡村基本生活的内容是乡村自然、乡村情感、乡村劳作和乡村文化，正是这四者与乡村少年的相遇，扩展着乡村少年的生命世界，也使得乡村社会的教育资源生动地显现在乡村少年的生命世界之中。"② 对一个农村少年的成长来说，从农村中的自然物到精神文化，一切都能成为其成长过程中重要的教育因素。因而有学者认为，构成农村文化整体的"一是乡村独特的自然生态景观；一是建立在这种生态之上的村民们自然的劳作与生存方式；一是相对稳定的乡村生活之间不断孕育、传递的民间故事、文化与情感的交流融合"③。从这一意义上来看农村文化，不但农村社会中口耳相传的各种故事歌谣、坊间传说、族规家训甚至善恶有报的神话等都能成为一种对人启蒙教化的元素，即便是山川

---

① 《杜威教育论著选》，赵祥麟等译，华东师范大学出版社 1981 年版，第 1 页。
② 刘铁芳：《乡土的逃离与回归：乡村教育的人文重建》，福建教育出版社 2008 年版，第 101 页。
③ 季中扬：《乡土文化认同危机与现代性焦虑》，《求索》2012 年第 4 期，第 162—164 页。

荒野、森林草地、绿树野花、牛羊猪狗都对人具有潜移默化的影响作用。可以说，无论从什么意义上定义农村文化，它们都是农村教育的精神根基，都是农村教育的基本元素，正是它们积淀成了农村孩童的集体记忆，形成维系共同情感和深厚凝聚力的心理基础。

当然，将农村文化确认为农村教育的精神根基和教育元素并不是撇开现代城市文化的固守。在日益走向文化多元与对话的今天，对农村文化的认同是文化多元背景下我们的文化自觉和自新，是重新确认农村文化中的优秀内涵在整个现代文化体系中的价值与地位，使得农村文化与城市文化能和谐共生、高度包容，在一种积极开放的氛围中重建一种更加合理的文化价值观，超越现代城市文化的功利性价值取向，发展一种人与自然和谐发展、个性自由发展的文化观，而这一切都只有在对农村文化的认同基础上才是可能的。对农村文化的认同，也就是在构筑农村教育的根基，农村教育只有有了坚实的精神根基，才会有真正的文化底气面对城市文化教育，也才会使农村教育真正成为在农村、通过农村并最终为了农村的教育，而农村孩童也将由此不再陷入精神漂移中，在收获自身的文化底气之时，也促进着农村社会的良性发展。

2. 农村教育对农村文化的整合与促进

教育是一种文化传递的主要渠道和手段，但教育对文化的传递是不全面、不完整的，它对传递的文化内容是有所选择的，一般来说，它是将人类历史上世代积累下来的精华文化有选择地传递给下一代的。对文化的选择是前置于教育活动的，教育活动过程中面对的往往是已经经过选择的精华文化。但是，农村教育在传播精英文化的同时，还要面对形形色色的传统习俗，不要说"十里不同风，百里不同俗"，就是邻村之间的方言、规范也可能大不一样，所以农村文化是多元的、异质的，而且往往是优劣并存、精粗共生的。因而，与城市教育不同的是，农村教育还具有整合多元、异质的农村文化和引领农村文化发展的使命。具体来说，农村教育对农村文化的整合与促进主要是通过以下几个方面实现的。

第一，传播精英文化。教育的首要职责是传播精英文化，而精英文化的传播就会自然引起人们对多元、异质的农村文化的比较、辨析，将优秀的农村文化内容整合进教育内容。这一辨析优劣、去粗取精的过程，实际上就是对农村文化的引领与促进。

第二，农村学校的存在。农村学校这一教育机构的存在，本身就为农村文化设置了文化向导，它是"村落中唯一的国家机构，它在乡村背景与乡村气氛中就更显出一种不可替代的身份，它与乡村的互动就具有了深长的意味"①，这"深长的意味"有着独特的文化意义。农村学校"以其鲜明有力的符号系统——如统一的校服、肃穆的校园、谨严的校礼、激昂的校歌——成为国家意志与形象的展现"②。可见，农村学校的存在就会在不知不觉中将农村文化引导到与国家观念相一致的文化上来。

第三，培育具有文化素养的新村民。农村教育主要承担的是基础教育的使命，基础教育的主要任务不在于技能训练，而在于为人的发展和美好生活奠定文化基础，造就基本国民素质。从现在和今后相当长时期内，农村人口还将占据我国总人口的很大比例，③许多农村孩童还将扎根在农村，所以既要让他们对农村文化充满自信，又要明辨农村文化的优劣，还要有开放的视野，能吸收外来的优秀文化，具备新文明观、新文化观。培养现代文化素养的新村民就是农村教育的主要责任。

农村教育亲近农村、辐射农村，自觉承担起影响与改造农村社会的使命；农村社会尊重教育、呵护教育，力所能及为农村教育创造环境，提供文化养料。农村教育与农村文化的相互滋养是农村教育的理想，但并不是不可企及的彼岸，20世纪20年代前期地处浙江上虞白马湖畔的农村学校——春晖中学就是一个成功的典范。"湖在山的趾边，山在湖的唇边；他俩这样亲密，湖将山全吞下去了。吞的是青的，吞的是绿的，那软软的绿呀，绿的是一片，绿的却不安于一片；它无端地皱起来了。如絮的微痕，界出无数片的绿；闪闪闪闪的，像好看的眼睛。湖边系着一只小船，四周却没有一个人，我听见自己的呼吸。想起'野渡无人舟自横'的诗，

---

① 李书磊：《村落中的"国家"——文化变迁中的乡村学校》，浙江人民出版社1999年版，第5页。

② 李书磊：《村落中的"国家"——文化变迁中的乡村学校》，浙江人民出版社1999年版，第9页。

③ 据人口学家的预测，再过40年，中国还将有5亿人生活在农村。参见孙庆忠《文化失忆与农村教育的使命》，载叶敬忠、吴惠芳、孟祥丹主编《中国农村教育——反思发展主义的视角》，社会科学文献出版社2015年版，第31页。

真觉物我双忘了。"① 融于山水的生活场景，宽松自由的办学环境，先进远大的教育理念，给师生个体精神空间的敞亮与自我的健康成长创造了良好条件。同时，春晖中学以"先使闻得你钟声的地方，没有一个不识字的人"的情怀，践行创办人经亨颐倡导的"以社会教育个人，以个人教育社会"教育思想，② 走入周边农村，以设立农人夜校等方式辐射农村、感化农村，扶植农村文化，以自身的文化魅力与农村建立起了关联与互动，担当起了丰富村民精神世界，引领农村社会过上健康向上的文化生活的社会责任。这是农村教育与农村社会近乎完美的结合，是"春晖学人用理想与教育理念共奏的一曲田园牧歌"③，它给中国教育史和文化史留下的"北有南开，南有春晖"佳话，余韵流芳，至今令人回味不已。

三 农村学校对于农村的社会文化意义

人类教育活动发展到了自为教育阶段，就需要专门的教育场所，这就出现了学校。学校的功能就是传承文化、培养人才。而对于广大农村来说，学校的意义远不止于办学的功能。农村学校是农村的文化堡垒，它在文化传承、凝聚人心、化民成俗、精神指引等方面具有重要的意义。

（一）文化传承的载体意义

农村学校是农村社会唯一的公共教育资源，是教育文化传承的主要承担者。作为"嵌入"农村的唯一的国家法定文化机构，农村学校是国家文化、精英文化的唯一传承者，此外，农村学校还具有传承农村文化的职责。一般来说，农村文化的传承方式主要有三种：一是制度化传承，即根据一定的价值准则对农村文化进行筛选、加工，纳入学校教育体系进行正

---

① 朱自清：《春晖的一月》，参见傅国涌编《过去的中学》（增订本），同心出版社 2012 年版，第 308 页。

② 张清平：《永远的春晖中学》，参见傅国涌编《过去的中学》（增订本），同心出版社 2012 年版，第 114 页。

③ 刘铁芳：《乡土的逃离与回归：乡村教育的人文重建》，福建教育出版社 2008 年版，第 126 页。

规化传承；二是乡贤化传承，即有一定知识与文化的、有较高社会声望的农村精英如农村教师、返乡知识人士等通过各种文化活动的传承；三是世俗化传承，即在日常生活中逐渐形成并认可的乡规民约、风俗习惯的潜移默化中和学校、农村社区机构等无形的文化辐射中的传承。这三种传承方式各有特点，制度化传承是农村文化传承的主导，乡贤化传承是农村文化传承的主体，世俗化传承是农村文化日常传承方式。

农村学校是制度化文化传承的独立承担者，履行着正式的、规范的文化传播责任。在现代社会，这是学校基本的文化续构功能，也是学校存在的基本理由与依据。与此同时，农村学校还在乡贤化传承、世俗化传承中扮演着一定的角色，担当着相应的责任。学校可以与乡间贤达相互沟通，将他们延入学校，请上课堂，使他们的高尚德行和对桑梓的贡献对本乡本土的农家子弟发挥精神感召作用；学校可以将乡间的良风美俗、民间叙事、特色技艺引进学校，开发成为特色鲜明的校本课程、乡土课程。可以说，农村学校是农村文化栖身、繁衍之所。

（二）文明象征的符号意义

在传统的农村社会，拥有两个文化阵地，一个是传承民间的、生活本身的文化的戏台，一个是传播正式的、规范的文化的学校。现在，前者经过多少年的社会风雨变迁，在绝大多数农村已经不复存在，后者成了农村唯一的文化建筑。

教育与乡村社会、学校与社区生活，无论在怎样的情况下，其紧密的联系都是不可分割的。任何学校对所在地区的服务远不止教育功能，作为学生及家长关注的焦点，学校是所在地区"适于居住性"的象征，① 它不仅是能为村民提供教育服务的固定场所，同时还被赋予了象征性的符号意义。对于文化相对贫乏的农村地区来说，农村学校不仅是物化的场所，同时也是寄托民间传统、族群认同、文化习俗的精神符号。在我国，对于许多偏远山区的村落而言，学校往往是村中唯一带有文化韵味的标志性建

---

① A. G. Phipps and W. J. Holden, "Intended Mobility Response to Inner-city School Closure", (London) *Environment and Planning A*, No. 17, 1985, pp. 1169 – 1183.

筑，哪怕是一个小小的教学点，也是现代文明的重要代表。① 课题组在调查时问到"有这样一种说法：学校是农村文化的中心和高地，是乡村文明的象征"时，有58.2%的被访村民认为这种说法有道理。②

所以，学校已经不只是具有建筑物的物质功能，在很大程度上是当地村落文化的重要组成部分。只要学校在，那个代表着文化与教育的象征性空间就在，以文教化、启迪心智的阵地就在。事实上，学校的消失是很多地方村落消亡或终结的重要诱因。

（三）社会成员的凝聚意义

"教育是一个民族的'神经系统'，是一个民族传统与期望的最好表达。"③ 相对于城市而言，农村是一种平面化的居住方式和"熟人社会"，"熟悉是从时间里、多方面、经常的接触中所发生的亲密的感觉。这感觉是无数次的小摩擦里陶炼出来的结果"④。有学校在，村落里有孩子与孩子间的交往，"同村的孩子都是打成一片的，白天一起上课，晚上就东家串西家串的，三五成群地嬉闹玩耍，很热闹"。有家长与家长的交流，家长们时不时在一起谈论孩子的学习与生活情况。还有学校老师与村民之间的互动。正是这种基于学校之上的种种互动，加深了人们之间的情感联系，融洽了村民之间的气氛，进而构建了彼此的社会网络。⑤ 正是在这样的氛围中才能培养乡村少年热爱家乡、尊重家乡父老的情感与信念，增进对家乡、对故土的认知与体悟，进而产生深切的恋乡之情与绵延终身的乡愁。

如果没有学校，许多孩子不得不远离自己熟悉的生活环境，孩子们彼此疏远了，村民的相互联络也自然减少，教师和家长的交流也不方便了，

---

① 万明钢、白亮：《教育公平、教育资源整合的路径反思——对农村地区寄宿制学校的重新解读》，《教育理论与实践》2009年第9期，第28—32页。

② 该数据及以下没有作说明的数据和材料均来自本课题组的调查。

③ ［伊朗］S. 拉塞克、［罗马尼亚］G. 维迪努：《从现在到2000年教育内容发展的全球展望》，马胜利等译，教育科学出版社1992年版，第3页。

④ 费孝通：《乡土中国》，人民出版社2008年版，第6页。

⑤ 孟祥丹：《当村庄没有了学校》，《中国农业大学学报》（社会科学版）2009年第2期，第198—200页。

以前的熟人社会不那么"熟"了，慢慢变得生疏，社会凝聚力也随之减弱。对此，课题组在调查中深有感触，对"孩子们在本村学校上学时，一起读书，玩的时间比较多，家长们互相之间联系交往也就比较多。现在孩子不在本村学校上学，回到家里的时间也少，家长们互相之间联系交往也就比以前少多了"这一种说法，有 64.7% 的被访村民表示认同。

（四）精神寄托的生活意义

"乡村学校应当作改造乡村生活的中心"，"乡村教师应当作改造乡村生活的灵魂"①。在乡村社会，教师历来被认为是知识、文化的引领者；学生是未来的"文化人""有出息的人"，是村民心中的梦想和希望。对于学校附近的村民来说，"孩子每天上学放学的脚步声、打闹声、说笑声，学校里琅琅的读书声，上课放学的清脆铃声、升旗活动的国歌声，不仅是一种视觉和听觉上的感受，更是精神上对未来的一种希望和向往"。有些家长认为，"走过学校的时候，听到孩子们朗读课文的声音，就会想起自己小时候读书的事情"。"就算这个读书声对孩子（学龄前）没多大影响，但是左邻右舍或者在学校旁边走过的人，他会督促自己的孩子，你长大了就要上学啦，这本身就是一种暗示。"② 这喻示着学校对村民生活的意义，学校是人们的精神寄托所在。

如果没有了学校，对于村民来说，孩子们住校上学了，村子里显得空荡荡的，村民的心里也变得空荡荡的，原来贫乏单调的农村越发没有生气，部分农民家长较早地过上了"空巢"家庭的生活。空虚无聊充斥着村民的日常生活，没有了精神寄托的村民开始把精力投入到封建迷信、打牌赌博等这些低俗和消极的文化活动之中。课题组在调查时问道："以前村里有学校，学校里有琅琅读书声，孩子们背着书包上学、放学，村子里就有一种书香气息。现在学校被撤了，心里觉得空落落的，好像丢了什么似的。"对这一说法，有 73.3% 的村民表示认同。

---

① 《陶行知文集》，江苏人民出版社 2008 年版，第 203 页。
② 邬志辉：《学校对村庄意味着什么》，《华商报》2009 年 11 月 9 日。

第二章 中国农村学校与农村 文化建设的变迁

在历史悠久、文化灿烂的中国，向来就有尊师重教、耕读传家的风尚与传统。在这农业大国的广袤乡村，读书求学是农家子弟摆脱贫困、改变命运的主要途径。与此相应，农村教育则担负着敦风化俗、开启民智的责任，农村学校往往成为当地的文化高地、文明象征。与中国社会经济、政治、文化的发展变化息息相关，农村学校经过漫长的发展，到新中国实现了普及，在20世纪90年代后农村学校更是经历了大规模的布局调整。对农村学校的发展历史特别是布局调整沿革的脉络进行宏观梳理，分析评价其产生的结果，对于探讨农村学校布局调整对农村文化建设的影响具有基础性意义。

一 农村学校的历史变迁

学校是专门向年轻一代传授文化知识和技能、提升人综合素质的特殊社会机构。在农业人口众多的中国，农村学校是我国教育组织体系的重要组成部分，也是农村社会有机结构中的重要内容。农村学校是农村社会发展的产物，它的变迁是农村社会经济、政治、文化发展的历史缩影。

（一）中国古代农村学校的演进

我们的祖先在认识、利用自然，求得生存、发展的过程中，通过言传身教的方式向年轻一代传授世代积累的生产劳动和社会生活的知识经验，使他们身心获得发展，逐步成长为能适应社会生活的社会成员，这就是原始的教育活动。年轻一代如果没有经历这种教育活动，没有从长者那儿习得知识经验、技能技艺和行为规则，就难以过上人类群体的正常生活，社会就会停滞不前，人类薪火就无法传承。

原始的教育活动在一定程度上已经是人类有意识的社会活动，具有了一定的目的性，但缺乏计划性和系统性，只是根据现实的自然环境、人群环境情况和生产生活的需要而进行零散的、朴素的、感性的教育。到了氏族公社末期，随着生产力的发展，出现了剩余产品，使脑力劳动与体力劳动的分离有了可能。结绳、刻木等原始的记事方法已经不能满足事务逐渐繁多、交往日益频繁的社会生活的要求，需要有新的记事工具，于是文字就产生了。对于原始人来说，文字的掌握是件难事，需要有人来教，有些掌握文字、具有知识的人脱离体力劳动转而专门从事用文字传播知识、经验、技能和行为规范，于是最早的教师出现了。教人掌握文字、习得知识和经验，需要有固定的场所，于是学校初露端倪。传说中的"成均""庠"，就是原始社会末期开展多种活动包括教育活动的场所。它们散布于乡野之中，尽管还不是正式的学校，但是学校的雏形。

先秦时期是我国教育史上学校的萌芽和初步发展时期，也是乡村学校教育的初创时期。夏代时，在国都设有学校即"序"："夏后氏设东序为大学，西序为小学。"① 在地方也设有学校，"乡里有教，夏曰校"②，"校"即乡学。夏代学校的教育内容有以习射为重点的军事教育、以敬天尊祖为中心的宗教教育、以明人伦为核心的德行教育。商代的王都，"设右学为大学，左学为小学，而作乐于瞽宗"③，而在地方设"序"即乡学，教育内容涉及政治、德行、军事、礼乐、书数等。西周是我国奴隶制度社会高度发展的时期，统治者对教育极端重视和高度垄断，形成"学在官府""学术官守"的局面，建立了两大系统的学校，即国学和乡学。国学设在天子、诸侯所在的都城；乡学设在都城以外的地方乡遂。地方学校有四个

---

① 《古今图书集成·学校部》。
② 《史记·儒林传》。
③ 《礼记·明堂会》。

层次，设立于家的叫"塾"，设立于党的叫"庠"，设立于州的叫"序"，设立于乡的叫"校"。这一按行政建制办学的做法，对后世历代兴办学校有很大影响。西周乡学的教育内容与国学基本一致，以德、行、艺为纲，以礼、乐、射、御、书、数等六艺为基本科目。

春秋时期是我国奴隶制向封建制转变的社会大变革阶段，由于经济、政治关系的变化等多方面原因，官学走向衰落，学校日趋荒废，无论国学还是乡学都难以维持。一些有文化知识的人为生活所迫，各找出路，以传授学业谋生，造成了"天子失官，学在四夷"①的局面。这就打破了"学在官府""学术官守"的教育垄断和文化控制的格局，文化、学术开始向社会下层扩散，撒向民间乡野。文化、学术的下移，为民间储备了人才和文化资源，私学应运而生。私学的出现，扩大了教育对象，突破了王族、贵族的限制，能本着"有教无类"的原则吸收平民入学，拓宽了学校教育的社会基础和人才的来源。私学始于春秋盛于战国，为后来诸子百家争鸣、教育繁荣发展的局面出现创造了条件。私学的产生和发展是中国教育史上划时代变革，对于中国古代农村学校教育无疑也起着奠基性作用，它使广大乡村开始受到文化的滋润。

秦统一六国，建立君主专制的高度中央集权的封建国家，为维护和巩固这一制度，采取了统一文字、严禁私学、焚书坑儒、以法为教、以吏为师等文化教育政策，造成文化的大衰退和教育的大倒退。除了官府附设的"学室"外，再无其他学校的存在，更遑论乡村学校了。汉初的统治者吸取秦二世而亡的教训，在政治上以"清净无为"为指导思想的同时，在文化教育政策上采取了重视知识分子、解除私学禁令、废除"挟书律"②等措施，这为教育的发展、学术的复兴创造了较为宽松的环境，各种学校也纷纷建立。汉代的学校有官学和私学两类。官学分为中央官学和地方官学两种，前者主要是以传授儒家经典为主的太学，后者包括郡国学、县道邑校、乡庠、聚序。东汉时地方官学发展极盛，班固对此曾有这样的描述：

---

① 《左传·昭公十七年》。
② 秦朝规定，除了官府有关部门可以藏书外，民间和个人一律不得收藏、携带《诗》《书》等书籍，否则对拥有书籍者进行惩处。

"四海之内，学校如林，庠序盈门。"① 私学按其教育程度分为书馆和经馆两种，前者主要从事识字、书法、儒学基础等初等教育，后者是较高一级的私学，主要是学者聚徒讲学。担负广大乡村教育任务的主要是私学，尤其是其中的书馆，地方官学中的乡庠和聚序也承担了乡村教育的部分任务。汉代"中央太学和地方官学的设立，为中国封建社会的官办学校制度提供了基本框架。私学中的书馆和经馆不仅是对春秋战国时期私人讲学传统的继承，实际上也是后来私塾、书院的历史渊源"②。

魏晋南北朝时期政局动荡，统治者对社会控制松弛，使文化教育事业得到了相对宽松的发展环境，学校教育制度上有不少创举。学校体制多样化，官学设置除了承袭汉制外，还设立了律学、书学、算学、文学、医学等专门性教育。北魏时期建立了州郡学校教育制度，这是我国正式实行地方学校教育制度的开始。在政局多变、社会动荡的时代，官学的发展很不正常，时兴时废，因而私学逐步成为地方教育的主导形式，它们分布广泛，质量和规模甚至超过官学。一些退职失意的官员和隐居不仕的文人避世山林、聚徒授业。如三国魏人管宁在辽东，"因山为庐，凿坯为室，越海避难者，皆来就之而居，旬月而成邑"③。晋时宋纤"隐居于酒泉南山，明究经纬，弟子受业三千"④。这一时期私学设置的范围已延伸至乡野、边陲，推动了乡村学校文化教育事业的发展。

隋唐是封建社会的鼎盛时期，特别是唐前期社会安定、经济繁荣，为文化教育的发展提供了良好社会条件。统治者崇儒兴学，实行官学与私学并举，地方官学和中央官学相衔接，形成了比较系统的学校体系，促进了学校教育事业的兴旺。隋唐时期的学校教育，由官府办的官学和民间办的私学两大部分组成，鼓励发展私学是当时政府的重要政策。隋文帝曾下诏，把所有民众都作为教育的对象，要求民众"非役之日，农亩时候之余"学经习礼。唐玄宗时，允许百姓"任立私学"，并要求"每一乡之

① 班固：《两都赋》。
② 孙培青：《中国教育史》，华东师范大学出版社2009年版，第126页。
③ 《三国志》卷十一《管宁传》。
④ 《晋书·隐逸列传》。

内，里别各置学，仍择师资，令其教授"①。在这些因素的促动下，隋唐时期的私学面向基层农村，甚至深入"里"这一最基本的行政组织，各自设置学校，从而得到蓬勃发展，乡学、村学、私塾、家塾等多种层次、形式的学校纷纷涌现。这些农村学校在承担农村基础教育的任务以外，还担负了比官学更为广泛的民族文化传承、移风易俗的重任。

书院作为一种教育组织形式萌芽于唐，但作为一种教育制度则在宋代得以形成和兴盛。书院大多是"依山林，即闲旷以讲授"②，对周边乡村往往产生诸多影响，有利于带动农村教育。在宋元时期，对农村教育促进较大的当属蒙学。我国古代历来关心儿童的启蒙教育，到宋元时得到较大发展，在全国城乡设立了不少蒙学。官府办的蒙学有两种，一种是设在京城宫廷内的贵胄小学，一种是设在地方上的庶民小学。元朝时，曾令全国各地农村每50家组成一社，每社设学校一所，让农家子弟利用农闲时节接受启蒙教育。由于官府办的蒙学数量有限，所以在广大乡村更多的是民间设立的私学。民间私学的名称各不相同，有称"小学"的，农家子弟冬闲时节读书的叫"冬学"，还有的称作"乡校""家塾""私塾""蒙馆"等。蒙学的内容主要是基本的道德观念教育和行为训练、文化基础知识和技能学习。

明朝立国之初，就确立了"治国以教化为先，教化以学校为本"的文教政策，要求在全国各地普设学校。在农村，诏令天下立社学，"选择明师，民间幼童十五以下者送入读书，讲习冠婚丧祭之礼"③。于是全国各地纷纷设立社学，如《松江府志》记载："国朝洪武八年三月，奉礼部符，仰府州县每五十家设社学一所。……于是本府两县城市乡村皆设社学。"这样，从京师到郡县，从城镇到乡村，建立起了学校教育网络。除了社学以外，明朝的农村学校还有乡校、村学、义学、家塾以及私设的经馆和书院。清初沿袭明制，曾明令："每乡置社学一区，择其文义通晓、行谊谨厚者，补充社师，免其差役，量给廪饩养。"④ 但不久，社学逐渐被种类繁

---

① 《亲祀东郊德音》。
② 吕祖谦：《白鹿洞书院记》。
③ 《明史·选举志》。
④ 《钦定学政全书·卷六十四》。

多的义学、义塾、村塾、家塾、私塾、教馆等农村学校所取代。

从上述简要梳理的历史脉络来看，中国古代农村学校是随着官学与私学相分离、乡间私学的出现而兴起的，并随着中国乡村社会的发展而陆续涌现了形式多样的学校组织，但命运多舛，往往因王朝的更迭、政治统治的需要而时兴时废。中国古代农村学校对于民族文化的传承、读书识字的启蒙教育、乡村社会的礼俗教化和移风易俗等发挥了极其重要的作用。但是，我国古代的农村学校教育毕竟非常落后，处于社会底层的广大农民受学校教育的权利十分有限，所受到的教育也大多是上层道统和封建伦理的教化。

（二）中国近现代农村学校的转折与发展

鸦片战争以后，我国深受西方列强的经济掠夺和政治压迫，独立地位丧失，逐步向半殖民地半封建社会演变。中国自给自足的自然经济开始解体，原有的农村教育体系逐渐瓦解，中国的农村学校面临着重大转折。

随着国门的被动打开，教育主权部分丧失，西方列强开始以教会办学的形式在中国进行文化教育活动。教会学校的广泛设立，加速了西学在中国的传播进程，客观上开阔了文化和教育视野，促进了中国传统教育向近代教育的过渡。随着洋务运动的发展，以培养洋务活动所需要的翻译、外交、工程技术、水陆军事等各种专门人才为目的的洋务学堂产生了。洋务学堂尽管数量不多，但它的出现动摇和瓦解了传统的封建教育体制，传播了近代资本主义文化和教育观念，实际启动了中国传统教育向近代教育转折的进程。

教会学校和洋务学堂被并称为新式学堂，性质上属于近代学校，与封建官学、书院、私塾等中国传统学校有显著的差异。这些新式学校数量少而且基本上都办在城市，所以不能直接作用于农村教育，农村学校是采用其他途径实现近代转化的。一是庙产兴学。晚清政府在设办新式学堂后，为解决财政紧张问题，颁布了有关庙产兴学的政策，要求将"不在祀典"的民间祠庙改为学堂，并把庙里的一些公产划作学堂经费。这一措施虽然阻力重重，但乡村学校建设借此有所推进。二是统一学制。在内外交困的情况下，清政府被迫实行"新政"，教育改革也取得了进展。1902年清政府颁布了第一部具有近代资本主义教育性质的全国性学制系统即《钦定学堂章程》，但公布后没有实行。第二年又颁布了《奏定学堂章程》，规定每400家应设初等小学校一所，并开始在全国实行四年制义务教育。此外，还开设了初等农业学堂、中等农业学堂、高等农业学堂和农业教员讲习所。这些新式的农业学校注重培养各种层次的农业专门人才，改变了以礼俗教化为主要目的的农村学校办学宗旨。三是废科举、兴学堂。1905年，光绪帝颁上谕，宣布废除科举制度，随后全国范围内掀起了兴办新学的热潮，传统书院、私塾纷纷被改造成为新式学堂。通过这些政策，我国近代资本主义学校教育体系开始确立，古代农村教育开始向近代化转化。

20世纪初叶，中国内忧与外患并存，兵祸与天灾交织，农村经济凋敝，农民生活赤贫，中国农村濒临崩溃。在"救亡图存"的社会思潮中，产生了一批知识领袖和教育团体，设想通过乡村教育和乡村建设等手段发展农村生产力，改善农民生活，救民于水火，恢复和敦化农村的伦理风尚，稳定农村社会秩序。同时，清末以来的新式教育虽然对中国教育近代化进程发挥了一定的积极作用，但它简单仿效西洋，是一种"都市教育"，大多与中国的国情不合。梁漱溟认为："三十年间新式教育的结果，就是一批一批地将农村人家子弟诱之驱之于都市而不返。又以我工商业之不发达，麋集于都市之人乃不得不夺其所剥削的地盘而酿发战祸。故新式教育于乡村曾无所开益，而转促其枯落破坏。然中国固至今一大乡村社会也；乡村坏则根本摧。"① 费孝通也意识到："现代的教育，从乡土社会论，是悬空了的，不切实的。乡间把子弟送了出来受教育，结果连人都收不回。"② "现在这种教育不但没有做到把中国现代化的任务，反而发生了一种副作用，成了吸收乡间人才外出的机构，有一点像'采矿'，损蚀了乡土社会。"③ 所以中国教育走错了路，中等以上学校主要集中在城市，农村则缺学少教，从而把广袤的乡村和占人口绝大多数的农民"傍置"了。即使有些农家子弟小学毕业了，也很难进入城市的中学，更与大学无缘。从

① 马秋帆：《梁漱溟教育论著选》，人民教育出版社1994年版，第79页。
② 《费孝通文集》第四卷，群言出版社1999年版，第353页。
③ 同上书，第359页。

"洋学堂"所学到的内容也都与农村生产和生活没有关涉。因此,中国的教育必须纠正偏失,另找出路。于是,一些知识领袖和教育界的先贤,将国民教育、平民教育、职业教育、生活教育、民众教育思潮引向农村,掀起了乡村教育运动,在中国现代教育史尤其是农村教育史上留下了浓墨重彩的一笔。

在我国,作为一种教育现象的乡村教育由来已久,而作为一种教育思潮和运动的乡村教育,则发轫于五四运动时期,发展于第一次国共合作时期,在 20 世纪 30 年代达到高潮,在抗日战争和解放战争中逐步转轨。[①]在这一运动中,涌现出了如黄炎培、陶行知、晏阳初、梁漱溟、俞庆棠、王拱璧、雷沛鸿等一批把乡村教育作为自己事业的教育家。

这场乡村教育运动最早的实践探索者是王拱璧。1920 年,王拱璧在家乡河南省西华县孝武营开展新村建设和乡村教育实验。他创办的青年公学实行"农教合一"的新教育体制,探索新村建设和普及农村教育的具体道路。他以"在全面发展的基础上,以'劳动'、'健康'为中心,把学校和农村建设成为幸福的乐园"为宗旨,[②]为农民及其子弟、妇女等各类人群开展灵活多样的教育活动,将青年公学办成了乡村自治、发展经济、移风易俗的中心。王拱璧的新村实验在 1926 年夭折了,而青年公学艰辛维持到新中国成立,交给人民政府接办。

黄炎培以农民生活问题为切入点建立了他的乡村教育理论。他认为农民所苦是"贫第一,病次之,至于教育乃是有饭吃以后之事,先富之,后教之"[③],要谋乡村教育的改造与普及,必须把发展生产、发展农村经济放在首位,采用"富教兼施"的指导思想,遵循"富政教合一"的方针。

---

① 教育史学界通常认为,乡村教育运动因抗日战争爆发而"不了了之"或"无形解体"。也有的认为,1934 年《民众学校规程》颁布后,乡村教育被民众教育所代替,乡村教育运动就逐渐"沉寂"。这里采用了苗春德主编的《中国近代乡村教育史》中的观点,认为抗日战争爆发后,乡村教育运动并未中断或解体,而是增加了反对日本侵略的爱国教育内容和抗战救国的实际训练,主动参加或被动卷进抗日救亡的伟大洪流,实现了乡村教育的转轨。新中国成立后,大多数乡村教育运动的领导人都把自己创办的事业交给人民政府领导,纳入到了新民主主义教育体系之中。参见苗春德《中国近代乡村教育史》,人民教育出版社 2004 年版,第 43—44 页。

② 转引自苗春德《中国近代乡村教育史》,人民教育出版社 2004 年版,第 83 页。

③ 黄炎培:《断肠集》,生活书店 1936 年版,第 293 页。

他主持的中华职业教育社是我国近现代教育史上最早提出在乡村进行教育改革实验的团体，开展了众多的乡村教育实践探索。1926 年至 1934 年，中华职业教育社以江苏昆山徐公桥为试验区进行乡村改进实验，在农村经济建设、农民教育等方面取得显著效果。1928 年在江苏镇江黄墟设立乡村改进试验区。在乡村改进实验过程中，创办了农业职业学校，如徐公桥的乡村改进讲习所、上海沪西漕河泾的农村服务专修科、浙江余姚诸家桥的农村改进试验学校和农民夜校等，提高当地农民的文化知识，培养土生土长的农村人才。

陶行知是我国现代教育史上最富影响力的人民教育家。他从 1926 年开始从事乡村教育实验，倡导乡村教育，兴办乡村学校。他认为，中国历来不重视乡村教育，即使办了少量的乡村学校也都走错了路，必须另找生路，而这条生路就是建设适合乡村实际生活的教育。"我们要从乡村实际生活产生生活的中心学校；从活的中心学校产生活的乡村师范；从活的乡村师范产生活的教师；从活的教师产生活的学生，活的国民。"①他在为中华教育改进社起草的《改造全国乡村教育宣言书》中提出要"筹募一百万元基金，征集一百万位同志，提倡一百万所学校，改造一百万个乡村"②。他在南京和平门外晓庄创办试验乡村师范学校，后改名晓庄学校，确立"生活即教育""社会即学校""教学做合一"的生活教育理论，希望从乡村教育入手，寻求改造中国教育和社会的出路。1931 年，他在上海郊区创办山海工学团，主张工场、学校、社会打成一片，推行普及教育。尽管晓庄学校和山海工学团的乡村教育实验后来都半途而止，但其推动全国形成了乡村教育运动，意义非凡。

晏阳初是我国现代史上著名的平民教育家，也是世界平民教育运动和乡村改造运动的倡导者，他主持的中华平民教育促进总会在河北定县进行的乡村平民教育实验在 20 世纪 30 年代的乡村教育、乡村建设实验运动中具有举足轻重的地位。他在定县实验的基础上，总结出了以"四大教育"和"三大方式"为主要内容的，在县域范围内实施乡村教育的成功经验。

---

① 中央教育科学研究所：《陶行知教育文选》，教育科学出版社 1981 年版，第 57 页。
② 同上书，第 33 页。

"四大教育"是指以文艺教育救愚、以生计教育救贫、以卫生教育救弱、以公民教育救私，使大多数农民成为富有智识力、生产力、强健力和团结力的"新民"。在"四大教育"中，公民教育是根本。晏阳初提出在农村推行"四大教育"有三种方式，即学校式教育、社会式教育和家庭式教育。学校式教育是以青少年为主要对象，分别设立初级平民学校、高级平民学校和生计巡回学校。初级平民学校以识字教育为主，内容为四大教育。高级平民学校为初级平民学校的毕业生而设，内容仍为四大教育，重点是公民教育。生计巡回学校是为"使农民取得应用于农村当前实际需要的训练，以生活的秩序为教育的秩序，顺一年中时序的先后，在研究区内分区轮流巡回训练，传授切实的技术"[①]。晏阳初的平民教育和乡村改造理论，尽管不能解决旧中国农村的根本问题，无法达到复兴农村、拯救国家的目的，但在中国教育史上是一种颇具中国特色的创新，至今仍有现实意义。

梁漱溟的"乡农教育"实验在这一时期的乡村教育运动中显得颇为独特。他在对中国传统文化和社会的分析、中西文化比较的基础上，提出中国的问题"并不是什么旁的问题，就是文化失调；——极严重的文化失调！"[②] 而中国是一个乡村社会，中国文化的根在乡村，所以要解决中国的问题必须到乡村去，实现"恢复伦理本位""民族文化再造"，这就必须把乡村教育和乡村建设结合起来，乡村建设以乡村教育为方法，乡村教育以乡村建设为目标。在乡村建设中，学校必然成为社会的中心，教员必然成为社会的指导者，乡村建设是"纳社会运动于教育之中，以教育完成社会改造"[③]。在这一理论认识指导下，1933 年，梁漱溟在山东邹平创办了一种寓乡里组织于学校之中的农村基本社会组织——乡农学校。乡农学校由学长、学董、教员和学众组成。学长和学董是"乡村领袖"；教员是受过专门训练的教师和乡村建设指导者；学众是乡村中的一切人，主要是成年农民。乡农学校分为村学和乡学两级，教育内容强调服务于乡村建设，

---

① 宋恩荣：《晏阳初全集》第一卷，湖南教育出版社 1989 年版，第 323 页。
② 《梁漱溟全集》第二卷，山东人民出版社 1990 年版，第 164 页。
③ 宋恩荣：《梁漱溟教育文集》，江苏教育出版社 1987 年版，第 284 页。

适合农村生产、生活的需要。他认为，乡农学校是解决中国乡村问题最理想的办法，要比农民革命运动和其他乡村教育运动都要完美。梁漱溟的乡村建设理论和乡村教育思想，本质上是一种中国知识分子通过改造中国农村以改良中国社会的理想，是在探索拯救中国的"第三条道路"。他主导的乡村建设实践并不成功，但他对中国问题的症结的独到认识，对乡村建设与乡村教育相结合的有益探索，在中国现代教育史留下了值得记忆的一页。

20世纪这场遍及中国大地的乡村教育思潮和运动，虽然因日本帝国主义的入侵等原因而走向低迷，乡村学校纷纷关闭，最终没有达到预期的目的，但对乡村教育和乡村社会的改革发展产生了巨大的促进作用。乡村教育的先贤们以非凡的智慧和胆识力图改变长期以来重视城市教育、忽视乡村教育的倾向，明确提出中国教育必须走向乡村，以满腔热忱广建乡村学校，将教育区域扩大到广大乡村，将教育对象扩大到乡村社会全体成员，促使教育的理念、目的、内容、方法发生一系列的改变，影响深远。

在中国现代教育史上，中国共产党领导下的革命根据地教育也写下了浓重的一笔。革命根据地大多建立在民力凋敝、经济困难、文化落后的偏远乡村山区，而且始终处于战争状态，根据地的党和政府正是在这样的艰苦环境中创办学校、发展教育，创造了教育史上的奇迹。土地革命战争时期，苏区政府在根据地创办了以成年人为对象的各种夜校，以儿童为对象的列宁小学、劳动小学，以培养专门人才为目的的师范学校、艺术学校和农业学校，以培养高级干部为目的的干部学校，教育事业得到蓬勃发展。如1934年的兴国县，学龄儿童20969人，入列宁小学的12806人，入学率达60%。而同期国民党政府统治下的贫困山区，儿童入学率不到10%。[①] 抗日战争时期，抗日民主政府在根据地创办的学校，大体上可以分为干部教育学校和群众教育学校两类，群众教育学校包括为儿童教育服务的初等小学、高等小学，以及为成人教育服务的识字组、扫盲组、冬学、夜校等。在中共中央和各地抗日民主政府的努力下，根据地的教育事

---

① 转引自孙培青《中国教育史》，华东师范大学出版社2009年版，第487页。

业取得显著发展，如陕甘宁边区从成立时的 120 所小学、3000 学生，到 1945 年仅初小就发展为 1377 所，学生 34000 多人。① 解放战争时期，中共中央在完成解放全中国、迎接新中国到来的任务的同时，根据形势发展制定了一系列教育方针政策，采取了扩大教育界的统一战线、实施教育工作重心的转移、中小学教育的正规化等措施，为教育事业从战争和农村环境转入和平建设环境做了充分准备。

从现在的眼光看，革命根据地教育的制度化、正规化程度和办学质量并不高，但这都是在极其艰苦的条件下取得的，应该说是非同寻常的成就，为在落后的农村地区创办学校、发展教育事业积累了丰富的成功经验，是我国教育史特别是农村教育史上的珍贵遗产。

（三）新中国农村学校的发展与普及

新中国成立伊始，党和政府就着手开始社会主义教育的探索。1949 年底召开的第一次全国教育工作会议提出了教育必须为国家建设服务、学校必须向工农开门、以普及成人教育为重点等方针政策，指导新中国的教育工作。各地采用接管公立学校、整顿私立学校、接办教会学校等措施对旧教育进行改造，开展农村扫盲运动、中小学向工农子女开门、举办工农速成中学等，掀起了以发展工农教育为主要内容的新中国第一个教育高潮。

随着人民群众经济生活的改善，对文化教育的要求日益提高，原有的学校的师资、校舍、教学质量已不能满足群众子女求学的需要，政务院于 1953 年 11 月发出《关于整顿和改进小学教育的指示》，指出以后几年内小学教育应在整顿巩固的基础上有计划、有重点地发展。在农村，着重办好公立的完全小学和中心小学，还可以办半日班、早学、夜校等非正规小学，还提倡举办民办小学。针对农业合作化运动中出现农村中小学生大量辍学现象，采取相应措施，动员已经辍学的学生回校学习。1958 年开始，各地根据中央指示，纷纷创办半农半读学校、农业中学、农业职业中学，农村教育事业快速发展。到 1965 年，全国半农半读的耕读小学在校生已达 132 万人，占小学生总数的 21.7%，使全国学龄儿童入学率达到

---

① 转引自孙培青《中国教育史》，华东师范大学出版社 2009 年版，第 497 页。

84.7%；农业中学、农业职业中学达到61626所，在校生443.34万人。[1]
1965年召开的第一次全国农村半农半读教育会议提出，在农村要采取多种多样的办学形式，建立一个为贫下中农和广大群众服务的小学教育网，一般先普及四年制的初小教育，然后再进一步普及五年制或六年制的完全小学教育。一时不能普及初小教育的地方，也要设法使儿童读书识字，不能再产生新的文盲。这些教育政策和措施，促进了农村学校教育的快速发展。但在随后的"文化大革命"中，各类农业教育受到极大冲击，农业中学几乎全部停办，农村基础教育也受到严重影响。

在"文化大革命"期间，在极左路线的影响下，从停课闹革命到贫下中农管理学校，从批判"智育第一""师道尊严"，到"批林批孔"，全国农村中小学都卷进这场运动之中。在这期间，为发展农村中学教育，采取小学"戴帽子"的办法举办中学，大批小学骨干教师被抽调去当中学教师，大大削弱了小学师资力量，挤占了小学校舍、设备，农村小学教育遭到破坏。到"文革"末期，开始纠偏，重新明确农村教育的重点是继续大力普及小学五年教育，有条件的地区普及七年教育。

"文革"结束，中国进入新的历史阶段，农村中小学教育也进入一个新的发展时期。经过短时间的拨乱反正和整顿，农村教育事业开始全面恢复。1980年12月，中共中央、国务院发出了《关于普及中小学教育若干问题的决定》，对农村小学的学制、经费和办学条件做了明确具体的规定，促进了农村基础教育的发展。到1981年底，农村小学校数85.8万所，占小学校总数的96%，学生数为12467.4万人，占小学在校生总数的87%，农村小学毕业生的初中升学率达到61.9%。[2] 农村地区普及小学教育网已基本形成。

随着农村经济体制改革的深入和农村生产力的解放，对科技人才需求的快速增长与广大农村劳动力科技文化水平低下的矛盾日益突出，加强和改革农村教育势在必行。1983年5月，中共中央、国务院发出《关于加强和改革农村学校教育若干问题的通知》，明确提出农村学校的主要任务是

---

[1]　李水山：《农村教育史》，广西教育出版社2007年版，第33、36页。
[2]　同上书，第74页。

提高新一代广大农村劳动者的科学文化水平，促进农村社会主义建设。要引导学生热爱农村，热爱劳动，学好知识和本领。农村教育要从实际出发，因地制宜，办学应坚持多层次、多种规模和多种形式。1985 年，《中共中央关于教育体制改革的决定》提出，国家要实施九年制义务教育，开始了有步骤地实施九年制义务教育这一重大战略，次年颁布的《中华人民共和国义务教育法》又为之提供了法律保障。在农村教育管理体制上，形成了县、乡、村三级办学，县、乡两级管理，以县为主的管理体制，乡乡办中学、村村办小学的格局得到延续。

经过改革开放后的十多年努力，农村中小学教育事业取得了巨大成就。到 1991 年，我国农村小学学龄儿童入学率约为 91%，农村儿童入小学问题已经基本解决；农村小学毕业生的初中升学率达到 77.7%。[①] 同时，农村中等教育结构发生了变化，职业技术教育有了一定程度的发展。

纵观几千年的发展历史，农村学校传播知识、开启民智，弘扬美善、教化民众，承前启后、延续文脉，是乡村社会的文明之灯。从为少数贵胄服务到面向全体农家子弟，从单一的生产生活技艺传授到德智体美劳综合素质培养，农村学校始终是推动中国经济社会发展的重要力量。如果没有宛如星火散布广袤乡间的农村学校，我国这样一个农村人口众多的大国要走向文明、富强是不可想象的。

（四）21 世纪我国的农村学校布局调整

20 世纪 90 年代后期，由于农村财税体制改革、农村城镇化启动、乡镇行政区划变更、农村适龄生源减少和基础教育效益需求等因素的综合影响，农村义务教育学校布局调整开始涌动。1998 年，教育部颁发了《关于认真做好"两基"验收后巩固提高工作的若干意见》，其中第六条规定："遵循方便学生就近入学和充分利用教育资源，提高办学规模、效益原则，合理调整中小学校布局。"[②] 2001 年 5 月国务院颁布了《关于

① 据《中国统计年鉴》1991 年度有关数据分析。
② 教育部：《关于认真做好"两基"验收后巩固提高工作的若干意见》，1998 年 8 月 3 日（http://www.moe.gov.cn/publicfiles/business/htmlfiles/moe/s3321/201001/81827.html）。

基础教育改革与发展的决定》，由此开始了有组织的、大规模的农村布局调整。以此为开端，笔者认为，我国农村学校布局调整大致经历了三个阶段。

第一阶段是激情启动期。这一时期的特征就是效率导向，以提高教育资源利用效率为主要目标。其实这一阶段的布局调整和上一时期"两基"工作的延续，并没有非常明确的界分，而是自然延续和并行不悖的。例如，教育部《关于认真做好"两基"验收后巩固提高工作的若干意见》就是对"两基"工作的深入推进，而其中就明确提出要遵循"效益原则"。国务院《关于基础教育改革与发展的决定》中也提出，要遵循"优化教育资源配置"的原则。2001 年，教育部、财政部下发《关于报送中小学布局调整规划的通知》，要求各地分别制定出本地区 3—5 年中小学布局调整的具体规划，这一要求将学校布局调整确立为一项具体任务，推进了政策实施的步伐。2004 年，教育部、财政部颁发《关于进一步加强农村地区"两基"巩固提高工作的意见》，提出："稳步推进农村学校布局结构调整工作，提高办学规模和效益"，继续明确以效益为优先。[1] 2005 年，教育部在《关于进一步推进义务教育均衡发展的若干意见》中指出："适当调整和撤销一批生源不足、办学条件差、教育质量低的薄弱学校。"[2] 显然，这一时期政策的主旋律是"追求效率"，在"效率优先"的价值取向下农村义务教育学校布局调整不断加速。

实际上，这一时期的农村学校布局调整也涉及了教育公平等非功利性内容，但由于没有充分的理论准备、试验试点和统一认识，在学校布局调整过程中并没有得到重视，在实践中并没有起到实质性作用。国务院《关于基础教育改革与发展的决定》指出："在交通不便的地区仍需保留必要的教学点"，"有需要又有条件的地方，可举办寄宿制学校"。"保留教学点"和"举办寄宿制学校"都是针对少数偏远地区有一定辍学风险的学生而言的。教育部、财政部《关于进一步加强农村地区"两基"巩固提

---

① 教育部、财政部：《关于进一步加强农村地区"两基"巩固提高工作的意见》，2014 年 2 月 12 日（http://www.moe.gov.cn/publicfiles/business/htmlfiles/moe/s3321/201001/81822.html）。

② 教育部：《关于进一步推进义务教育均衡发展的若干意见》，2005 年 5 月 25 日（http://baike.baidu.com/view/2996450.htm）。

高工作的意见》提到："为避免因就学路程较远造成小学生失学、辍学，对于地处偏僻的教学点应予以保留。"①尽管政策对于偏远地区适龄儿童的教育公平问题有所涉及，但当时的重点主要在于强调"效率优先"，"教育公平"始终被置于"效率优先"之后，成了细枝末节的问题，各个地方在实践中并未给予足够的重视。

第二个阶段是反思调整期。这一时期，"效率优先"原则指导下的农村学校布局调整所带来的问题日渐显露，引起广泛关注，人们开始对既有的农村学校布局调整状况进行总结反思，强调效率与公平并重。2006年，教育部发出《关于切实解决农村边远山区交通不便地区中小学生上学远问题有关事项的通知》。同年，教育部出台《关于实事求是地做好农村中小学布局调整工作的通知》，其中提到："农村小学和教学点的调整要在保证学生就近入学的前提下进行，在交通不便的地区仍须保留必要的小学和教学点，防止因过度调整造成学生失学、辍学和上学难问题。县级教育行政部门要合理确定小学生的就学路程，并做出明确规定；对确因布局调整造成学生入学难、群众反映强烈，而寄宿制学校建设不能满足需求的，要采取切实措施予以解决。正处于初中适龄人口高峰期的地方，要本着'先建设、后撤并'的原则，实施初中布局调整，避免出现由于布局调整造成学校班额过大、教育教学资源和条件全面紧张的问题；条件不具备的地方可暂不调整。要严格防止以布局调整为名减少教育投入。"②"条件不具备的地方可暂不调整"首次出现在政策里，隐含着对学校布局调整全面推进的某种纠偏，而"要严格防止以布局调整为名减少教育投入"则道出了在执行中的目标偏差。

2009年，教育部在《关于当前加强中小学管理规范办学行为的指导意见》中提出要"合理规划学校布局，避免简单撤点并校。各地要按照国家规定的基本办学要求，统筹城乡学校建设和改造规划。在优先方便学生就近入学、不加重农民负担的前提下，根据学龄人口变化，合理布局农村

---

① 教育部、财政部：《关于进一步加强农村地区"两基"巩固提高工作的意见》，2004年2月12日（http://www.moe.gov.cn/publicfiles/business/htmlfiles/moe/s3321/201001/81822.html）。

② 教育部：《关于实事求是地做好农村中小学布局调整工作的通知》，2009年6月9日（http://baike.baidu.com/view/2987979.htm）。

义务教育阶段学校，因地制宜地科学配置教育资源。撤点并校要十分慎重，坚持一切从实际出发，防止'一刀切'和'一哄而起'。采取有效措施，认真解决城镇化以及学校布局调整过程中出现的大班额现象和农村校舍闲置等问题"①。《意见》提及"避免简单撤点并校""防止'一刀切'和'一哄而起'""认真解决农村校舍闲置问题"三个新意见。这一时期的政策广泛关注了教育公平的有关内容，对学校布局调整的步伐有所控制，对"效率"不再进行重点强调。2006—2010 年，我国农村学校布局的价值取向明显由"效率优先"向"效率与公平并重"转变。首先，各种文件不再用"进一步推进"和"进一步加强"等体现政策实施持续性要求和力度性要求的字眼；其次，"保留必要的教学点""撤点并校要慎重""防止过度调整造成学生上学难"等更多关涉教育公平的内容明确体现在政策中；最后，"科学配置教育资源""优化资源配置"等涉及教育效率的内容在政策中依然占有很大比重。因此，政策转型期对于"效率"和"公平"究竟孰轻孰重，并没有非常明确的判断，而更为接近"公平与效率并重"的价值取向。

第三个时期是理性务实期。经过上两个阶段的探索，效率和公平的价值都已为人们充分认识，学校布局调整的实践要求对两者均衡考量，实现全面发展的效果，以达成这一政策的初衷。2010 年教育部印发的《关于贯彻落实科学发展观进一步推进义务教育均衡发展的意见》明确要求："地方各级教育行政部门在调整中小学布局时，要统筹考虑城乡经济社会发展状况、未来人口变动状况和人民群众的现实需要，坚持实事求是，科学规划，既要保证教育质量，又要方便低龄学生入学，避免盲目调整和简单化操作。对条件尚不成熟的农村地区，要暂缓实施布局调整，自然环境不利的地区小学低年级原则上暂不撤并。对必须保留的小学和教学点，要加强师资配备，并充分利用现代远程教育手段传送优质教育资源，保证教育教学质量。对已经完成布局调整的学校，要改善办学条件特别是寄宿条件，保障学生的学习生活。要进一步规范学校布

① 教育部：《关于当前加强中小学管理规范办学行为的指导意见》，2009 年 4 月 22 日（http：// www.gov.cn/gongbao/content/2009/content_ 1399843. htm）。

局调整的程序，撤并学校必须充分听取人民群众意见，避免因布局调整引发新的矛盾。"① 这表明：第一，对教学点要进行积极建设，而过去只是强调保留；第二，撤并学校必须听取人民群众的意见，这在过去的政策中是不曾有过的。

2010 年，《国家中长期教育改革和发展规划纲要（2010—2020 年）》颁布实施，《纲要》提出要"适应城乡发展需要，合理规划学校布局，办好必要的教学点，方便学生就近入学"②。再次强调"办好必要的教学点"。2012 年 9 月 6 日，《国务院办公厅关于规范农村义务教育学校布局调整的意见》正式发布，《意见》提到："有的地方在学校撤并过程中，规划方案不完善，操作程序不规范，保障措施不到位，影响了农村教育的健康发展。""要统筹考虑学生上下学交通安全、寄宿生学习生活设施等条件保障，并通过举行听证会等多种有效途径，广泛听取学生家长、学校师生、村民自治组织和乡镇人民政府的意见，保障群众充分参与并监督决策过程。"③ 这表明：第一，承认有些地方在学校撤并过程中确实存在问题，正视错误并决心改正的心态标志着农村义务教育学校布局调整政策已经走向成熟；第二，重新关注了农村义务教育学校布局调整的基层利益相关者，体现了注重人文和伦理关怀。经过一段时期的实践探索，以及对经验教训的总结，可以看出，我国对农村学校布局调整的政策与实践已经逐步成熟稳定，开始能全面地考虑效率和公平等问题，寻求有关各方利益诉求的平衡。到 2012 年底，历时 12 年的波及全国农村的大规模学校布局调整基本停止，这一阶段可以视作是逐渐回归务实和平衡状态，进入冷静理性的阶段。

经过十年的大规模布局调整，农村中小学数量大幅度减少，学生数量锐减，许多农村因此失去了学校。从 2001 年到 2011 年，我国农村小学数

---

① 教育部：《关于贯彻落实科学发展观进一步推进义务教育均衡发展的意见》，2010 年 1 月 20 日（http://www.edu.cn/liang_ji_780/20100120/t20100120_441195.shtml）。

② 教育部：《国家中长期教育改革和发展规划纲要（2010—2020 年）》，2010 年 7 月 30 日（http://www.edu.cn/zong_he_870/20100730/t20100730_501910.shtml）。

③ 教育部：《国务院办公厅关于规范农村义务教育学校布局调整的意见》，2012 年 9 月 7 日（http://www.moe.edu.cn/publicfiles/business/htmlfiles/moe/moe_1778/201209/141774.html）。

量从 44 万余所下降到近 17 万所，农村初中数量则从 2001 年的 4 万余所下降到 2011 年的 2 万余所。（见图 2 - 1）

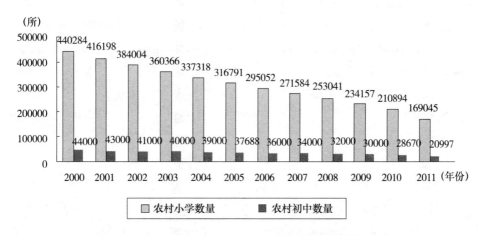

图 2 - 1　2000—2011 年农村义务教育阶段学校数量变化

资料来源：根据教育部《中国教育统计年鉴》2001—2011 年数据计算整理。

二　中国农村文化流变及其建设

文化不是一成不变的，它总是与社会的转型发展相辅相成，在不同的历史时期呈现出不同的特征，带有明显的时代性，但在一定时期也保持了相对的稳定性。中国传统文化源远流长，绵延不绝，成就了灿烂的民族文化和稳定的民族心理。在 19 世纪中叶以前，中国传统文化具有绝对的权威和不可比拟的优势，是超稳定的。直到鸦片战争以后，西方列强的坚船利炮无情摧毁了这个自称"天朝"的民族自信与文化认同，有识之士开始对传统文化进行客观的审视和冷静的批判，并逐步将西方文化引入中国，"向西方学习"一度成为国人寻求"救亡图存""独立自强"最直接的道路。更为深刻的是，随着思想的启蒙，传统文化的流变在悄然又迅速地发生。所以，我国农村文化的流变主要体现在近代以来的中国文化演变上，这是中国传统文化不断接收、融合、吸收西方文化，农业文明逐渐被工业文明改造、同化、塑造的变革过程。中国自古是农业大国，农村是中国传统文化根之深植所在，农村文化的流变是当代中国文化流变的重要内容，农村文化建设始终是党和政府文化领域的重点领域和重要工作。

（一）我国农村文化流变的特点

近代以来，中国社会发生了天翻地覆的变化，在百余年的历史激荡进程中，农村政治力量、经济结构和利益格局及其社会关系网络不断演变、转换和调整，农村的生产生活方式也随之发生改变。特别是改革开放以后，城乡交流和城乡人口流动带动、促进了城乡文化的交流、交融，农村的政治文化、经济文化、消费文化和农民的价值取向、人格追求等方面均发生了重大的改变。

1. 价值目标：由等级性、理想性向平等性、现实性转变

在中国的传统社会，农耕文明是主导的社会文化结构，整个社会特别是农村有着严格的伦理等级秩序，君臣、父子、夫妇、长幼地位高低不同，有着界限分明的等级差别，造成了"臣民""顺民"等等级性极强的社会价值观（所有的资源配置、奖惩价值以及社会流动都通过等级来实现），且作为中国几千年历史演进中非常强势又单一的价值深入人心并不断被制度化、固定化。

新中国成立初期，我国形成的高度集中的政治模式以及计划经济体制仍然具有封闭性。国家主导的单一社会结构——集体生产劳动、集体生活消费，必然形成"泛政治化"的单一文化模式——依赖集体，主体被消解，没有竞争、没有风险，追求平均，不需要进取，也不允许进取。在这一时期，农民除了接受这种单一的理想化的文化价值观以外，同样没有其他自由的价值选择。

随着改革开放以后家庭联产承包责任制的推行和市场经济体系的逐步建立，农村的生产方式随之改变，市场经济的文化价值观念开始渗透到农村。随着大量农民进城务工以及城市商品的大量涌入，农村封闭的、等级性的文化空间和价值体系被打破，城市文明和现代文明共同消解了农村文化的单一性和僵化性，农民思想不断解放，主体意识和参与意识不断增强，并越来越关注个人的创造性和经济性，价值选择越来越趋向现实和理性，农民更加关注物质条件的改善和经济能力的强弱。市场经济的功利性一方面促进了农村经济面貌和物质条件的改善、提高，另一方面也使农民

在追求生活富裕的过程中，"一味向钱看""经济高于一切""成功等于有钱"，过分关注自身的经济利益，从而忽视整体价值和集体利益，缺少责任感和使命感。

2. 人际交往：由熟人社会的群体本位向个体本位转变

传统中国社会的农村是典型的熟人社会，在有限的地域环境中，人与人相知相熟，注重从整体利益出发处理人际关系。费孝通在《乡土中国》一书中，对这样的熟人关系进行了形象生动的描写：这种以"己"为中心的关系，"像石子一般投入水中，和别人所联系成的社会关系，不像团体中的分子一般大家立在一个平面上的，而是像水的波纹一般，一圈圈推出去，愈推愈远，也愈推愈薄……从自己推出去的和自己发生社会关系的那一群人里所发生的一轮轮波纹的差序"①。

实行家庭联产承包责任制后，我国农民的劳作方式发生了改变，即由集体劳动变成了个人家庭独立劳作。城镇化进程加快以后，大量青壮年农民进城务工，开始打破了"庄里乡亲"的社会关系，改变了熟人社会的群体生活网络，进入由陌生人按着市场原则进行组合的新劳作环境。城市的开放性和交往空间的无限性，人际交往一般会以个人主义为原则，人与人之间在人格上是平等的，也由此形成了人与人之间的契约关系，个人与团体、与他人、与家庭成员都有明确的权利和义务关系。市场经济的转型使得农民把谋取个人利益看成是合理的，也加剧了价值观念的转变，游离于集体主义和个人主义之间，既寄希望于集体，又强调以个人为本，这种只关注权利和利益而忽视义务、责任的文化心理，本质上是"极度个人主义"，从而造成了当前农村文化的尴尬和困境。

3. 文化活动：由公共性文化活动向私性（个人性）文化活动转变

随着人民公社的结束，原本活跃在乡村社会的各种形式的文艺宣传队也迅速解散，在20世纪五六十年代兴盛发展起来的秧歌、皮影、戏剧、舞龙、舞狮等农村班社民间艺术也因资金缺乏、人才匮乏、观众寥寥而不得不解散、转型。20世纪80年代以后，国家逐步降低了对农村基层的介入程度，乡镇和村一级的经济实力弱化，除东部个别地方之外，中西部的

---

① 费孝通：《乡土中国》，人民出版社2008年版，第30页。

绝大部分乡镇和村都不再有文化设施上的资金投入，乡镇文化站、村一级的老年活动室、文化大院、村组文化室大都处于"瘫痪或半瘫痪"状态。县乡文化机构组织的"文化下乡""电影进村"活动，有一定的效果，但这种"喂食"式的文化建设机制，往往是政府唱独角戏，难以有效激发农民群众心中的文化热情，也没有点燃农村的文化火种，几十年的建设和努力依然没有培养出农村文化的造血功能。更重要的是随着文化程度较高的青壮年集体外出务工，老人和儿童留守乡间，造成农村人口结构的极不合理分布即"空心化"。农村的"空心化"不仅造成农村空间形态上的不合理分布，也使得农村公共文化建设主体缺失。

与这种公共文化活动严重式微相对照的是，电视机、影碟机、手机、网络等现代传播工具在农村家庭的迅速普及，丰富多彩的电视节目和网络娱乐活动极大地丰富了农村家庭式（个体式）的日常文化生活，农村现代的私性文化活动快速发展。闲暇之际，电视机是农村中老年文娱生活的主要手段，网络是年轻人文娱生活的主要媒介。此外，在当前社会的农村，农民在改革开放后普遍存在着信仰缺失的问题，在很多农村，都已把信仰转化为信教和尊神，宗教活动甚至迷信活动颇有市场。许多农民的文化生活基本上处于一种自发的、盲从的状态。

4. 价值取向：主导价值与多元价值并存

日益开放的文化市场环境，使农村的一元文化向多元文化方向发展，农村的现代化进程又促进了多种文化之间的交流与碰撞。市场经济的多元性，使传统乡村文化的一元性受到影响，并由此形成传统文化与现代文化、本土文化与外来文化之间的矛盾和冲突。面对多元文化并存的复杂局面，对于文化素质相对较低的中国农民来说，必然会产生难以抉择的心理。由于功利主义和工具理性的张扬，农民对人的尊严、价值以及人文精神的关怀淡漠，大部分农民只关注眼前利益和当下的生活享受。

文化变迁还导致国家主导文化与小传统的民间文化的不协调性。国家主导文化一般是指反映国家意识形态的宏观文化，具有鲜明的政治导向。在当今中国，国家主导文化就是坚持马列主义、毛泽东思想和中国特色社会主义理论体系，倡导社会主义核心价值观。小传统文化是指具有地域性特点的乡民或俗民所积累的微观文化，突出生活导向。在我国小传统文化通常是指以农民为主体，在农村生活实践中形成的口传文化和乡俗文化。改革开放和全球化浪潮打破了国家主导文化一枝独秀的局面，各种思想文化异彩纷呈，在一定程度上造成主导文化影响力的削弱。尤其在农村，由于相当一部分农村基层干部政策水平低，民主法制观念淡薄，官僚主义、腐败现象严重，使相当一部分农民对主导文化在心理上产生消极抵触情绪。而且随着现代信息技术的高度发达，农民对知识与信息的获取渠道也日益多样化，西方的意识形态、价值观念也随着网络、影视等媒介渗入，利己主义、享乐主义成为许多农民的价值选择。

5. 文化交流：乡村文化臣服于城市文化

长期以来，农村在经济、文化建设上严重落后于城市。于是，人们把农村视同为落后、愚昧的代名词，乡村文化也因此被看作是低俗、无知的糟粕。强势的城市文化俯视农村文化为"古代文化"或"草根文化"，认为保护农村传统优秀文化是"保护后进文化和迷信"，是"时代的倒退"。近年来，都市消费文化、物质文化宣泄的感官刺激、情感放纵、消费时尚对农民工及其子女的侵蚀殖民极为严重，造成了现代农村年轻一代对农村社会和乡土理念的误读，他们因而也就不自觉地把农村当成文化的沙漠，忽略了乡村文化的多样性和乡村文化的活力和张力，误以为现代的东西就先进优越，传统的必然落后卑微，从而割裂了农村文化和城市文化、传统文化和现代文化的连接纽带，严重影响了乡村文化价值观的构建和乡村文化生态的和谐。正常的文化交流心态应该是各美其美、兼容并蓄、取长补短，但是在历时旷远的"传统"和"现代"文化对话中，城市文化以不容置疑的优势和强势改造、摒弃了乡村文化。乡村文化在高傲的城市文化面前亦步亦趋、胡乱模仿，不仅失去了本有的特色与生命力，而且也没能汲取到城市文化的精髓，相反，城市流行文化和垃圾文化则大肆涌入乡村，乡村文化的生存空间被粗暴"挤压"。

（二）我国农村文化建设历程

农村文化流变作为一种客观事实，既是农村文化建设的结果，也是自身演变的结果。有组织、有计划、有目的的农村文化建设，起始于20

世纪二三十年代的平民教育和乡村建设运动，在国民政府的干预下以及民族危机的加重，这场运动迅速夭折，但它仍不失为一种有益的尝试。中国共产党在革命实践中，总结经验教训，早在新民主主义时期就开始注重农村文化建设，并在政策层面和实践层面加以规划、执行，在根据地党和苏维埃政府的努力下，根据地农村各项文化事业取得相当大的成绩，为新中国农村文化建设积累了经验。但是，真正的有纲领、有理论、有目的、有组织的农村文化建设则发生于新中国成立以后。

1. 新中国成立以来农村文化建设的实践历程

新中国成立以后，中国共产党作为执政党，一方面需要领导人民群众迅速恢复生产，另一方面则面临着改造广大农村地区普遍存在的小农意识，用马克思主义理论武装农民，使之成为新中国社会主义事业建设者的重大任务。在 1949 年底召开第一次全国教育工作会议后，中国共产党要求："要兴办多种多样的工农速成中学、工农干部文化补习学校（班）"，并通过其他形式提高教育的普及率。① 这一时期恢复并发展了人民文化教育事业，兴办了各种速成学校、文化补习班，开展各种形式的文化学习活动，农村文化教育事业获得飞速发展。据统计，1950 年全国有 2500 万多农民参加了冬学，常年参加夜校学习的农民 1951 年达 110 多万人。同时，农村的中小学教育得到快速恢复并有所发展，1952 年与 1949 年相比，农村小学和中学在校学生数分别增加 111.8% 和 186.2%。② 1958 年，全国电影放映单位达 12579 个，其中电影院 1386 个，流动电影放映队达到 8384 个。特别是活跃在小城镇和乡村的流动电影放映队为丰富农村文化生活做出了巨大贡献，电影成了当时农村除了自己组织的文化艺术活动之外的主要文化活动项目之一。这些文化事业的发展极大丰富了农村群众的精神文化生活，为农村社会进步发挥了重要作用。

60 年代后，我党又掀起了大规模的社会主义教育运动，农村广泛开展了各种形式的思想政治工作，学习解放军、学习毛主席著作、学习大

---

① 中共中央党史研究室：《中国共产党历史（第二卷·1949—1978）》上册，中共党史出版社 2011 年版，第 151 页。

② 同上书，第 101 页。

寨的艰苦创业的革命精神、学习雷锋等一批先进典范，通过讲村史、讲家史、忆苦思甜等活动对农民进行阶级斗争教育。其中，最为轰轰烈烈的是自 1955 年开始的长达 27 年的知识青年上山下乡运动曾为传统的乡土文化的创新提供了又一机遇，这一由国家意志推动的知识青年与农民的"亲密接触"虽然有其复杂的背景，但是，它却在客观上形成了 1800 万城市知识青年与农村生活、与广大农民的近距离接触，知识青年自身所携带的城市文化、现代文化与农村文化碰撞、融合。知识青年在为农村带去了大量城市文化、城市生活信息的同时，被农村文化深深熏染，并身体力行地为农村培养了一大批赤脚医生、农业科技人员、乡村民办教师、土电工等。同时，在轰轰烈烈的知识青年上山下乡运动中，大批医疗队下乡、城市居民和干部落户农村等，为农村文化建设创造了新的机遇和条件。"文革"期间，全国教育文化事业受到重创，各种文化事业组织机构、团体数量锐减，但在农村情况相对较好，各种文化活动还能继续开展。①

改革开放以后，商品经济的发展为城乡文化的互相融会提供了广阔的舞台，以人的迁徙、商贸流通等带动了城乡文化交融。同时，党和政府根据社会主义市场经济的发展变化，为适应经济政治等各方面发展变化的需要不断地对社会主义文化建设进行探索、调整。先后颁布了《关于进一步加强农村文化建设的意见》《关于实施西部大开发战略加强西部文化建设的意见》《关于贯彻落实"三个代表"重要思想进一步加强农村文化工作的通知》《关于进一步活跃基层群众文化生活的通知》《关于加强公共文化服务体系建设的若干意见》《国家"十一五"时期文化发展规划纲要》《"十一五"全国乡镇综合文化站建设规划》《乡镇综合文化站管理办法》《全国文化信息资源共享工程试点工作验收标准》《关于进一步实施农村电影放映"2131 工程"的通知》等，推动了农村文化全面发展，营造了新中国成立以来最有利于农村文化发展的综合环境。与此同时，为贯彻落实党和国家的有关方针政策，地方各级政府配套出台了一系列关于农村文

---

① 王富军:《农村公共文化服务体系建设研究》，博士学位论文，福建师范大学，2012 年，第 72 页。

化建设的政策措施，大力推进农村文化建设工程，切实保障农民群众基本
文化权益。

2012年，党的十八大报告提出，要坚持面向基层、服务群众，加快推
进重点文化惠民工程，加大对农村和欠发达地区文化建设的帮扶力度，继
续推动公共文化服务设施向社会免费开放。大力推动新农村文化建设与农
村经济、政治、社会、生态建设协调发展，全面推进新农村建设成为国家
重要发展战略。

党的十八届三中全会指出，建设社会主义文化强国，增强国家文化软
实力，必须坚持社会主义先进文化前进方向，坚持中国特色社会主义文化
发展道路，坚持以人民为中心的工作导向，进一步深化文化体制改革。要
完善文化管理体制，建立健全现代文化市场体系，构建现代公共文化服务
体系，提高文化开放水平。这就为文化强国指明了方向。而新农村文化建
设是中国特色社会主义文化建设的重要组成部分，所以十八届三中全会的
精神也就是当前新农村文化建设的指导思想。

2. 历代党和国家领导人关于农村文化建设的思想

历代党中央领导集体十分重视农村文化的建设，留下了丰富的理论和
实践经验。几代领导人在不同的历史时期，结合革命和建设需求，提出了
十分有针对性的农村文化建设思想。

在长期的革命和建设实践中，毛泽东始终把思想政治工作作为经济工
作和其他一切工作的生命线。他十分重视对农民的思想政治教育，认为使
占人口大多数的农民群众拥护社会主义制度，树立共产主义信念，是社会
主义各项事业顺利开展的重要保证。他在《湖南农民运动考察报告》一文
中，把向农民"普及政治宣传"列为当时中国革命"十四件大事"之一。
抗战时期，毛泽东又号召对农民实行"国防教育"和"反对亡国奴的教
育"。"使我国五亿多农民实行社会主义改造这样一种惊天动地的事业，不
可能在一种风平浪静的情况下出现的，它要求我们共产党人向着背上背着
旧制度包袱的广大的农民群众，进行耐心的生动的容易被他们理解的宣传
教育工作。"① 新中国建立后，毛泽东强调用共产主义精神和社会主义思想

_____

① 《毛泽东文选》第5卷，人民出版社1999年版，第245页。

教育广大民众。他指出，在农村，共产党人政治工作的主要任务是不断向群众灌输社会主义思想，批判资本主义倾向。他提醒广大干部，只要稍微放松了对于农民的政治工作，资本主义倾向就会泛滥起来。所以，共产党人必须随时随地注意启发农民的阶级觉悟。

十一届三中全会以后，邓小平对社会主义精神文明建设的内涵与指导方针进行了详细的阐述，他指出："我们现在所建设的是社会主义新型国家，在物质文明要丰富的同时，精神文明也要高度发达。精神文明不仅仅停留在教、科、文这三方面的建设和发展上，同时也表现在对共产主义的崇高理想、坚定信念和革命立场上等等。"十二大历史性地将社会主义精神文明建设写入宪法之中，并进一步明确了精神文明建设开展的方针，确定了其在社会主义建设中的地位。在改革开放初期，党和国家侧重于农村经济体制的改革，尽管没有形成系统的农村文化建设理论，但邓小平对农村的精神文明建设也给予了高度的重视。在农村的经济体制改革中，邓小平强调要突出农民在改革之中的主体地位，充分调动农民参与改革的积极性。

江泽民对农村文化建设的思想突出表现在农村民主政治文明建设方面。他认为农村的基层民主政治建设，是社会主义民主政治建设的重要组成部分。扩大民主，培养农民的民主政治意识，也是社会主义精神文明建设的重要组成部分。农村的政治建设主要是在农村基层组织的选举、决策、监督管理上实现民主化，主要包括三方面的内容：一是建立农村村委会的直接选举制度，由农民直接选举村委会的领导干部，切实体现农民的利益诉求；二是农村管理的民主化，与农民利益切身相关的大事，应当通过村民大会或者农民代表民主讨论决定；三是建立健全农村的村务公开，将农村的重要事务以及群众关心的事务定期公开，同时建立群众监督机制，完善群众反映问题的渠道。党的十六大报告也指出，基层民主的扩大是社会主义民主政治建设的基础。在农村要完善村民的自治，完善基层民主管理，建立由党领导的具有活力的农村民主自治机制。[①]

以胡锦涛为总书记的党中央，强调文化建设对国家发展的重要性，尤其是"科学发展观"的提出以及"和谐社会"思想的提出，为农村文化

---

① 《江泽民文选》第三卷，人民出版社 2006 年版，第 554 页。

建设提供了思想指导。科学发展观的第一要义是发展，农村经济的全面协调发展，是建设好农村文化的基础和前提。因此搞好新农村文化建设，首先要注重农村全面可持续发展。科学发展观的核心是以人为本，这就要求要尊重人民的主体性，为人民服务，维护和保障广大人民群众的根本利益。在农村文化建设中，要尊重和鼓励农民发挥创造精神，并且做到为了农民群众发展文化事业，依靠农民群众发展文化，使广大群众能从文化的发展中受益。科学发展观的基本要求是全面协调可持续，根本方法是统筹兼顾，这要求农村文化的发展要与农村经济、政治、社会、生态的发展相协调，充分发挥新农村文化对经济、政治、社会发展的促进作用，实现全面协调的发展。

建设和谐社会的思想同样丰富了农村文化建设的内涵。和谐社会的内涵中的诚信友爱、充满活力、安定有序等要素，为新农村文化的建设提供了指导。诚信友爱要求社会成员能够注重诚实信用，所有人能平等、友爱、和睦地相处，互帮互助，建立和谐的人际关系。因而在农村文化建设中应当注重树立农民诚实守信的道德观念，引导农村建立和谐友爱的人际关系氛围。充满活力是指尊重和支持人们的创造创新愿望和活动，肯定和保护创新的成果。在农村文化建设中也应调动农民的积极性，由农民自发地建立新型农村文化，使农村文化具有活力与创造力。安定有序是指建立健全社会自治与社会管理机制，建立安定祥和的社会秩序，使人民能够安居乐业。建设和谐社会也是社会主义新农村文化建设的根本目标。

21 世纪以来，城镇化进一步加快，农村则成为"失去信心和失去希望"的地方，"小康不小康，关键看老乡"，"三农"问题成为能否全面建成小康社会的决定性因素。党的十八大以来，以习近平同志为核心的党中央，高度重视"三农"问题，高度关注决定中国乡村命运的乡村地位问题。早在 2013 年 7 月，习近平总书记在湖北省鄂州市考察农村工作时就十分担忧地指出："农村绝不能成为荒芜的农村、留守的农村、记忆中的故园。"在新的历史条件下，习近平总书记从中华民族历史与文化的高度，提出了富有诗意的"乡愁城镇化"思想。2013 年 12 月召开的中央城镇化工作会议明确提出中国城镇化要成为"让居民望得见山、看得见水、记得住乡愁的城镇化"。2015 年 1 月习近平总书记在云南调研时，明确强调：

"新农村建设一定要走符合农村实际的路子，遵循乡村自身发展规律，充分体现农村特点，注意乡土味道，保留乡村风貌，留得住青山绿水，记得住乡愁。"随着时间的推移，习近平的"乡愁城镇化"理论逐渐完善，成为指导中国城镇化和新农村建设的重要思想。习近平的"乡愁城镇化"理论，在 2014 年中央一号文件中，再度深化为"传承乡村文明"的新思想，明确提出在新农村建设中要"创新乡贤文化，弘扬善行义举，以乡情乡愁为纽带吸引和凝聚各方人士支持家乡建设，传承乡村文明"。这就为当今及未来农村文化建设提出了明确的指导思想和发展方向。

（三）我国农村文化建设的现状

新中国成立以来，在几代共产党人和历届政府的努力下，我国农村文化建设取得了巨大的进步和成就，特别是近年来，农村文化建设投入逐渐增加，基础设施建设更加完善，农村文化活动愈加丰富，农村文化产业发展迅猛。

第一，农村文化建设投入逐年增加，基础设施建设更加完善。近些年来，国家不断加大对农村文化设施的建设投入。如 2008 年，用于农村文化建设的资金就高达 62.5 亿元，比 2007 年的 56.13 亿元增长了 11.3 个百分点。"十一五"以来，中央财政持续加大对农村文化建设的投入，并开始着手建设乡镇文化综合站。截止到 2012 年 8 月，全国所有乡镇成立了综合文化站，83% 的乡镇建设了文化信息资源共享工程服务点；84% 的行政村建有农家书屋，所有的行政村开通了广播电视村村通工程，农村电影放映工程也基本实现一村一月放映一场电影的目标。[①] 农村文化载体也得到了一定程度的扩展，国家除了开展送书下乡工程外，财政部和文化部还从 2002 年 4 月起，实施了全国文化信息资源共享工程。"截止到 2010 年底，中央累计财政投入 27.44 亿元，已建成一个国家中心，33 个省级分中心，2867 个县级支中心，2.3 万个乡镇基层服务点，59.7 万个村基层服务点，与农村党员干部现代远程教育和农村中小学现代远程教育工程密切结

---

① 中华人民共和国文化部：《2011 年全国文化发展基本情况》，2012 年 4 月 11 日，中央政府门户网站（http://www.gov.cn/test/2012 - 04/11/content_2110583.htm）。

合，基本建成了覆盖城乡的服务网络。技术平台日益完善，实现了电脑、电视、手机、投影等各种终端服务设备的综合运用。"① 农村文化基础设施的完善，为农民提供了学习现代科学技术和开展文化娱乐活动的场所，既满足了农民群众的精神文化需求，也利于把分散的农民集中起来，增强团结互助、共同建设和谐新农村的意识。

第二，农村文化活动逐渐丰富，农村文化产业发展迅猛。随着国家对农村文化建设的日益重视，对农村文化市场的投入逐步增加，农村的精神文化活动也日趋丰富。从国家层面看，每年的"文化下乡""电影进村"活动，在一定程度上缓解了农村文化资源的匮乏，并带动了农村文化市场的活跃。据统计，截止到 2010 年，文艺院团到农村的演出已达到 84.67 万场次，比 2009 年增加了 14.3 个百分点，赴农村演出场次占全部场次的 61.8%。② 这些文艺演出活动得到了农民群众的欢迎和一致认可。与此同时，农村公益演出的数量也在逐年增加。从农村民间来看，各地充分利用各种形式，通过各类传统节假日举办乡村文化节、农民艺术表演等活动，丰富农民的精神文化生活。许多农村在吸收传统文化精华的基础上，突出地域特色、自然环境特色等，深入挖掘民间特色文化，开始自办文化团体，满足了农民群众的精神文化需求，有效推动了农村文化事业的发展。据 2007 年中国农村统计年鉴公布的数据，1995 年全国文化专业户只有 22.8 万户，2006 年就增加到 49.9 万户。③ 某些经济比较发达、开放程度较高的乡镇及村庄已经建有歌舞厅、电影院等文化设施，传播现代文化、都市文化的同时，也大大丰富了农村文化活动。

挖掘地方民俗文化资源，打造地方特色文化品牌，已经成为农村地区文化资源优势向现实生产力转化的一条捷径。地区文化特色品牌的打造，带动了特色文化旅游，促进了文化服务、民间工艺品加工、民俗风俗展演等产业的发展。把文化资源与旅游资源有机结合起来也是一些地区文化产业发展的

---

① 中华人民共和国文化部：《2011 年全国文化发展基本情况》，2012 年 4 月 11 日，中央政府门户网站（http://www.gov.cn/test/2012-04/11/content_2110583.htm）。

② 同上。

③ 国家统计局农村社会经济调查司：《2007 中国农村统计年鉴》，中国统计出版社 2007 年版，第 32 页。

有效路径，文化提升旅游，旅游传播文化，文化资源与旅游产业相得益彰，促进了农村经济和文化的发展。比如，曲阜"国际孔子文化节"、五台山"佛教文化节"、菏泽"牡丹文化节"都已成功地打造成了本地的文化名片，创造了可观的经济、社会效益。此外，在政府的规划和支持下，一些自然禀赋丰厚的农村，广泛出现了融经营青山绿水、乡村文化、生态农业为一体的农家乐、牧家乐、渔家乐等。这又是中国农民的一大创举。

从纵向看，我国农村文化建设成效显著，农村居民受教育程度普遍提高，农村文化设施也逐步得到完善，但相对于城市文化建设水平和国家整体经济发展程度，农村文化建设问题十分突出，主要表现为：

第一，农村文化建设管理体制机制不顺，公共文化缺失。我国农村文化建设责任分属于多个行政主体（部门），如在县一级，县广电局负责电视广播，县文化局负责群众文化，县体育局负责群众体育活动，县委宣传部负责群众文化宣传工作。在乡镇一级，有党委组织的文化活动，有文化站组织的文化活动，有教育办（所）组织的文化活动，管理体系不健全，分类不明确，政出多门，边界不清，组织形式简单，活动内容重复率高。谁都组织管理农村文化，谁都不负全责，从而导致原本有限的农村文化资源无法发挥应有的效应。一方面，为农村提供的公共文化服务总量少、质量低。现在，农村题材的图书、影视、文艺作品依然不足，适合农民群众阅读的报纸杂志也为数不多，农民看书难、看戏难、看电影难的情形没有得到根本改变。另一方面，农村原有的文化资源正在逐渐消亡。我国传统农村文化的表现形态十分丰富，主要有饮食、建筑、习俗、节日、文学、歌舞、美术和方言等，可是随着市场经济的发展，大量民间艺术已经失传或面临失传。农村许多传统手艺是兼具生活用品制造和民间艺术创造两种功能的，但当前人们对农村传统手艺人的态度是十分暧昧的。浙江在线经过调查发现，"对民间传统手艺人，九成被访者认为值得尊敬，然而当问及'如果有师傅愿意教授，你是否愿意让孩子去学手艺'的问题时，竟然所有被访者都称'不愿意'"[1]。此外，农村文化建设尚未建立有效的评价

---

① 《手艺人的濒临失传的传统手艺谁来继承?》，2016 年 8 月 4 日（http：//www.zjjff.com/xingqu/20160804/15603.html）。

与监管机制。农村文化公共投入在配置上不尽合理，国家对农村文化的有限投入主要集中于农村基础文化设施建设，且大多数是一次性基建投入。中西部地区县以下几乎没有对文化人才的投入，也几乎没有保证文化设施正常运行的经费，而且绝大多数是只管"建设"，不管"运转"，存在明显的"重投轻管"的弊病。

第二，农村文化建设主体缺位，农民文化消费能力和文化欣赏水平亟待提高。农民是农村文化建设的主体，城镇化建设吸引了大批青壮年农民涌向城市，农村成为"空心岛"，多数农村公共文化活动因"没有参与者"而名存实亡或勉强为之。在农村公共文化不断被"忽视"后，农村私性文化活动趣味不高的状况也难以改善。相比城市，农民文化消费能力低下。有调研指出，农民家庭的平均文化消费支出仅有 871.77 元，占全部平均开支（10989.46 元）的 7.93%，在所有开支项目中排在最后。在广大农村存在很多经营性的歌舞团，他们主要被农民请去唱婚事和丧事。大多数这样的歌舞团在演出开始后，先唱几首歌，然后就会出现一些低俗的表演：穿着暴露跳舞、讲荤段子甚至跳脱衣舞，等等，而台下的部分群众（以中青年男性为主）大声叫好、鼓掌。妇女们往往也默默地看或带着孩子离开，但并不会表示反对和制止。通过调查得知，这些歌舞团的工作人员也挺无奈，不演这些低俗节目，很难吸引群众，他们的收入也会降低。①

三　农村学校变迁与农村文化建设的错轨

中国传统农村学校教育尽管非常落后，但它对于民族文化的传承、读书识字的启蒙教育、乡村社会的礼俗教化和移风易俗发挥了不可替代的作用，为农村文化建设做出了不可磨灭的历史贡献，学校也正因此而成为农村文化的高地和文明的象征。但是，中国农村学校教育从出现伊始，就存在着引导读书人跳出"农门"、出人头地的倾向，这在近代以来表现得尤为突出。从某种意义上说，近代以来中国农村学校百余年的变迁历程，在

---

① 张玉柱：《新农村文化建设中存在的问题及对策研究》，硕士学位论文，东北大学，2014 年，第 13 页。

很大程度上就是一部农村学校"去农化"的演进史。从 20 世纪初期新式学校在中国农村的开办，到农村学校"教人离开乡下向城里跑。他教人吃饭不种稻，穿衣不种棉，做房子不造林。他教人羡慕奢华，看不起务农。他教人分利不生利。他教农夫子弟变成书呆子"[①]。从新中国成立初期党和政府对农村学校的接收、改造和简易小学、速成班的大量涌现，再到 21 世纪初的农村学校布局大调整，都是自觉或不自觉地在模仿城市学校，以"城市学校"为蓝本对农村学校进行改造。类"城市学校"的农村学校，确实有效提升了农村学校的教育质量与教学效果，但同时也破坏了教育的多样性和多元化，还加大了偏远贫穷地区农村孩子接受学校教育的成本，导致一些地区适龄儿童辍学率、失学率一度有所反弹。从农村文化建设的角度看，近代以来农村学校的变迁特别是近十多年的农村学校的大规模撤离，对农村文化建设产生严重影响，农村文化生存和发展的空间受到了严重的挤压，农村的文化荒芜愈加严重，特别是农村传统文化处于风雨飘摇之中。在现代化和城镇化的双重进程中，农村学校变迁与农村文化建设发生了错轨甚至背道而驰。

（一）农村文化建设的主体与基础

一个国家、一个社会、一个民族，没有文化，就等于没有灵魂，就会失去凝聚力和生命力。在新农村建设过程中，文化因素深入其间，为和谐农村的发展提供思想保证、精神支撑。社会主义和谐农村有着丰富的文化内涵，没有文化的和谐，就没有和谐农村的根基，没有新农村建设的发展方向。农村文化建设任重道远，必须要尊重农民的主体地位，充分挖掘、保护、发扬乡村传统文化的优秀成分，建设符合社会主义新时期的农村和谐文化。

2005 年 10 月，中国共产党十六届五中全会提出，建设社会主义新农村是我国现代化进程中的重大历史任务，要按照"生产发展、生活宽裕、乡风文明、村容整洁、管理民主"的要求，扎实稳步地加以推进，这实际上就是提出了新农村建设的经济、政治、文化和社会四位一体的建设目标。

---

① 中央教育科学研究所：《陶行知教育文选》，教育科学出版社 1981 年版，第 57 页。

同年 11 月，中共中央办公厅、国务院办公厅下发了《关于进一步加强农村文化建设的意见》，指出加强新农村文化建设，是全面建设小康社会的内在要求，是树立和落实科学发展观、构建社会主义和谐社会的重要内容，是建设社会主义新农村、满足广大农民群众多层次多方面精神文化需求的有效途径，对于提高党的执政能力和巩固党的执政基础，促进农村经济发展和社会进步，实现农村物质文明、政治文明和精神文明协调发展，具有重大意义。可见，农村文化建设既是新农村建设的一个重要目标，又是新农村建设的重要组成部分，还是新农村建设的一个重要条件。它对经济建设、政治建设、社会建设有着巨大的反作用，它能够极大地推动社会主义新农村建设，在社会主义新农村建设中具有非常重要的战略地位。

1. 农村文化建设的主体只能是农民

农村文化是在农村生产方式和农村特有的地域文化的基础上，农民作为文化创造、文化传承、文化创新的主体，所创造和积淀下来的为大多数农民所接受和认可的、相对稳定的风俗习惯、生活方式、思想观念、价值观念、社会心理等的总和。农民是农村文化建设的受惠者，也是农村文化的建设者，缺乏农民主动参与、主动创造的农村文化建设，都不是真正的农村文化建设。这是因为千百年来，农民一边周而复始地劳作，一边进行着乡土文化的耕耘和积累。只有他们才真正理解自己脚下的土地，也才真正理解自己身边的文化。农村文化的发展，不可能离开他们。近些年来许多地方农村文化建设的失败，相当程度上是因为忽视农民的自身作用，忽视了内部力量的接应。农民仅仅是文化建设的旁观者和被动接受者，这种身份决定了他们对文化建设的冷漠，也注定了文化建设在农村的飘游无根。农村文化建设必须以农村为主场，以农民为主体的，最终落实到农民的日常生活中去。

也就是说，在农村文化建设过程中，只有寻求政府力量与农民力量的融合、时代资源与传统资源的融合，才能使政府力量起到"四两拨千斤"的作用，才能唤醒农民蛰伏的参与热情，才能调动沉睡于乡野的文化资源，形成生生不息的文化创造力。

2. 农村文化建设必须以本地乡土文化为基础

任何文化都有自身的特点，农村文化的最大特点是乡土与传统，它不同于城市文化的精致性和商业化。可见，农村文化建设不应当，也不可能复制、照搬城市精英的消费主义文化，否则也就失去了农村文化的本真。因此，农村文化建设需要立足农村，从农民的需要出发，从当地的文化基础和条件出发，将时代资源嫁接于传统资源，使其焕发出新的生命力。也就是说，农村的文化建设需要"把农村建设得更像农村"，要特别注意农村的多样性和特殊性，因为不同的历史条件和地理环境，形成了不同区域的文化特色和优势，这就是新时期开展农村文化建设的依托和资源，它包括当地农民在世代相传中积淀而成的文化心理和文化行为方式，包括特色鲜明的乡情乡韵、乡风乡俗。千百年来，这些风俗风情熏陶着当地的农民，也潜在地制约着当地对外在文化力量的接受形式和接受程度。任何文化的发展都是积累的结果，农村本地的文化发展，必须建立在本地乡土文化的基础上，这种文化的内在规定性不会因为时代的改变而改变。因此，农村文化建设必须深深地植根于当地的文化资源，接上当地的"地气"。

唯有如此，在我国今后相当长的城市化进程中，才能使农村不但是"望得见山、看得见水"的美丽地方，而且永远是让人"记得住乡愁"的情感寄托，而绝不是城市文明的复制品和牺牲品。这样的农村生活才会有价值、有魅力，才能让人感到幸福，并且提升人的综合素质和文明程度，成为人们心之所向的"田园牧歌"。因此，农村的文化建设就不仅仅是社会转型期安顿人心的一时之举，而是事关中国人的精神世界、核心价值观的培育，具有人的本体性追求的意蕴。

（二）农村学校的撤离加速农村文化的枯萎

在农村，学校扮演着重要角色，"没有学校的社区，不是国家政治思想出没的社区。学校是社会行政结构系统中的一个系统，不能离开社会行政结构来理解学校，反过来，也不能离开学校来理解社会行政结构"[1]。学校布局调整使国家权力的代表——农村学校离开乡村社区，使学校对农村的隐性文化功能"失灵"。

---

[1] 毕世响：《人与思想出没的地方——学校原型的天问》，《上海教育科研》2012 年第 2 期，第 14—17 页。

1. 农村学校大量撤离农村，加剧乡村的文化象征消失

20 世纪近百年中国教育现代化的过程以向下层渗透和"文字下乡"为特征，基本形成了"村村有小学"的教育格局，农民文盲大幅减少，农民文化水平整体得到显著提升。但 20 世纪 90 年代以来农村中小学布局调整呈现出一种相反的变化，大量学校撤离乡村可视为村落学校的"终结"，形成了中国乡村教育"文字上移"的新趋向，乡村教育摒弃乡村经验，一味向城市化、抽象化、普遍化进发。[①] 随着农村学校布局调整，绝大多数农村村小合并到乡镇中心小学，向中心乡镇或更大的村庄集中，从而远离原驻的自然村庄。

农村学校原本是中国广大农村最富有文化气息的地方，如今这唯一有"书卷味"的地方也撤离了农村，使得农村文化的主要象征消失，从而使祠堂、庙宇成为许多农村的最重要的文化场所。一所所乡村学校关闭，随之被切断的是一个个村庄的历史传统与人文血脉。很多家庭为了满足孩子入学的需要而举家外迁，加上本就普遍存在的农村青壮年外出打工潮，使得越来越多的乡村成为只剩老、妇、幼留守的"空巢村庄"，而优美的自然村落一旦失去了以琅琅书声、老师学生为代表的独特文化形态，将只剩下一个没有灵魂与血脉的躯壳，乡村再也不是"诗和远方"了。留守在农村的成年人醉心于赌博，老年人沉迷于封建迷信。在外漂泊的游子失去了对故乡的风土人情的眷恋，新生代农民工成为找不到心灵归宿的"两栖人"。在日趋强劲的城镇化浪潮的冲击下，自然村落的人文凝聚功能越来越弱，乡村文化环境日渐凋敝。

2. 大量农村孩子住校寄读，妨碍自身乡村文化的习得与父辈文化的提升

农村孩子过早远离乡村，自然对乡村生活产生疏离。心理学理论认为，童年早期经历对人的一生具有决定性影响。本来，乡村社区举行的各种庆祝活动或婚丧嫁娶的礼仪活动，对乡村儿童熟悉乡村文化提供了一个极好平台。即便是在日常生活中，乡村儿童通过目睹其他人与人之间的交

---

① 熊春文：《"文字上移"：20 世纪 90 年代末以来中国乡村教育的新趋向》，《社会学研究》2009 年第 5 期，第 110—140 页。

往或是亲身体验与他人交往，慢慢体会到了乡村人们之间的交往规则，以使自己在乡村社会中可以游刃有余。然而，在农村儿童习得乡村文化的关键时期，由于学校布局的调整迫使他们过早离开原住村庄，使他们与乡村文化之间出现了一道人为屏障。儿童与乡村文化的疏离，在其长大成年后，就演变为对乡村的遗弃，他们主动远离乡村，选择在城市打拼，拼尽全力只为在城市有个家。似乎"城市户口""在城里工作""在城里买房"才是农村孩子成功的重要标志。回到农村，则是农村孩子迫不得已而为之的无奈选择。即使回到农村，这些农村孩子也表现出对农村生活的鄙夷，对城市生活的向往。农村，依旧是他们无法真心接纳的故土；回到农村，似乎是他们人生"不够成功"的标签。

　　而且，孩子远离家庭，对父辈文化影响力也随之削弱。一般认为，"儿童学习新文化要快一些，他们往往会成为父母和祖父母的文化解释者"①。尤其是在农村成人文盲和半文盲还有所存在的情况下，儿童作为新文化的解释者，通过家庭生活中的不断冲突和融合，能够有效地逐渐转变成人的一些陈旧观念和态度。陶行知就认为农村学生在学校学习，回到家后可以教他的父母，从而改造农民的文化价值观念，增长农民的文化知识。时下，由于多数农村学校远离乡村，偏远地区的很多农村孩子为了节省耗费在上学路上的时间，也为了防止不安全因素，多数孩子选择寄宿上学。小学生通常一周回家一次，中学生一般2周才回家一次。这就在客观上严重挤压了孩子和家庭成员相处的时间，孩子掌握的文化知识及其文明素养也难以随时随地在家庭日常生活中潜移默化地影响家庭成员。

　　3. 大量父母进城陪读，导致农村文化建设主体严重流失

　　在农村学校被撤并前，一个村子里有孩子与孩子之间的交往，有家长与家长之间的交流，还有学校教师与当地村民之间的互动，正是基于学校的这些活动，加深了人们之间的情感联系，进而构建了彼此熟悉的社会关系网络。傍晚的乡村，孩子们一起游戏玩耍，村民们互相串门，村子里一派融洽和谐的气氛。而学校被撤并后，许多孩子因需要前往离家较远的"中心乡镇"或"更大的村"就读而不得不选择寄宿上学，他们的父母也

---

　　① 肖海平：《新农村建设中教育的文化使命》，《当代教育论坛》2008年第1期，第26—28页。

被迫远离乡村，进行陪读。陪读，需要在外租房，无疑增加了家庭的教育成本，给他们带去较为沉重的经济负担。更为严重的是，陪读家长较长时间离开乡村，逐渐与乡民疏远。乡土中国，实则是熟人社会，村民间一旦不再熟识与亲切，村民也就异化为"城市居民"，从而导致农村文化建设的主体隐性流失，直接的后果便是，乡村传统节日的文化活动因"村中无人"而逐渐消失。然而，正是这些独具乡村地域风情的传统节日风俗才使得农村文化具有自身独特的魅力而长存于世，如果乡村传统节日风俗消亡了，乡愁也便不复存在。这就背离了"注意乡土味道，保留乡村风貌，留得住青山绿水，记得住乡愁"①的新农村建设目标。

4. 农村教师整体撤离，造成农村文化建设引导者缺失

作为乡村知识分子代表的农村教师，理应拥有守护乡村灵魂的"公共情怀"，对自己的公共责任形成正确的认知并积极落实在行动中。在 20 世纪二三十年代，一群留学欧美的城市知识分子来到农村，在农村兴师办学，为改变农村的落后愚昧状态竭尽所能，无奈彼时的政府不仅没有支持，反而横加阻挠，最终令这场轰轰烈烈的乡村教育运动中途夭折。尽管如此，他们开创了知识分子与乡村社会互动的先例，知识分子融入乡村、改造乡村的公共情怀与责任担当是这场运动留给后人最为宝贵的精神财富。

在当下，作为乡村知识群体的农村教师，在社会主义新农村建设中不仅仅是传统意义上的知识、文化传播者的角色，而应该围绕新农村建设的"生产发展、生活宽裕、乡风文明、村容整洁、管理民主"的要求，在农民核心价值观培育、农村新型人才培养、农民思想道德教育与精神文明建设、农村民主法制建设、农村传统文化传承与创新中承担起引领者的角色。但事实上，随着学校的撤离，农村教师也纷纷上城进镇，在大多数农村特别是偏远乡村，已没有了教师的踪影。少数留驻农村的教师也因多年的城市求学经历使他们本能地抗拒农村，排斥自身"农村教师"的身份，加上对农村文化的陌生和无知，使他们缺乏与农村社会沟通的"资本"和

---

① 习近平：《2015 年 1 月在大理白族自治州大理市湾桥镇古生村考察时的讲话》（http://politics. people. com. cn/n1/2015/1228/c1001 – 27984291. html）。

服务农村的能力。那些在中心乡镇任教的农村教师，大都也是"早下乡，晚进城"的"走教"教师，活动范围基本囿于学校围墙之内，对当地农村社区比较生疏，与本地村民较少联系。这一点在本课题组对本地村民的调查中也得到印证。（见图2－2）

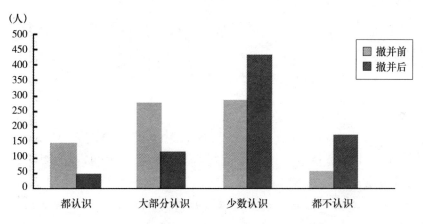

图2－2　村里学校撤并前后村民对教师的熟识程度对比

可以说，农村教师从来没有像现今这样疏离村庄，疏离村民，疏离他们生活于其中的乡村文化环境。农村教师与乡村社会渐行渐远，农村文化建设失去了最为切近的引导者和骨干力量。

第三章　失去了学校的农村
文化生态

　　社会主义新农村建设是我国新历史背景下的一项重大任务，是按照"生产发展、生活宽裕、乡风文明、村容整洁、管理民主"的要求，实现把农村建设成为经济繁荣、设施完善、环境优美、文明和谐的社会主义新农村的目标。文化建设是社会主义新农村建设的一项十分重要的内容，而农村学校在新农村建设和农村文化建设中有着非常重要的地位和作用。作为农村地区的文化高地和文明标杆，学校不仅仅是孩子学习的场所，而且是新农村文化建设的重要载体，也是农村文化的着生点、农村文化的守护者以及乡村文化的整合者。[1] 农村学校的大规模布局调整使得许多村庄失去了作为文化象征和文明符号的学校，造成农村文化主体、乡村文化精英的大量撤离，原有的"学校文化 + 乡村文化"农村文化结构的日渐解体，对农村文化、乡风文明的建设提出了严峻的挑战。

一　农村文化载体流失

　　农村学校是农村文化继承、传播与发展的重要载体，也是我国基础教育和文化传承变革的重要社会机构，它对于现代文化的引入、传播和融合，以及在传统文化的保存、传承与创新等方面发挥重大作用。因此，农村学校不仅是能为村民提供教育服务的场所，同时还被赋予了文化载体的

---

① 龙宝新：《村小"消逝"现象的文化学思考》，《中国教育学刊》2012 年第 6 期，第 12—16 页。

功能，它既承担着传播知识、启迪心灵、开拓智慧的教育职责，又承载着承接传统、开启文明、引领民心的文化责任。所以只要有农村学校存在，乡村社会就拥有可以信赖的文化载体。而在这些年的农村学校撤并浪潮中，这些学校和教学点纷纷消失，让当地农民感到惆怅迷茫、不知所措。在农村社会这一有限的空间里，很难找到一个适合做文化载体的场所了，这导致了农村社会出现了教育和文化的空地。教育和文化的空场会引起已经生活在社会边缘的弱势群体远离教育，远离现代文明，最终导致整个农村经济社会发展停滞不前，不良文化盛行。[①]

（一）农村文化和农村文化载体

农村文化，是农民生活当中重要的组成部分，与农民的日常生活和社会交往息息相关。它指的是在一定的社会经济条件下形成的以农民为载体的文化，是农民的文化水平、思想观念以及在漫长的农耕实践中形成并积淀下来的认知方式、思维模式、价值观念、情感状态、处世态度、人生追求、生活方式等深层心理结构的反映，它表达的是农民的心灵世界、人格特征以及文明开化程度。[②]

作为一种在生产生活实践中形成的文化价值体系，农村文化的"物质基础是一定地域范围内的自然环境与物质生活环境；社会结构是以血缘为纽带的家族、宗族制度以及以此为基础建立起来的村民社会实践交往模式；社会形态是村民之间自然而然地相互熟悉与习惯的熟人社会；时空特点是肇始于过去，贯穿于现在，影响将及于未来，并以多种形式贯穿于村落的每个角落，影响村民生活的方方面面；在组织形态上包括节日文化、习俗文化、制度文化、家庭文化、信仰文化等；合理内核为传统文化特别是儒家文化熏陶下形成的基本伦理规范与文化认知观念；精髓在于关注人与自我、人与人、人与社会、人与自然之间的关系，并形成和谐、稳定的社会交往网络；基本

① 蔡应妹：《学校撤离后农村文化建设的困境与出路》，《浙江师范大学学报》（社会科学版）2015年第2期，第105—109页。
② 吕红平：《农村家族问题与现代化》，河北大学出版社2001年版，第211页；陈茜：《村校消失后的乡村文化建设研究——浙江省L村的个案研究》，硕士学位论文，浙江师范大学，2015年，第10页。

内容包括生活方式、思想观念、风俗习惯、思维方式、行为规范、情感信念、道德风尚、价值取向以及心理结构等精神文化现象"①。

可以说，农村文化是几千年来农民不断社会互动和交往而逐渐积累的结晶，它已经深深地融入农民的日常生活当中，它既可以以显性的方式呈现，比如仪式、节日等，也可以以隐性的方式来规范和制约农民的日常行为，比如人情、信任等文化形式。农村文化在农村的经济社会发展和农民的社会互动中有着不可替代的作用，它对农民具有教化、认知、规范等功能，对社会主义现代化和和谐社会建设有着促进作用。农村文化具有丰富的内涵，它既依赖于农村这一地理空间，又与农民生活的社会紧密相关，自身带有丰富浓厚的乡土气息。费孝通在《乡土中国　生育制度》一书中非常深刻地描绘了这一点，他将农村文化与社会结构结合起来，通过对我国农村社会的深入观察与分析，认为中国农村社会其实就是一种乡土性的社会，其基层的结构是一种"差序格局"的形式，"在差序格局中，社会关系是逐渐从一个一个人推出去的，是私人联系的增加，社会范围是一根根私人联系所构成的网络，因之，我们传统社会里所有的社会道德也只在私人联系中发生意义"②。他将社会关系的文化比喻成水的波纹："以‘己’为中心，像石子一般投入水中，和别人所联系的社会关系，不像团体中的分子一般大家立在一个平面上的，而是像水的波纹一般，一圈圈推出去，愈推愈远，也愈推愈薄。"③

因此，农村不仅是一个空间有限的地域和自然环境，它更是一种村落共同体，是一个文化性的概念，内含着一定的价值观念、习俗信仰、精神风貌，即所谓的农村文化。而学校作为农村文化的主要载体，在对保存、传承和发展农村文化方面发挥了至关重要的作用。

第一，农村学校是农村社会主要的公共空间，是村民开展文化活动的重要场所。农村学校并不是一个流动性的场所，而是乡村地区一个稳定的且具有文化意味的正式场所。它是村民开展各种文化、体育、娱乐活动的

---

① 蔡志良、王俏华、蔡应妹：《跨越德性生长的断层：农村学校布局调整后学生道德成长风险研究》，浙江教育出版社 2016 年版，第 190—191 页。

② 费孝通：《乡土中国　生育制度》，北京大学出版社 1998 年版，第 30 页。

③ 同上书，第 27 页。

"天然场所"，可以为乡村公共活动提供极为便利的条件，它还是乡村地区信息共享的服务平台。

这也意味着，农村学校是农村社会中一个重要的公共空间。农村公共空间建设是农村研究当中一个非常重要的领域，并引起了许多学者的关注。对公共空间的研究主要来源于汉娜·阿伦特和哈贝马斯的公共领域（Public Sphere）概念。汉娜·阿伦特对公共领域做了富有开拓性的研究，之后由哈贝马斯进行最系统的阐述。哈贝马斯曾这样说道："公共性本身表现为一个独立的领域，即公共领域，它和私人领域是相对立的。有些时候，公共领域说到底就是公共舆论领域，它和公共权力机关直接相抗衡。"[①] 在哈贝马斯看来，公共领域是一个位于国家和社会之间公民参与政治活动的公共空间，在这里，公民可以相互聚集在一起对公共事务进行自由讨论，进而形成具有批判性的社会舆论。

那何谓农村公共空间呢？所谓农村公共空间，指的是社会内部业已存在的一些具有某种公共性且以特定空间相对固定下来的社会关联形式和人际交往形式，它也是村民自治的重要舞台。[②] 农村公共空间是村民相互交流和沟通的主要场所，是提高整个农村社区凝聚力的重要机制。另外，公共空间也是一种自治方式，对村庄治理和村民自治建设有着非常重要的作用。因此，我们应当有意识地着力培养农村的公共空间，增加村民相互交流和互动的平台，这也是社会主义新农村建设的应有之义和必然要求。

作为一种重要的公共空间形式，学校为村民展开各种文体活动提供了一个场所，但这不仅仅是一个地理性的空间，也不仅仅是提供图书、报纸、体育锻炼器材和设备等一些物质用品，更重要的是，学校为当地村民提供了一种积极向上的文化，向村民传播和普及先进的文化知识。农村学校可以用所拥有的师资力量和掌握的信息以开展讲座等方式直接或间接地将新思想、新文化、新道德、新风尚，以积极向上的学校文化形式向村民进行灌输，给文化资源匮乏的乡村带来了难得的精神食粮，为乡村营造出

---

① ［德］哈贝马斯：《公共领域的结构转型》，曹卫东等译，学林出版社 1999 年版，第 2 页。

② 陈丽琴：《农村公共空间的退缩与女性的政治参与——对湖北省 S 村公共空间的分析与思考》，《中华女子学院学报》2009 年第 3 期，第 64—68 页。

良好的文化氛围，达到了学校信息与村民共同分享的目的。可以说，学校本身就是一种文化形式，内含着丰富的文化意味。因此，在拥有学校的乡村里，村民在无意识中就受到学校文化的熏陶，从而培养了积极的文化意识和正确的价值观。

第二，农村学校是农村文化保存、传播和发展的重要载体和机制。教育是一种有计划、有目的、有组织地向公民系统性地传授文化知识和技能、陶冶思想品德、引导正确的价值观念的社会实践活动。教育在社会和国家体系的运行中有着非常重要的作用，它的根本价值在于为整个社会提供专业性的而且又符合一定道德要求的人才，从而推动社会发展。

而作为一种重要的教育场所，学校有利于个体的社会化，培养和提高个体的社会技能、社会认知等内容。从最普遍的意义上来说，社会化指的是一个个体从自然人转变为社会人的过程，在这一过程中，个体将外在的社会价值标准、角色期待、技能、文化规范等进行内化，从而使个体学习和掌握一定的语言、知识、技能、价值观念等，促使个体走向社会公共生活。社会化是一个个体社会适应的过程，它的内容包括基本（早期）社会化、继续（发展）社会化、再社会化、反向社会化等类型。个体的社会化是一个终身持续的过程，也是一个必然的过程。人只有经过一定的社会化过程，才能在社会中生存。在一个人的一生中，会遇到多种类型的社会化过程，而基本（早期）社会化对个体而言是一种至关重要的社会化阶段。基本（早期）社会化发生在婴儿至青少年这一时期，它对个体学习和掌握基本的语言、知识和行为规范，形成基本的角色期待和人格特质有着决定性的作用。可以说，早期社会化的成功与否也在一定程度上决定了一个个体人生的成败。

在早期社会化阶段，个体会在不同场所接受不同类型的人的教育，比如父母、朋友、老师等。毋庸置疑，学校是个体接受早期社会化重要的场所，教师是个体社会化的重要指导者。学校教育与个体的早期社会化之间存在着一种高度的内在耦合性，作为教育的实施载体，学校为个体学习文化知识和社会规范、培养价值观念和基本人格提供了重要场所。

同样地，在农村社会中，村校对于村民个体特别是孩子的社会化显得非常重要。传统的农村社会是一个封闭的熟人社会，在这样一个封闭性的熟人社会中，村民生于斯、长于斯，村民之间的相互交往非常受限，一个村民接触到的基本是乡村本地的社会网络和文化规范，即便是在现代社会里，在市场化和城市化的双重渗透下，农村的社会网络和文化规范依然有着强大的制约力。那么在这样一个封闭性的熟人社会里，孩子如何可能接触到外在的世界？其中，学校就提供了孩子接触外在世界的场所，它是一扇"天然的窗户"。

作为我国教育体系的基础以及教育普及的主要场所，农村学校担负着本地区文化教育的职责，是乡村教育的前沿阵地。农村学校作为乡村唯一的公共教育资源，不但承担着教书育人的职能，还以乡村重要文化资源的身份存在，因其文化设施、文化活动等文化资源成为乡村文化堡垒，承载着建设农村文化的使命。

通过社会化机制，学校在两个方面对农村文化的保存、传播和发展发挥着重要作用。

一方面，学校将外界的文化知识引进本地。在学校里，孩子可以学习和接受外在的文化知识，从而将文化知识内化于自身。通过学校教育和洗礼的孩子们回到居住的农村，就可以将在学校学习的现代文化知识带到农村，将自身所学服务当地群众、服务乡村。通过外界文化知识和原有当地文化观念不断的碰撞、交流和整合，使村民实现自我超越，向自身灌注了新的文化血液和文化生命力。因此，通过学校这一媒介，可以让农村文化一直保持着不断的创新和进取，而不是故步自封、停滞不前。

另一方面，学校教育也可以使本地的知识文化得到传播。农村学校不仅仅是孩子们学习文化知识和接受教育的场所，也是一个将本地文化传播到其他地方的通道。通过学习，孩子们在接受新的文化知识的同时，也会将新的文化知识与原有学到的文化知识进行比较、融合，形成一种新的文化体系和价值观念，而不是在接受新文化知识的同时抛弃原有的文化观念。这也意味着，原有的文化观念会融入个体的血液之中，伴随着整个个体的生命活动过程，而学校教育则加速了这一进程，因为等到孩子们长大以后，他们会离开原来的乡村，进入新的生活场景，接触新的朋友，扩大社会关系网络，学习和适应新的生活方式、价值观念以及行为准则，但是其原有的乡村文化内涵并不会消失，相反地，诸如方言、习俗、观念、为人处世方式等会伴随着孩子们传播到城市等新环境，能使城市人从他们身上了解乡村社会，认识乡村文化。

通过学校教育和社会化这一重要机制，农村文化才得以保存、传播和发展。梁漱溟也曾说："教育的功用不外为延续文化而求其进步。换句话说，就是不使文化失传，不使文化停滞不前。"① 而学校作为乡村唯一的公共教育机构，必然要肩负起农村文化保存、传播和发展的重要使命。

（二）农村文化公共空间缩减

十多年的农村学校布局调整造成农村学校数量大幅度下降，也导致了农村文化载体的大面积丧失，使得农村公共空间和村民公共生活急剧缩减，农民对乡村文化的认同感逐渐削弱，乡土文化的传承遭遇挑战，农村文化建设和发展面临困境。

1. 农村学校的撤离造成乡村公共性急剧下降，乡村公共文化面临危机

农村公共空间在农民的日常生活中发挥着重要的作用，它为村民提供了一个相互交流和互动的平台，增加了村庄的社会资本，提高了整个村庄的凝聚力，同时也丰富了村民的日常文化生活，满足了村民的精神文化需求。

在传统的农村社会里，公共空间和公共生活种类繁多、形式多样。按照村民的公共交往类型及其承载的空间场所，我们可以把乡村公共空间分为信仰性、生活性、娱乐性、生产性以及政治性等公共空间类型。② 具体来说，庙宇、宗族祠堂、老人协会等组织在农村社会中就是十分重要的公共空间形式。村民既可以举办一些正式的公共活动，也可以进行一些非正式的公共活动。

在传统的农村社会里，还有两种典型的非正式公共空间。一种类型是旧戏台，它在传统的农村社会里是一个十分重要的公共文化空间。旧戏台是村落保存文化传统和村民们满足各种文化需要的主要场所。过去，村庄

---

① 宋恩荣：《梁漱溟教育文集》，江苏教育出版社 1987 年版，第 262 页。
② 张良：《乡村公共空间的衰败与重建——兼论乡村社会整合》，《天津行政学院学报》2013 年第 6 期，第 33—37 页。

的戏剧文化十分兴盛，在那时候，一旦有某个戏团来村子里演出，就会成为村子里的一件大事，也是村民们津津乐道的文化娱乐活动。同时，戏台也是村民们保存共同文化记忆的重要载体。作为一种文化娱乐方式，地方性戏剧对农村公共文化空间的建构具有重大的意义。[①] 但在现代社会中，伴随着市场经济对农村的不断渗透，以及科技的不断进步，戏台在许多农村社会中已经消失，或者即便是存在，也已经名存实亡，只不过是一个"空壳"而已。地方性戏剧也已经在农村社会里不再兴盛，戏剧文化在农村社会中已逐渐消逝。另外一种典型的非正式公共空间是乡村小店。乡村小店对整个村庄的意义十分重大。它就是乡村的一个"社会缩影"，也是一个布迪厄所说的场域。在乡村小店这一场域之内，村民们可以进行深层次的社会互动和交流。其实，它就犹如老舍笔下的茶馆一样，是一个"小社会"，聚集了村庄当中形形色色的人物。戴利朝曾对乡村茶馆进行过深入和细致的研究。他指出，作为众多公共空间的重要一环，茶馆与乡村社会的其他公共空间诸如祠堂、庙宇、商店等，是一种"互补和促进的关系"，它们"共同满足了人们的社交、消闲、表意等基本需要，从而促进并维系着基层乡村的社会整合和稳定"[②]。乡村小店也是如此，它对于提高村民的团结和凝聚力、维持整个村庄的整合具有重要的意义。

但随着市场经济和城市文化的影响，我国农村公共生活模式的理性化、物质化色彩日益浓厚，货币化和个体化成了转型时期我国乡村公共生活的重要表征。[③] 村校的撤离，带动大量人口离村，进而老戏台因失去了演员和观众而废弃，茶馆、小店门可罗雀，原本的村校校舍或荒废或改作他用，农村的传统公共空间急剧缩减。传统公共空间的急剧缩减以及在功能上的嬗变，导致了村民公共生活的匮乏。

于是，一些新型的现代性公共空间在农村社会里出现，比如文化活动

[①]　王易萍：《地方戏剧在乡村公共文化生活变革中的价值——广西平南牛歌戏为个案》，《湖南农业大学学报》（社会科学版）2010 年第 3 期，第 18—24 页。

[②]　戴利朝：《茶馆观察：农村公共空间的复兴与基层社会整合》，《社会》2005 年第 5 期，第 96—117 页。

[③]　冯莉：《转型期中国中部农村生活模式的变迁研究——以河南省 C 村选举为中心的考察》，《社会科学》2012 年第 11 期，第 85—93 页。

室、图书室、电视室、体育健身场所等。但这些新型的公共空间却不能替代传统公共空间的功能，而且它们大部分都是在国家政策的号召之下被政治性地建立起来的。也就是说，许多图书室、体育健身场所等公共文化设施"只是为了应付上级检查而临时设置的"①。这些新型的现代性公共空间和设施并不能满足村民的真正需求，或者说他们与村民的真正需求并不同轨。因此，村民对这些公共文化设施的使用率非常之低。

本课题组的调查显示，农村地区已经基本建立起文化活动室（27.3%）、体育健身场所（22.6%）、村广播室（21%）、电视室（11.6%）、图书室（9.9%）等基础文化设施，但当向村民询问"平时，您们村里人的主要文化娱乐活动有哪些"这一问题时，结果显示，村民平时的文化娱乐活动主要集中于看电视，人数比例高达81.5%；其次是打牌打麻将，占50.5%（见表3-1）。

表3-1　　　　　　　　村里人平时的主要文化娱乐活动

选　项	人次	人次百分比（%）	人数百分比（%）
看电视	632	29.8	81.5
看电影	133	6.3	17.2
看戏（文艺演出）	127	6.0	16.4
读书看报	181	8.5	23.4
打牌打麻将	391	18.4	50.5
上网	203	9.6	26.2
吹拉弹唱	33	1.5	4.3
听广播收音机	83	3.9	10.7
看录像影碟片	66	3.1	8.5
体育健身	154	7.2	19.9
拜菩萨做礼拜	120	5.7	15.5
合计	2123	100.0	273.9

注：本题为多选题，调查样本780人，该题缺失5人。

———————

① 蔡志良、王俏华、蔡应妹：《跨越德性生长的断层：农村学校布局调整后学生道德成长风险研究》，浙江教育出版社2016年版，第196页。

　　而在参加公共性的文化活动方面，只有 17.6% 村民表示经常参加，26.2% 较少参加，32.9% 很少参加，22.9% 从不参加（见表 3 - 2）；对于本村文化生活的满意度上，只有 18.2% 的村民表示满意，30% 比较满意，32.4% 不太满意，19.1% 不满意（见表 3 - 3）。

表 3 - 2　　　　　　　　　村民公共性文化活动参加程度

		频数	百分比（%）	有效百分比（%）	累计百分比（%）
有效	经常参加	137	17.6	17.6	17.6
	较少参加	204	26.2	26.3	43.9
	很少参加	257	32.9	33.1	77.0
	从不参加	179	22.9	23.0	100.0
	合计	777	99.6	100.0	
缺失		3	0.4		
合计		780	100.0		

表 3 - 3　　　　　　　　　村民对本村文化生活的满意度

		频数	百分比（%）	有效百分比（%）	累计百分比（%）
有效	满意	142	18.2	18.3	18.3
	比较满意	234	30	30.1	48.4
	不太满意	253	32.4	32.5	80.9
	不满意	149	19.1	19.2	100.0
	合计	778	99.7	100.0	
缺失		2	0.3		
合计		780	100.0		

　　从访谈过程中，课题组了解到，文化设施长时间无人管理和使用，或者根本就是为了应付上级检查而临时设置，平时不对普通村民开放的现象司空见惯，这无疑使得原本就非常狭小的农村文化活动空间进一步萎缩。

　　课题组成员在对湖北省 T 市 Y 镇一村民询问文化设施时，他这样回答：

有广播室，是村委会用的。

棋牌室的人多，特别是过年这段时间。其他基本也没什么活动，村里倒是有体育锻炼的设施，但是一般是没人在用的。

在村民的私性文化发展的同时，农村的公共文化有衰落趋势。从表面上看是农村公共文化形式这个外壳在剥落，其实质则是农村文化中公共理念在消解。因此，农村公共文化重构的现实出路应该是通过农民公共观念和公共文化形式的共建和互动，来实现农村公共文化的繁荣与振兴。所以从目前情况来看，农村的公共空间和公共活动现状不容乐观，乡村公共文化正面临着严重的挑战。

2. 农村学校的撤离在一定程度上阻碍了乡村文化的保存、传播和发展

伴随着市场经济意识和现代城市文化对农村社会的不断渗透，在现在的农村社会里，传统上的时空限制正在被突破，而社会关系也正在经历与"面对面的互动情势"相分离的结构性变迁，即出现了乡村的实践性"社会结构巨变"。①

在这一"社会结构巨变"的大背景之下，农村原有的人情往来正不断地被货币化和金钱化，社会关系网络也日益理性化、功利化，这促使村民之间失去了往日的亲近感和信任感。也就是说，现代的农村社会正面临着涂尔干所说的失范状态，或者说如董磊明所表示的"结构混乱"状态："今天，巨变中的乡村社会正呈现出结构混乱的状态。村庄社区中流动性的增加，异质性的凸显，理性化的加剧，社会关联的降低，村庄认同的下降，公共权威的衰退等导致了村庄共同体逐步趋于瓦解，乡村社会面临着社会解组的可能。一种恶性的力量——黑恶势力正在趁乱而起。"②

在学校布局调整之前，村校可以为村民提供一种统一的文化价值观念和思想体系，增强村民之间的凝聚力，提高整个村庄的整合程度。村

---

① 郑杭生、杨敏：《社会实践结构性巨变的若干新趋势》，《社会科学》2006 年第 10 期，第 109—115 页。

② 董磊明：《宋村的调解——巨变时代的权威与秩序》，法律出版社 2008 年版，第 202 页。

校的撤离加速了"结构混乱"的社会状态，导致了村民对整个村庄的认同感逐渐丧失。因此，村民对自我的身份归属产生了疑惑，不知道应该信任何种文化体系、何种价值观念，他们成了"'上不着天，下不着地'的文化'游民'"①。

文化的本质在于"人类对于文化的倾向性共识与认可，目的是为了在文化上取得归属感，它体认与模仿的对象是自己或者他人的文化，这种体认与模仿是人类对于自我文化或者他者文化的一种升华"②，也就是实现自我身份的认同。而如今，在城市化和现代化的不断加速以及市场文化的不断影响下，再加之二元户籍制度结构松动导致的劳动力大规模流动，大部分村民被迫接受外来文化，被现代性的城市文化所冲击和奴役。相反的，村民们开始对本土文化产生了怀疑和困惑，甚至排斥和抗议本土文化，而村校的消失、祠堂的萧条、礼仪和习俗文化的消逝更是加重了这一状况。

这也表明，在现代的农村社会中，传统的文化价值和信仰体系逐渐崩塌，而一种新的、先进的村落文化体系却没有及时建立起来，村民生活在一个信仰混乱的失范社会空间。对自我身份认同的丧失以及对农村文化认识的日益模糊和疏离，结果就是"乡村文化的边缘化，乡村自身文化生态的破坏，直接导致了乡村少年对自身周围文化的冷漠，他们生存其中的土壤不足以带给他们生存自信"③，这会进一步导致"乡村社会逐渐丧失了文化培育的独立性和自主性，丧失了自己的话语表达和文化自信，从而失去了文化认同的基础"④，最终会加剧乡村文化建设的难度。课题组成员在浙江省 C 县 F 镇对一位 57 岁的农村老党员的访谈中，他这样表达了他的想法：

①　阳锡叶：《焕发乡村文化活力的根基在教育——乡村文化现象与乡村教育问题探析》（上），《湖南教育》2012 年第 2 期，第 4—7 页。

②　李文君：《基于国家文化安全的中国文化认同构建》，博士学位论文，湖南师范大学，2011 年。

③　钱理群、刘铁芳：《乡土中国与乡村教育》，福建教育出版社 2008 年版，第 99 页。

④　赵霞：《传统乡村文化的秩序危机与价值重建》，《中国农村观察》2011 年第 3 期，第 80—86 页。

学校是正规教育的地方。村里学校对于孩子的培养，以及村里的各项建设都有很大的作用。原先村里的老师有三分之一是党员，对我们村的事情帮助很大。现在村里学校被撤了，这会影响村庄建设。

因此，学校布局调整之后，随着村校大规模的撤并和迁移，原本作为保存、传播和发展农村文化的载体已经急剧减少，这使得乡村文化的传承和发展受到了严重的阻碍。所以，重建农村的文化价值体系迫在眉睫。

二　农村文化主体的缺场

学校布局调整之后，作为农村文化重要载体的众多村校从乡村消失，农村的各种文化主体也随之撤离。在传统的农村社会中，农村的文化主体包括教师、学生以及其他村民等对象，甚至可以说"每一个人都是乡村文化的传承者，每一个人都是乡村文化的鲜活体现者"[1]。学校布局调整之前，乡村文化的各个主体各自承担着重要的功能：教师是乡村社会中的文化精英，承担着向学生传播知识文化、指导乡村文化建设、为整个村庄献计献策的重要职能；学生是乡村文化的学习者、接受者和继承者，也是乡村文化重要的传播者；村民是乡村社会的主体，是乡村文化建设的参与者和承担者，他们保存和发展了传统农村社会中的各种文化、习俗、价值观念和信仰。但是，学校在农村的消失，促使教师离开乡村来到城镇，并转到其他学校任教，学生也随着学校的搬离而到新的学校寄宿上学，而村民们也逐渐失去了重建乡村文化的动力和兴趣。因此，各种乡村主体的缺场导致了乡村文化重建失去了动力的源头，乡村的文化生活失去了重要的活力。

（一）教师从农村社会中的离场

在公共文化空间和文化资源不断缩减的现代农村地区，村校是整个村

---

[1]　阳锡叶：《焕发乡村文化活力的根基在教育——现存文化现象与乡村教育问题探析》（上），《湖南教育》2012 年第 2 期，第 4—7 页。

庄的文化高地和文明标杆，它"不仅承担着教书育人的职能，更以乡村重要文化资源的存在，学校因其文化设施、文化活动等文化功能成为乡村文化堡垒，承载着建设农村文化的使命"①。而在学校当中，教师才是主角，它扮演着教书育人和建设农村文化等重要职能和使命。李泓冰曾这样表达过："对遥远的乡村来说，每一个学校，是一堆火；每一个老师，是一盏灯，那光虽是暗淡，却明明灭灭地闪了几千年，是烛照中国乡村的一线微芒，温暖踏实。"② 由此可见，作为乡村的文化精英和乡村文化建设的"大脑"，乡村教师一直以来是乡村文化体系中不可或缺的重要组成部分，它深深地与我国几千年的传统文化和价值观念融合在一起，在乡村地区扮演了十分重要的角色。

第一，乡村教师是乡村社会中的文化精英，是现代人才的培育者。在乡村地区，教师承担着教书育人、培养人才的重要职能。教书育人、培养人才本身就是教师的天生职责，所谓"古之学者必有师，师者，所以传道授业解惑也"，就是这一道理。在《中华人民共和国教师资格条例》第一章第三条就明确规定："教师是履行教育教学职责的专业人员，承担教书育人、培养社会主义事业建设者和接班人、提高民族素质的使命。教师应当忠诚于人民的教育事业。"

大体来说，教师应承担以下几个角色和职能：首先，传授文化知识。作为乡村地区的文化精英，教师应将自身所学的文化知识传授给学生，使学生提高知识水平和文化素质，做一个有知识、有文化、有涵养的现代化人才。然而，由于我国农村经济社会普遍不发达，特别是在一些偏远地区，教育和文化资源十分稀缺，教师队伍缺乏，因此如果有一位优秀的教师在农村扎根，那对于乡村和村民来说将是弥足珍贵的。其次，培养学生良好的道德素质。道德教育是我国素质教育体系当中一项十分重要的内容，它主要是对学生进行思想、道德、心理和政治等方面的教育。教师的职责不仅是向学生传授文化知识，更应该的是注重培养学生的道德素质水

---

① 贾莹：《发挥学校文化堡垒作用，引领乡村社会文化建设——布局调整中乡村学校文化的复归》，《吉林省教育学院学院》（学术版）2010 年第 6 期，第 11—12 页。

② 李泓冰：《有学校在，乡村的"灯"就亮着》，《人民日报》2012 年 5 月 24 日第 9 版。

平，提高学生的道德品质。再次，培养学生的文化自信和文化自觉。随着农村社会开放程度的提高，市场观念、商品意识不断渗入农村，一些功利主义、拜金主义的低俗文化也侵入农村社会。同时，随着城市化进程的加快，一些村民特别是青少年很容易受到以城市价值取向为中心的文化渲染，受到低俗文化的感染，使得村民们极易产生对本土文化的怀疑、自弃甚至否定。因此，乡村教师必须承担起培养村民文化自信和提高村民文化自觉的责任。

第二，乡村教师是我国农村传统文化的传承者和传播者。相对于城市社会而言，我国农村社会是一个静态的、稳定的封闭社会。经过几千年文明的积淀以及农民生产生活的长期实践，乡村社会积累了大量的文化资源，比如风俗、节日、人情、礼仪等，这些富有本土特色的民间文化资源是当地乡村重要的精神财富。在传统的农村社会中，大部分教师都是土生土长的本地人，已经在这一地方生活很久，他们对当地的文化、风俗和村民的生活习性、思想道德都非常熟悉。作为乡村地区的文化精英，乡村教师除了教授书本上基本的文化知识以外，也向学生们传授本地的文化风俗，促使他们能够更好地了解自己所生活的农村，更好地认识本土文化的精髓。因此，乡村教师也是我国农村社会优秀的传统文化的传承者和传播者。

第三，乡村教师是农村先进文化的引领者，是乡村文化建设的中坚力量。村校具有文化精神引领的功能，而教师是这一功能的最主要体现者。通过教育这一途径，乡村教师可以向村民们特别是青少年介绍外来的先进文化，让他们能够了解外面的世界，做一个有理想、有道德、有文化、有纪律的好公民。这也意味着，乡村教师在许多方面都能够为当地的村民做出表率和榜样，潜移默化地影响村民的日常行为和感染村民的思想观念。课题组成员在山东省 W 县 F 镇调查时，一些被访的村民在谈到本村教师的时候说道：

> 老师一般都是文化人，他们的知识水平比较高，比普普通通的农村农民高级多了，他们的道德品质好一些吧，遇到事会讲道理。

　　这点我很赞同，教师在很多方面都是榜样，我们觉得老师是为人师表的，其中有一个周老师总是默默地做着好事，帮着照顾村里的老人，帮助家里条件不好的学生，村民们都以他为榜样。现在他已经过世了，不过村民们到现在还是忘不了他。

　　影响还是挺大的。学校是教文化知识的地方，对于我们村庄文化水平的提高起着很大的作用，同时也影响着我们普通村民对文化和知识这些东西的看法，也叫我们更好地培养我们的孩子，使他们走出农村，接受更高的教育，成为一名知识分子。

同时，乡村教师也是乡村文化建设的"大脑"和中坚力量。"乡村学校做改造乡村生活的中心，乡村教师做改造乡村的灵魂。"① 在传统的农村社会，乡村教师大多是土生土长的本地人，也是村庄的一员，所以他们比外来的教师更了解村庄的文化风俗和村民的生活习惯。在承担起日常教学工作等基本职责的同时，教师也参与着本地乡村的文化建设。作为知识分子和乡村的文化精英，乡村教师在农村社会中是村民们价值的引导者、规范的守护者、文明的引领者、生活的帮助者，在乡村的文化建设中有着不可或缺的作用。

因此，作为乡村文化建设的重要主体，乡村教师不仅积极参加村庄的公共活动，并且也得到了当地村民的认可和尊敬。本课题组在向村民们询问"您觉得以前村里学校的老师对本村的文化建设、村民的文化生活有帮助吗？"这一问题时，70.2%的村民认为"很有帮助"或"有些帮助"，有19.6%的村民表示"说不清"，而只有10.1%的村民认为"没有帮助"（见表3-4）。这与对"您认为村里有没有学校对村里的文化建设有影响吗？"的回答（68.1%的村民认为"影响很大"和"有些影响"）基本一致（见表3-5）。

---

① 　中央教育科学研究所：《陶行知教育文选》，教育科学出版社1981年版，第33页。

表3-4   原有村校教师对本村文化建设和村民文化生活是否有帮助

		频数	百分比（%）	有效百分比（%）	累计百分比（%）
有效	很有帮助	135	17.3	17.4	17.4
	有些帮助	410	52.6	52.8	70.2
	没帮助	79	10.1	10.2	80.4
	说不清	153	19.6	19.6	100.0
	合计	777	99.6	100.0	
缺失		3	0.4		
合计		780	100.0		

表3-5   村里有没有学校对本村的文化建设是否有影响

		频数	百分比（%）	有效百分比（%）	累计百分比（%）
有效	影响很大	119	15.3	15.3	15.3
	有些影响	412	52.8	52.8	68.1
	没有影响	106	13.6	13.6	81.7
	说不清	143	18.3	18.3	100.0
	合计	780	100.0	100.0	
合计		780	100.0		

在访谈中，不同地方村民的一些回答也印证了村校教师在村庄文化活动和文化建设中的重要作用。

那时大队出标语、黑板报，宣传窗里撰写时事新闻一般都是由村里的老师负责的。

有时候我们村里人有不懂的事情会请教老师，像要写写字，会请字写得好的老师帮忙。现在村里没有学校了，有些事情需要自己想办法。

有的啊！有帮助！像写对联、填写文件等，还有教师对村里孩子的教育能够让大家很重视。

帮助肯定是有的，老师是文化人，比我们一般村民掌握的科学文化知识多得多，他们的看法都比我们高深得多。

需要说明的是，乡村教师参与当地乡村的社区和文化建设，无论对于乡村教师本人还是对于当地村民，可以说都是一件十分有益的事情。乡村教师参与乡村的社区和文化建设，能够提升村民的文化生活水平，能使村民避免不良文化和低俗文化的侵蚀，促使村民培养有益的、积极向上的健康文化。同时，"十几年来农村改革开放的实践表明，农村教师直接参加社区建设，有利于突破封闭型的传统教育模式，发挥农村教师的社会文化职能，也有利于更好地发挥其教育职能"[①]。农村教师可以借此融洽与村民的关系，为村校教育教学活动创造良好环境，也可以从与村民的互动中获得各种乡土文化信息。

然而，村校从农村社会中外撤和消失，意味着作为精英文化群体的乡村教师的缺席和离场。村校外撤以后，不少年龄比较大的乡村教师都非常依恋乡土的文化、风俗和人情而不愿离开，纷纷选择提早退休；而另外一些较为年轻的乡村教师要不跟随学校外撤，要不另谋出路，重新选择学校任教。随着村校外撤出农村以后，这些年轻的乡村教师与原有的乡村社会脱离，教师的以文化引领乡村文化建设等作用逐渐丧失。因此，乡村教师的离场也就意味着"村庄文化人与文化资源的双重流失"[②]。

在学校布局调整之前，大部分教师都是本地人，或者一些教师是外地过来任教的，但也在村庄里生活了很长时间，与当地的村民和学生都十分熟悉。但在学校布局调整后保留下来的学校、经过合并而壮大的学校的教师大部分来源于外地，主要是通过公开招聘而来的。这些外来教师基本上都经过高等教育的专业训练，有着丰富的知识文化和专业的教学技能，同时也经过了城市文化的洗礼和熏陶，所以外来教师的到来能够为当地农村带来一种力量和活力，也能够向学生传授先进的知识文化，介绍外面的世

---

① 王灿明：《农村教师与农村精神文明建设》，《江苏教育学院学报》（社会科学版）1996 年第 1 期，第 13—16 页。

② 陈茜：《村校消失后的乡村文化建设研究——浙江省 L 村的个案研究》，硕士学位论文，浙江师范大学，2015 年，第 27 页。

界，拓展学生的文化视野。但不得不承认的是，这些外来教师在农村社会的时间有限，而且他们无法真正地扎根于乡村社会，很多都是乡村世界中的"候鸟"。

就目前的情况来看，大部分外来教师对村庄的认同感十分低，也不会积极地参加村庄里的文化活动，或者即便参加了村庄里的活动，也很可能出于自身的目的或者是一项政治任务而已。更进一步说，一些外来教师甚至没有想过在乡村社会中扎根，他们只是把乡村的学校当作"临时工作地"而已。在这些外来教师群体中，有一部分教师是到乡村支教的。众所周知，支教是在政府的倡导和号召下，经过公开招募、自愿报名、组织选拔、集中派遣等方式，鼓励志愿者对落后偏远地区进行义务援助的计划和政策。虽然支教是公益性质的，但应该承认，这些志愿者在落后偏远地区的支教时间是十分有限的，因此也无法真正地扎根于乡村社会。还有一些"顶岗实习"教师，实际上就是实习生，实习期一满就远走高飞了。

外来教师的这种临时性和流动性很容易造成教师和学生之间关系的表层化。师生之间的互动关系肤浅，主要体现在两个方面：一是师生之间交往频率降低；二是师生之间交往内容的贫乏。[①] 目前，教师与学生之间，除了正常的课堂教学以外，已经很少有交流的机会了。进一步地说，学校布局调整以后，外来教师对本土的认同感非常之低，再加之学校的班级人数和规模不断扩大，教师的精力十分有限，教师对学生的生活世界缺乏足够的了解，他们无法真正、全面、深入地了解和认识学生。

同时，外来教师丧失了对村庄的认同感，他们并不认同自己是乡村社会中的社会成员。教师与乡土社会之间越来越隔离成两部分，造成了教师群体"悬浮"于乡土社会之上。对于这些教师来说，围墙内的学校成了他们唯一的生活场所，乡村教师失去了"乡村"的痕迹与特征，对乡村生活逐渐失去了了解与亲近。[②] 周洪新和徐继存指出："乡村学校在自然村落中

---

① 蔡志良、王俏华、蔡应妹：《跨越德性生长的断层：农村学校布局调整后学生道德成长风险研究》，浙江教育出版社 2016 年版，第 168—170 页。

② 同上书，第 201—202 页。

的消失导致了乡村文化代言人的缺失。乡村文化缺少了代言人和传播者，文化与乡土之间的联系被切割。"① 因此，在学校布局调整以后，那些留存下来的学校规模扩大，学生人数增多，学校的组织和管理也越来越正规化和制度化，而作为乡村精英群体的教师虽然身居农村，但精神上已经从农村社会实质性外撤了，导致乡村社会及其村民失去了精神文化的引领者。

乡村教师的离去，使得农村文化建设的主心骨被抽离，农村文化建设失去了它原有的活力，农村文化建设面临着严重的危机。因此，在农村社会中，我们必须要建立一支稳定的、能真正扎根于乡村社会的教师队伍，这样才能推动乡村文化的保存、传播和发展。刘铁芳也曾这样表示："相对稳定的、高素质的、富于爱心的师资，这是发展乡村教育、提升乡村文化，甚至实现整个乡村社会健康发展的重要保障。"②

（二）学生从农村社会中的缺场

学生是文化学习的主体，是文化知识的接受者和继承者，是乡村文化重要的传播者，也是乡村未来的希望，他们对乡土文化的保存、传播和发展有着非常重要的作用，他们也是乡土文化建设的重要主体。

在学校布局调整以后，学生也跟随着学校的撤离而迁移出农村，这也导致了学生家庭与学校之间的空间距离过远、上学放学路途时间过长，从而引发了学生的住宿、安全等问题，这种情况在一些交通不便的偏远山村地区显得更为严重。针对这一情况，国务院颁发了《关于基础教育改革与发展的决定》《关于进一步加强农村教育工作的决定》等一系列文件，旨在解决和改善农村学校的寄宿条件。自此，在广大农村学校建立起了寄宿制度，寄宿学生的人数急剧上升，寄宿已经成为大部分农村学生主要的日常生活方式。

寄宿制度有着积极和消极双重影响。一方面，农村寄宿制学校的大规

---

① 周洪新、徐继存：《农村学校布局调整中的乡村文化危机与反思》，《理论学刊》2014年第9期，第104—107页。
② 刘铁芳：《乡土的逃离与回归：乡村教育的人文重建》，福建教育出版社2008年版，第81—82页。

模建设，是破解我国农村学校布局调整后农村学生上学和生活问题的根本途径，为他们提供了一个比较安全和谐的成长环境，对提高农村教育质量、推进教育均衡发展以及促进新农村建设都具有十分重要的意义。除了在生活、学习、安全等方面给学生提供便利和基本保障以外，对于学生的道德成长而言，农村寄宿制也具有十分重要的作用，它有助于学生道德主体意识的萌发、道德环境的改善、良好人际关系的建立、良好行为习惯的养成以及集体荣誉感的形成等。但另一方面，寄宿制度对于学生的道德成长有着消极的影响，主要体现为：寄宿制导致家庭德育缺失，从而影响学生的道德认识；寄宿制引发家庭结构松散，从而弱化了学生的道德情感；寄宿制是一种封闭式的管理方式，制约了学生道德经验的增长；寄宿制的群体生活容易使不良行为相互"传染"；寄宿生活的单调性也影响了学生的个性发展。①

　　作为学习主体和乡村文化的传播者的学生在乡村社会中的缺场，无论对于学生个体的成长抑或是乡村社会的发展而言，都产生了一定的影响。

　　第一，学生在乡村社会中的缺场影响了学生与其父母之间的情感关系，在一定程度上导致了家庭关系结构的破裂。

　　代际关系是家庭关系结构中非常重要的维度，也是目前许多学者热烈探讨和分析的话题之一。众所周知，在传统的中国农村社会里，亲子关系一直是家庭内部结构的主轴，在一个以父权制为主导的社会里，家长（父亲）是家庭内部的权力中心，拥有一种不可质疑的绝对权威。费孝通认为，传统西方社会代际关系是一种"接力模式"，而在传统的中国农村社会中，代际关系是以一种"反馈模式"的形式呈现的。② 郭于华则认为，"反馈模式"其实也已经表明了家庭的代际关系存在着一种交换逻辑，"这一交换关系在几千年的传统社会中是宗族制度与文化的重要组成部分，是一套在民间社会运行的规则。它虽然作用于相对的私领域（家庭、宗族），但却为正式的法律制度所承认，或者不如说正是它构成了古代礼法

---

① 蔡志良、王俏华、蔡应妹：《跨越德性生长的断层：农村学校布局调整后学生道德成长风险研究》，浙江教育出版社 2016 年版，第 147—153 页。

② 费孝通：《家庭结构变动中的老年赡养问题——再论中国家庭结构的变动》，《北京大学学报》（哲学社会科学版）1983 年第 3 期，第 7—15 页。

的基本精神"①。交换关系体现了一种公平的理念和逻辑。但是，"反馈模式"和"交换模式"的代际关系都是"厚重平衡的，它能够带给个体人生的意义，这一关系的良好维系，是个体实现人生价值的表征，也是个体生活的全部内容"②。

但是改革开放以后，随着市场经济意识的不断增强，再加之西方文化、城市文化等文化价值观念的不断影响，中国传统的代际关系被逐渐打破，孝道衰落、农村老人养老艰难等问题突出。在现代社会中，父母在家庭内部中不再拥有一种绝对的权威，父母与子女的交流频率逐渐减少，感情日益疏远，而如今出现的老人赡养问题就是这一情况的最好体现。

在代际关系日渐式微的农村社会，村校的外撤和消失无疑更加重了父母与子女代际关系的破裂程度。学校布局调整以后，大部分学生的上学路途变得更远，父母与子女的物理距离加大，而这改变的不仅仅是空间的距离，父母与子女之间的关系距离也变得疏远。由于大部分学生都寄宿在学校里面，或者是寄宿在学校所在地的亲戚或朋友家里，抑或是采用租房的形式，③学生大部分时间里都在学校学习，学校成了学生主要的生活空间，只有到周末的时候，学生才有可能回到家中享受亲情的温暖。因此，村校的外撤和消失也就意味着父母与子女之间相处时间的大量减少，交流频率降低，这导致了父母与子女之间感情联系的日益弱化，互动严重受阻。

家庭的社会交往指的是家庭成员之间的互相作用、互相交流、互相接触、互相理解、互相照顾，它是整个家庭伦理关系的生成机制，也是家庭伦理关系的重要实现条件。④ 而现如今，父母与子女之间的互动交往受阻，这也意味着整个家庭伦理关系受到了严重的挑战，家庭成员之间的情感联络日益弱化。龚翠翠也为我们提供了这样一幅画面：

① 郭于华：《代际关系的公平逻辑及其变迁——对河北农村养老事件的分析》，《中国学术》2001年第4期，第221—254页。
② 郭俊霞：《农村家庭代际关系的现代性适应（1980—　）——以赣、鄂两个乡镇为例》，博士学位论文，华中科技大学，2012年，第35页。
③ 在一些寄宿条件不好或者学校寄宿宿舍有限的地区，如果父母觉得学生每天上学不方便，通过让学生寄宿在学校所在地的亲戚或朋友家中，或者是采用租房的形式在学校附近租房子住。
④ 朱海林：《伦理关系是实体性的还是非实体性的》，《湖南科技大学学报》（社会科学版）2010年第4期，第24—25页。

　　村校消失以前，除了外出打工的家庭成员，其他家人基本每天朝夕相处，彼此生活上互相照顾，感情上经常沟通，互动频率很高。村校消失后，有的孩子周末回家，待上两天。有家人陪同伴读的孩子一般寒暑假才回到农村家里。家庭成员的相聚时间极少，原本的互动节奏和频率被打乱。[①]

　　需要指出的是，学校布局调整导致的父母与孩子的空间距离加大，会引发父母对于孩子安全的担忧。因此，考虑到孩子上学来回的不方便和安全问题，一些家长也离开原住村庄随着子女搬移到现在学校所在地。虽然家长的迁移能够为孩子的生活和学习提供便利，但这也在一定程度上既加重了整个家庭的经济负担，也脱离了原住的村庄和左邻右舍。课题组在各地的调查中有不少村民都表达了同样的意思：

　　　　家长得跟上孩子转移，家长的工作得跟着孩子转移，转移有好处也有不好处。地里，土地撂荒，这是坏处，逼得非到城里务工不行，跟着孩子，给孩子做饭。

　　　　对家里加重了负担了，你要是在村里念书，这生活费、各方面开支小。你出去，又要租地方，开支大了，大人也干不成活。

　　　　学校撤并后到外地上学的好处是视野开阔，见识多，教员质量高。不好处是农村地撂荒，逼得家长必须到城里打工，家长必须跟着孩子到外地上学，加重了经济负担。不出去孩子吃饭不行，学习不上心，家长不认识老师，对孩子受影响。孩子自己没有能力，人事不习惯，要受影响，大人跟上能管着点。

---

　　① 龚翠翠：《村校消失后家庭伦理关系问题及对策研究》，硕士学位论文，浙江师范大学，2015年，第19页。

　　第二，学生在乡村社会中的缺场也就意味着学生与乡村社会、乡村文化的脱离和分割，从而降低了学生对乡村社会这一共同体的身份认同感，影响了学生与乡村社会的情感联系。

　　在学校布局调整以前，农村学生一直生活在乡村社会里，学校和乡村都既是孩子们学习的主要场所，也是生活的主要空间。可以说，学校和乡村是彼此融合、相辅相成的，共同为孩子们提供了一个学习和生活的良好社会环境。学生可以有更多的时间和精力走出学校，与本乡本土的成人们相互交流和沟通，并沉浸于乡村的文化和生活之中。但在学校布局调整之后，学校和学生都从乡村社会中撤离，大部分学生都寄宿在学校里面，这使学生没有时间也没有精力来更好地体验村民们的生活经验和生活方式，接受乡村文化的熏陶，甚至难以过一种真实的、接地气的乡村生活。寄宿在学校里的学生更多接触的是校园文化和城市文化，接受现代社会各种文化的感染，而不再是像过去一样接受乡村文化的熏陶，因此学生对乡村社会和乡村文化的认同感日渐丧失。"学校的生活意味着与其家庭、与其血肉相连的生活的一种断裂。"[①]

　　乡村学生与乡村生活经验的脱离，乡村文化在学生生活中的影响式微，致使他们无法接触到乡土社会中的各种文化习俗的真正特色。一方面，这会促使学生降低对乡村共同体的身份归属感，丧失对乡村文化的亲切感和亲和力，因此也无法保存、传播和发展乡村文化，乡村文化失去了原有的继承主体和传播主体；另一方面，学生在乡村社会中的缺场也对学生的心理造成了一定的冲击，学生"离乡离土寄宿在学校，不仅使他们在时间和空间上与村中文化生活产生了'地域'的阻隔，而且在价值观念和道德思想上与村中文化生活产生了'精神'的隔阂"[②]。

　　也就是说，学生在乡村社会中的缺场最终会对学生的价值观念、道德思想等产生不利的影响。由于父母与孩子的情感联系日益减弱，亲子关系疏离，亲情逐渐失落，孩子也失去了亲情的关怀，再加之教师对学生也缺

　　[①]　刘云衫：《从启蒙者到专业人——中国现代化历程中教师角色演变》，北京师范大学出版社2006年版，第76页。

　　[②]　陈茜：《村校消失后的乡村文化建设研究——浙江省L村的个案研究》，硕士学位论文，浙江师范大学，2015年，第25页。

乏足够的关注，这进一步促使学生失去道德成长的根基和环境。众所周知，父母与教师在孩子的个体成长和道德发展过程中有着不可替代的重要作用。父母不仅养育了孩子，而且也对孩子有一种道德监护的作用：父母的道德监护是一种道德约束力，提醒儿童养成良好的道德习惯；父母的道德监护是一种道德保护力，避免儿童遭受不良道德的侵害；父母的道德监护是一种道德控制力，能矫正儿童的不良道德行为。[①] 而教师不仅向学生传授文化知识，而且具有一种文化精神的引领作用。

但是农村学校布局调整带来的各种问题，使得父母的道德监护和教师的文化精神引领逐渐式微，失去了父母的道德监护和教师的精神引领，孩子就像无根之草一样没有一种道德文化上的方向指引，这对于他们的道德成长有着极大的不利影响。因此在学校里，学生很容易接触一些不良文化，跟一些不良群体交往，这会严重阻碍青少年学生的心理健康。笔者发现，教师与家长的相互交流不像过去那样频繁，这既有客观方面的原因，如地理空间阻隔、双方工作繁忙；也有主观方面的原因，如双方都缺乏交流的意愿。现在，教师与家长之间的互动主要是通过电话、短信等形式，很少有面对面的交流。在平常，大部分孩子一般不会将自己的学习情况反馈给自己的父母，父母只有在家长会的时候才有可能知道孩子具体的学习情况。我们经常会听到部分家长对于教师的抱怨，认为他们"不负责任"，这在很大程度上是双方之间无法有效沟通带来的结果。因此，教师与家长之间互动纽带的弱化对孩子的个体成长会造成严重的影响。

（三）村民在乡村文化建设中的"缺席"

村民是乡村社会的主体，是乡村文化活动的参与者，也是整个村庄文化建设的主要承担者。特别是青少年群体，他们是乡村文化的主要承担者和组织者，是乡村文化的根本精血，更是乡村文化建设的重要生力军。

伴随着市场经济的发展和城市化的逐步推进，中国城乡二元结构制度不断松动，城乡流动人口规模扩大，许多农村劳动力向城市流动，以寻找

---

① 蔡志良、王俏华、蔡应妹：《跨越德性生长的断层：农村学校布局调整后学生道德成长风险研究》，浙江教育出版社 2016 年版，第 117—118 页。

更好的就业空间和就业机会。但是农村劳动力的大量外流导致了农村社会出现一系列问题，如留守儿童、空巢老人等。更为重要的是，农村劳动力的外流也导致了乡村文化建设缺少活跃的主体以及激情与动力。河南省 S县 J 镇一位被访村干部这样说道：

> 由于村里面的青壮年大部分外出务工，留在家的大多是妇女、儿童、老年人，要看孩子、做家务，还要忙田地里的活，住得又分散，没时间也没条件参加文化活动。所以村里面的文化活动不是很多，我们村支部也在想方设法地创造，开展活动，丰富村庄文化。

学校的外撤和消失无疑更是加重了这一状况。虽然乡村文化建设的主体是乡村村民，但其指导者和精神引领者却是学校和教师。学校布局调整以前，教师可以参与村庄的文化活动，为村庄的文化建设提供建议；但如今学校外撤以后，教师从大多数农村社会中离场，导致了乡村文化建设失去精神指引者。没有学校和教师的引导和参与，村民在乡村文化建设中会陷入茫然的状态，村民们的文化生活会失去生机和活力，难以有大的进步和发展。而且由于从小就深受乡村文化的熏陶，再加之受到农村各种习俗、文化理念的制约，单靠村民们的力量是很难打破几千年保存下来的农村文化习俗。因此，村民们在乡村文化建设中将会遇到各种困难和挑战。

事实上，笔者发现，村民们对乡村文化建设已经失去了原有的动力和兴趣。在我国现行文化管理体制下，现代农村的大部分文化资源是政府通过自上而下传输给村民的，比如国家倡导的青年志愿者服务农村、大学生下乡、城市教师到农村支教等都是最好的体现。所以现有的乡村文化建设处于一个被动的状态，村民们往往是被动地接受文化资源，缺乏文化主体意识，这就失去了内生性活力。可以说，失去内生性活力的乡村文化是不能持续发展的。

另外，村校的外撤和消失也导致了邻里之间关系的淡漠。邻里关系是村民日常人际关系的主要组成部分，也是村民之间互动与交往的重要维度。在村校撤并以前，邻里之间的互动与交往非常频繁，他们能够在生产、生活上相互帮助、在情感上相互沟通，所谓"远亲不如近邻"，就很好地反映一个传统农村社会邻里之间的良好关系。

同时，在传统农村社会中，孩子经常也是邻里之间联络的重要纽带，"在村校消失之前，村庄里的孩子们会一起嬉戏玩耍，有着独属于孩子们的友谊，而家长之间也有着关于自己孩子的学习、生活等等方面的交流，正是基于乡村学校之上的共同话题，加深了人们之间的情感联系，令彼此的社会关系网络更加牢固"①。因此，孩子经常是村民们交流的共同话题，邻里家庭之间的关系也因为孩子们的相互交流而变得更为稳固。但在学校布局调整以后，作为邻里之间关系重要纽带的孩子，也从乡村社会中外撤和迁移，这在一定程度上导致村庄原有的社会关系网络的破裂，亲密的邻里关系正逐渐消失。

对于课题组设计的"孩子们在本村学校上学时，一起读书、玩的时间比较多，家长们互相之间联系交往也就比较多。现在孩子不在本村上学，回到家里的时间也少，家长们互相之间联系交往也就比以前少多了。您觉得这种说法符合实际情况吗？"这一问题，最终的结果显示：高达64.9%的村民认为孩子之间交往的减少会导致家长之间交往的大幅度减少，而只有35%的村民认为这一情况不太符合或不符合（见表3-6）。

表3-6   孩子交往的减少导致家长之间交往的减少符合情况程度

		频数	百分比（%）	有效百分比（%）	累计百分比（%）
有效	符合	154	19.8	19.8	19.8
	基本符合	351	45	45.1	64.9
	不太符合	191	24.5	24.6	89.5
	不符合	82	10.5	10.5	100.0
	合计	778	99.7	100.0	
缺失		2	0.3		
合计		780	100.0		

---

① 陈茜：《村校消失后的乡村文化建设研究——浙江省L村的个案研究》，硕士学位论文，浙江师范大学，2015年，第28页。

没有了孩子的相互串流、嬉闹，邻里之间就各自过自己的日子，容易形成"老死不相往来"的关系；没有了天真无邪的童趣童言，有时候邻里之间会因一件小事、一句话而产生矛盾。村校被撤并以后，村民在乡村文化中的缺席，使得当地村民文化生活意义缺失，以及邻里之间关系日渐淡漠，这些最终使得原本相对落后的农村文化雪上加霜。

三　农村文化象征的消退

文化具有某种符号象征性。文化符号，指的是具有某种特殊意义的一个标示，它是一个民族、一个国家或者一个社会组织的独特文化的集中体现，是文化意义的重要载体。在现代社会中，文化的符号象征性意味着文化以象征符号的形式被人们广泛应用于生活、消费、经济、政治等各种领域。作为重要文化场域的学校，它在农村中自然具有重要的文化象征性。村校是一个乡村文明的标志，是农村社会的文化圣地，也是村民文化精神的引领者、先行者和倡导者。对村民而言，村校具有某种重要的象征意义。在乡村地区，村校不仅仅只是意味着几幢建筑，相反地，这些建筑具有某种特殊意义，充满文化韵味。"农村学校不仅仅是能为乡民提供教育服务的固定场所，还被赋予了文明象征的符号意义。对于文化相对贫困的农村地区，学校不仅是物化的场所，也是寄托文化传统、族群认同、民间习俗的精神符号。在许多偏远山区的村落，学校往往是其中唯一带有文化韵味的标志性建筑，即使是一个小小的教学点，也是现代文明的重要象征。所以，农村学校不只是具有建筑物的物质功能，在很大程度上已经是当地村落文化极为重要的组成部分。只要学校在，那个代表着文化与教育的象征性空间就在，那启迪心智、引领人心的高地就在。"①

因此，就像一所优秀的大学之于城市的意义一样，村校之于乡村就不仅仅是一种物化的存在，也不仅仅只发挥着教育的功能，它是乡村文明的

---

① 蔡应妹：《学校撤离后农村文化建设的困境与出路》，《浙江师范大学学报》（社会科学版）2015年第2期，第105—109页。

象征，是"维系传统文化与现代文明的纽带"①。周洪新和徐继存曾这样说道："从社会学的视角来看，学校对于社区不仅发挥着教育功能，也是所在地区'适于居住性'的象征。对于文化相对贫乏的乡村社会来说，学校不仅是承担教书育人职能的空间场所，同时也是寄予民间传统、族群认同、文化习俗并以之感化乡里的精神领地。……优美的自然村落一旦失去了以琅琅书声、先生学童为代表的独特文化形态，将只剩下一个没有灵魂与血脉的躯壳。"②

但是在学校布局调整之后，大量学校从农村社会中撤离和消失，在撤并的过程中，不仅诸如图书资料、体育设施和教学设备等物质资源从农村社会中搬离，更为重要的是，它也带走了文化的标志，村校的文化符号象征意义也逐渐消退。

（一）农村文化符号象征功能的隐退

一般而言，在许多偏远山区的村落，学校往往是村中唯一带有文化韵味的标志性建筑，即使是一个小小的教学点甚至是一本书、一张黑板或桌子，都有可能是象征和体现现代文明的基本形式。可以说，村校在很大程度上已经是当地村落文化中一个极为重要的组成部分。一个乡村社会中存在着学校，这就表示那个代表着文化与教育的象征性空间的存在。

作为乡村文化的象征和乡村文明的标志，村校在乡村地区扮演着十分重要的精神角色。通常而言，村校的文化符号象征性主要体现在以下几个方面。

第一，村校是乡村文化保存和传播的重要载体，也是村民们共同的文化记忆。作为乡村社会重要的甚至是唯一的乡村文明的符号标志，村校不仅是物化的场所，同时也是寄托文化传统、族群认同、民间习俗的精神符号，是村民们一直共同保持文化记忆的重要载体。

众所周知，农村是一个熟人社会，各个村民之间互动频繁，相互之间

---

① 吴惠青、王丽燕：《新农村文化建设中农村学校的使命》，《教育发展研究》2011年第19期，第69—72页。

② 周洪新、徐继存：《农村学校布局调整中的乡村文化危机与反思》，《理论学刊》2014年第9期，第104—107页。

非常熟悉，经过不断的社会互动，他们形成了一张非常稳固的社会关系网络。而且经过几千年的积淀，农村社会形成了一些牢不可破的价值观念体系，比如传统文化习俗、人情、仪式等。这也意味着，在传统的农村社会中，村民个体是被紧紧地束缚于村庄这一共同体之中的，村民之间的互动与交往都是在这一共同体内进行的。村民之间关系亲密，并且热衷于关注村庄内部的公共事务，彼此之间保持着共同的记忆。因此，村庄内部一旦发生某一件事情，甚至包括一些村民的隐私事件，也会不胫而走，各家各户都会立刻知晓。正因为如此，在村庄这样一个共同体之中，每个村民、每个物品都可以是村庄内部共同讨论的话题，都可以成为被别人议论的对象。对此，唐纳顿曾对传统的农村社会共同体有过这样一段非常精彩的描述："村里一天发生的多数事情，有人会在这天结束之前加以叙述，这些报道依据的是观察或第一手介绍。乡村闲聊包括这样的日常叙述，加上互相间一辈子插科打诨。由此，一个村子非正式地为自己建构起一段绵延的社区史：在这个历史中，每个人都在描绘，每个人都在被描绘，描绘的行为从不中断。日常生活几乎没有给自我表现留下什么余地，因为个人在如此大的范围内记忆与共。"①

　　因此，在传统的农村社会里，村校不仅作为小孩们的教育场所和村民们的公共文化空间，而且也经常成为村民们热议的话题之一，它是村民们共同文化记忆的重要组成部分。乡村学校既作为一种实体的存在，也作为一种虚拟的文化空间，不仅活跃了乡村质朴单调的气氛，增加了乡村生活的人文韵味。在这样一个地域空间有限的村庄之内，学校是整个村庄活力的象征和朝气的体现，"对于村民而言，有学校在的地方，清晨可以听见孩子们稚嫩清脆的读书声，傍晚可以看到孩子们在放学路上的嬉戏玩耍的场景。这不仅是一种听觉和视觉上的感觉，而且使村民看到了村庄发展的活力与希望"②。

　　根据本课题组的调查显示，当向村民询问"一个村子，有没有学校就

---

① ［美］保罗·康纳顿：《社会如何记忆》，纳日碧力戈译，上海人民出版社 2000 年版，第 14 页。

② 陈茜：《村校消失后的乡村文化建设研究——浙江省 L 村的个案研究》，硕士学位论文，浙江师范大学，2015 年，第 16—17 页。

不一样，有学校的村子就充满朝气和活力；没有学校的村子就缺乏朝气和活力。您觉得这种说法有道理吗？"这一问题时，高达60.4%的村民认为这种说法"有道理"，27.2%的村民回答"说不清"，只有12.1%的村民选择了"没道理"（见表3-7）。正因为学校充满了朝气和活力，是乡村文化的精神象征，它才成为村民们共同保持的文化记忆的重要部分。

然而，随着村校从农村社会中的撤离和消失，村校的文化记忆和文化载体功能逐渐丧失。如今，我们在村庄里看到的只是剩下一副空壳的校舍，已经没有往日的文化气息。村民们已经再也听不到学校里传出的琅琅读书声了，他们只能把这一情景作为过去埋藏在记忆之中。面对这一变化，浙江省Y市S镇一位被访谈的村民这样表达他的心情：

> 心情怎么样？总而言之我的心情是一片冷心，怎么说呢，影响太大，哦，影响太大。
>
> 以前走过学校时会听到孩子的读书声和嬉闹声，感觉村子有人气，挺热闹的，现在觉得有点冷冷清清。

表3-7 　　　村民对"有学校的村子就充满朝气和活力"的看法

		频数	百分比（%）	有效百分比（%）	累计百分比（%）
有效	有道理	471	60.4	60.6	60.6
	说不清	212	27.2	27.3	87.9
	没道理	94	12.1	12.1	100.0
	合计	777	99.6	100.0	
缺失		3	0.4		
合计		780	100.0		

对于"以前村里有学校，学校里有琅琅读书声，孩子们背着书包上学、放学，村子里就有一种书香气息。现在学校被撤了，心里觉得空落落的，好像丢了什么似的。您觉得这种说法符合实际情况吗？"这一问题，有30.4%的村民认为与实际情况符合，42.9%的村民认为情况基本符合，而选择不太符合的村民占21.2%，选择不符合的村民只占5.4%（见表3-8）。

表3-8　　学校被撤之后"村民心里觉得空落落"符合实际情况的程度

		频数	百分比（%）	有效百分比（%）	累计百分比（%）
有效	符合	237	30.4	30.4	30.4
	基本符合	335	42.9	43.0	73.4
	不太符合	165	21.2	21.2	94.6
	不符合	42	5.4	5.4	100.0
	合计	779	99.9	100.0	
缺失		1	0.1		
合计		780	100.0		

村校的消失造成村民心理上的失落，这在一定程度上也导致村民在价值观念和文化信仰上出现混乱，使村民陷入一种精神文化的荒漠之中。

第二，村校是举行类似于宗教仪式活动的重要场所，它具有宗教仪式的功能。村校是村庄非常重要的公共文化空间，也是村民们举行一些礼仪、仪式等传统节日的重要社会空间。可以说，村校发挥了宗教仪式场所的类似功能。

涂尔干在《宗教生活的基本形式》中曾对宗教仪式的功能进行过深入的阐述，他认为，在原始的部落社会中，社会成员在举行宗教仪式活动的时候会受到一股神奇的力量而变得十分亢奋，最终会呈现一种"集体欢腾"的景象，"集体行动本身就是一种格外强烈的兴奋剂。一旦他们来到一起，由于集合而形成的一股如电的激流就迅速使之达到极度亢奋的状态。所有人的内心都向外部的印象充分敞开，想表达的任何情感都可以不受阻拦。每个人都对他人作出回应，同时也被他人所回应。最初的冲动就这样推进、加剧，犹如下落的雪崩一样在不断地增强。因为这种跃动的激情冲破了所有限制，从而不可避免地爆发出来，所以到处只见狂暴的举动、哭喊、嘶咧的号叫和各种刺耳的噪音，而这有助于进一步强化他们所体现的精神状态"[①]。在中国农村，没有这种"集体欢腾"式的宗教仪式

① ［法］爱弥尔·涂尔干：《宗教生活的基本形式》，渠东、汲喆译，上海人民出版社1999年版，第286页。

和活动，重要的仪式和活动一般都是在村中的学校、庙宇、祠堂、戏台这些空间中进行的，所以村校与庙宇、祠堂、戏台等文化空间一样，都具有类似一种宗教仪式场所的重要功能，它不仅是村民们举行传统节日和文化习俗活动的场所，更是村民们文化信仰的理想圣地。

因此，在这个意义上来说，村校具有村庄凝聚的重要功能，它提高了村民之间的互动和沟通，加强了村民的团结与合作。但是，伴随着学校从乡村撤退，学校的设备、器具等各种物资也从村庄中转移，学校的文化资源也随之消失。在大部分的现代农村社会里，村民们既不在庙宇、祠堂也不在学校里面举办各种传统节日和文化习俗活动，学校失去了往日的热闹和趣味，许多学校校舍被拍卖改作他用，有的甚至变成了饲养场。有的学校校舍即便还在，而且它仍然能为村民们提供宽阔的活动空间，但奇怪的是，村民们并不会利用这一宽阔的空间举办各种传统节日、仪式和习俗活动，仅仅是建筑物的校舍对村民们已经没有多大吸引力了，除非是那些为了抢占实用空间而动歪脑筋的人。

第三，学校是农村文化的中心和高地，是农民精神文化的引领者。作为乡村仅有的公共教育资源，学校是乡村文明的标杆，在维护乡村文化高地、坚守乡村文化堡垒和阵地上具有至关重要的作用，它是农民精神文化的引领者。精神文化是文化层次理论结构的基本要素之一，它是有关人类社会生活的道德风尚、思想、文学、艺术等精神方面的内容，是比物质文化更高一层次的文化形式。精神文化是人类的精神食粮和精神家园，也是一个社会的精神和文明旗帜，决定了一个社会或国家的灵魂，具有民族凝聚、价值导向等多方面的功能。在许多政治家和学者看来，物质文化固然重要，但精神文化的发展才体现了一个国家或社会的文明进步。一个国家或社会如果只有丰富的物质文化而没有精神文化，整个国家或社会就会陷入文化的荒漠，不良文化、低俗文化就会充斥于世。

在农村社会中，精神文化是否存在显得尤为重要。在过去的农村里，相比于城市居民，大部分村民都没有接受教育或者只接受过少量的启蒙教育，他们无论是知识水平还是思想观念都比城市居民要低、狭窄。因此，由于缺乏自律，如果没有精神文化的指引，很容易导致村民价值观紊乱，沉迷于赌博、迷信等低俗文化活动，而学校的存在可以引领村民面向主流、积极向上，提升精神文化的层次，对于改善村庄的风气具有重要意义。这一看法，也得到相当比例村民的认同。如本课题组向村民们询问"您认为乡风好不好和村里有没有学校有关系吗？"这一问题时，有27.6%的村民回答"没有关系"，有32.2%的村民回答"说不清"，但有40.1%的村民回答"有关系"（见表3-9）。因此，半数以上村民表示在学校撤并前后乡风产生了较大的变化（见表3-10）。当向他们询问"学校是农村文化的中心和高地，是乡村文明的象征"是否有道理的问题时，58.2%的村民认同学校是农村文化的中心和高地这一定位，只有7.4%的村民表示"没道理"（见表3-11）。可见，村民对于学校在乡村文化生活和乡风文明建设中的作用普遍持有积极认可的态度。

这也意味着，大部分村民在有形或无形之中都受到过农村学校的文化氛围的熏染，受其文化教育的指引。村校确实担当着村民精神文化引领者这一角色。

表3-9　　　　　　　　　　乡风与村里有无学校之间的关系

		频数	百分比（%）	有效百分比（%）	累计百分比（%）
有效	有关系	313	40.1	40.2	40.2
	没有关系	215	27.6	27.6	67.8
	说不清	251	32.2	32.2	100.0
	合计	779	99.9	100.0	
缺失		1	0.1		
合计		780	100.0		

表3-10　　　　　　　　　村民认为学校撤并前后乡风变化程度

		频数	百分比（%）	有效百分比（%）	累计百分比（%）
有效	有很大的不同	107	13.7	13.7	13.7
	有些不同	285	36.5	36.6	50.3
	没有什么不同	223	28.6	28.6	78.9
	说不清	164	21.0	21.1	100.0
	合计	779	99.9	100.0	

续表

	频数	百分比（％）	有效百分比（％）	累计百分比（％）
缺失	1	0.1		
合计	780	100.0		

表 3 - 11　　　　　村民对"学校是乡村文化的中心和高地，
是乡村文明的象征"的认同度

		频数	百分比（％）	有效百分比（％）	累计百分比（％）
有效	有道理	454	58.2	58.3	58.3
	说不清	267	34.2	34.3	92.6
	没道理	58	7.4	7.4	100.0
	合计	779	99.9	100.0	
缺失		1	0.1		
合计		780	100.0		

（二）乡村文明面临新挑战

村校是乡村文化的中心和高地，是乡村的文明标杆，也是乡村的"文化圣地"，它对于村民的日常生活和行为具有重要的文化精神引领作用。一方面，乡村文化具有教化功能，它能塑造村民的价值观念、伦理道德，促进村民的社会化。乡村文化以一种社会化的方式发挥它的功能，"从它产生作用的过程来看，无论是初级教化，还是社会再教化，一般都是采取潜移默化、言传身教的方式，在不知不觉的过程中使受教化者的心理行为与社会文化整合、融会为一体"①。另一方面，乡村文化具有规范功能，乡村文化自身内含的规范性，为村民"提供了一种在做出行动时所依据的规则体系"，"规范和引导着村民的思维与行为，从而形成具有村落特色的精神风貌与行为方式"②。

---

① 卢荣轩、童辉波：《试论村落文化的基本特征及历史性变革》，《社会主义研究》1993 年第 1 期，第 58—61 页。

② 蔡志良、王俏华、蔡应妹：《跨越德性生长的断层：农村学校布局调整后学生道德成长风险研究》，浙江教育出版社 2016 年版，第 194—195 页。

但是，布局调整之后，村校对于失去学校的乡村村民的教化和规范功能丧失，学校的文化符号象征功能逐渐隐退，其宗教仪式和文化精神引领的功能日益消逝，这一方面加剧了村民对本土乡村文化以及自我身份的认同危机，导致村民文化信仰和价值观念出现混乱；另一方面使农村失去了一道天然的"文化屏障"，村民们无法抵御各种外来不良文化的侵蚀，导致乡村不良文化和低俗文化盛行。乡村文明建设面临新的挑战。

改革开放以后，农村逐渐从封闭社会向开放社会转变，人口流动增强，但与此同时，拜金主义、功利主义等不良文化开始逐渐向农村侵蚀。由于没有村校的精神引领，村民们容易受到拜金主义、功利主义、实用主义等价值观念和道德观念的影响和冲击。部分村民将一些非常极端的拜金主义和享乐主义运用到日常生活当中，将它们作为重要的甚至是唯一的准则来处理自身与他人之间的社会关系，这就导致"在物质与虚无的竞争中，村民们的思想日渐腐化，精神无所依托，心灵难以归属"[1]，农村呈现出一种"精神文化荒漠化"的景象。

在浙江省 Q 市 K 区 J 乡的访谈中，当被问及"村里有没有学校对村风民风有影响吗？"时，一位老党员这样说：

> 有的。我们村文化建设基础薄弱，没有人能搞文化活动的事。以前村里有小学的时候，经常请老师帮忙，也没个钱什么的给他们，他们也很热心帮我们做事情，经常把村里的活动搞得热热闹闹的。村里人闹别扭也帮我们说说理，老师说话很有道理的，大家也听得进去，大家关系挺好的。现在学校没了，老师也走了，没人能帮我们做些文化上的事了，有矛盾也找不到人帮我们说说理了。村里有小学，还有孩子在，有事大人不会大吵大闹，现在不一样了。

如今，学校从乡村撤离和消失，导致村民文化信仰的缺失、价值观念的混乱，乡村不良文化、低俗文化盛行，乡村小混混群体、农村黑恶势力

---

① 陈茜：《村校消失后的乡村文化建设研究——浙江省 L 村的个案研究》，硕士学位论文，浙江师范大学，2015 年，第 19 页。

等趁机出现。在课题调查过程中，笔者发现，看电视、打牌、打麻将等赌博现象，成为大部分村民日常生活中主要的文化娱乐活动。

第一，电视可以说是现代社会里必不可缺的物品之一，它成为村民最主要的文化娱乐活动。调查发现，有高达71.2%的村民将看电视作为排位第一的文娱活动。事实上，我们也经常可以感觉到，现代的农村社会已经不像传统农村那样热闹了。在传统的农村社会中，大部分村民们都会在晚饭后走出家门，来到村里的活动室或老年协会等公共场所，或者是左邻右舍串门，与其他村民聊天交流。而电视在农村的普及打破了这一现象，我们可以看到，在现代农村社会中，大部分村民们在晚上都会选择待在家里看电视节目，而不会走出家门与其他人交流。

电视的普及对农村社会的冲击是不言而喻的，尤其是农村的人际关系。约翰逊通过民族志的方法对印度两个村庄进行调查之后，为我们细致地描绘出了这样一幅景象："如今，乡村家庭的状况和仅仅10年前已经完全不同了。孩子们在拥有电视机的家庭里出生，他们认为电视是生活中一直存在的设备，村民每周花很多时间观看这个新媒介，这同时也反映在家庭活动和关系的改变中。传统的乡村生活由每天四个主要时段组成。早晨，为接下来的一天做准备，整理东西、计划工作。白天是工作时间，没有闲暇。黄昏，结束一天的工作，为夜晚做准备。晚上，是放松休息的时间，在整整一天的劳动之后恢复体力，为第二天积蓄精力。夜晚也是人与人接触、发展人际关系的时间。电视戏剧化地改变了这些划分，尤其是最后一个时间段。夜晚比过去开始得早了许多，人们收看电视直到凌晨。过去用作重要的人际交流的时间在被花在辗转于各家各户看电视上了。"①

约翰逊认为，电视的出现和普及对乡村人际关系的影响主要分为两个阶段。第一个阶段是电视在农村刚出现的时候。在这一阶段，电视的出现极大地拓展了乡村的人际关系："随着电视的出现，起初不在同一交往圈

---

① ［美］柯克·约翰逊：《电视与乡村社会变迁——对印度两村庄的民族志调查》，展明辉、张金玺译，中国人民大学出版社2005年版，第167页。

中的人们因为电视而走到了一起。随着电视进入乡村，原本擦肩而过的人们现在花更多的时间在同一个朋友家中共同看电视。"① 第二个阶段是电视在乡村社会中的逐渐普及。在这一阶段，越来越多的家庭购买了电视机，但人际关系却也会发生重大改变："一旦那种情况发生，相反的状况就会出现：因为人们再无动机去他人家中拜访，随着人们之间日益疏离，人际关系的数量和个人在村庄中的影响将会减少。"②

诚然，电视对乡村和村民的影响是两方面的。积极的方面是电视的出现和普及除了能够满足村民的日常生活文化娱乐活动之外，也能够促进村民获得以前无法获得的信息，极大地拓展视野和知识范围。但电视的普及也有不利的影响，随着它在农村的渗透和普及，各种价值观念和道德观念如拜金主义、实用主义和炫富现象等借着这个平台大肆入侵。所以，在考察电视对乡村文明和人际关系的影响时，我们既要考虑电视的积极作用，也要分析电视的不利影响。

第二，打牌、打麻将成为村民日常生活中排位第二的文娱活动。在现代的农村社会里，村民们打牌打麻将并不单纯只是一种娱乐活动，其实是一种赌博。在学校布局调整之前，学校的存在能够为村民们提供一种文化活动空间，很多学校内部的图书报刊资料、媒体设备、操场、体育设施等各种资源都让村民们共享。如今，学校的撤并和消失，不仅仅在硬件设施上给村民们造成了不便利，而且也失去了学校对农村的文化影响力，这造成了村民文化娱乐活动的单调性。打牌、打麻将及附带的赌博等低俗的文娱活动"不但层次低而且极其有害，不可能给村民在文化生活上带来真正的满足感"③。

课题组调查显示，对于"以赌博为例，村里学校被撤并之前和之后，什么时候多？"这一问题，24.4%的村民认为学校撤并后多，22.6%的村民认为学校撤并前后一样多，44.5%的村民表示说不清，只有8.4%的村

---

① ［美］柯克·约翰逊：《电视与乡村社会变迁——对印度两村庄的民族志调查》，展明辉、张金玺译，中国人民大学出版社2005年版，第187页。
② 同上书，第188页。
③ 陈茜：《村校消失后的乡村文化建设研究——浙江省L村的个案研究》，硕士学位论文，浙江师范大学，2015年，第23页。

民认为学校撤并前多（见表3-12）。当我们向村民们询问"您觉得赌博、迷信等不良现象多少与村里有没有学校存在有关系吗?"这一问题时，32.4%的村民认为没关系，40.1%的村民表示说不清，有27.3%的村民认为两者之间有关系（见表3-13）。

同时，学校的外撤也意味着孩子的不在场，孩子是否在家也在一定程度上影响着父母的赌博行为。调查中，当向村民印证"以前村里有学校，孩子在本村学校上学，放学后在家里待的时间也多，家长有好多时间要管孩子，同时也担心影响孩子，所以打牌赌博的也少。现在孩子不在本村上学，待在家里时间也少，有的平时不回家，有的家长农闲时没事做，打牌赌博的也就多起来了"这一现象的时候，回答符合和基本符合的村民总共占了57.7%，而回答不太符合和不符合的村民只占了41.8%（见表3-14）。在调查过程中，一些村民也透露平时的空闲时间比较多，除了搓麻将等之外也没其他事情可做。此外，由于子女长期不在自己身边，不用担心自身的不良行为影响子女的学习和生活。

可见农村中赌博、迷信等不良现象的多少与村中有没有学校存在一定的关联性。

表3-12　　　　　　　　　　村校撤并前后村里赌博现象的变化

		频数	百分比（%）	有效百分比（%）	累计百分比（%）
有效	撤并前多	66	8.4	8.5	8.5
	撤并后多	190	24.4	24.4	32.9
	前后一样多	176	22.6	22.6	55.5
	说不清	347	44.5	44.5	100.0
	合计	779	99.9	100.0	
缺失		1	0.1		
合计		780	100.0		

表 3 - 13 村里赌博、迷信现象与有无村校的关系程度

		频数	百分比（%）	有效百分比（%）	累计百分比（%）
有效	有关系	213	27.3	27.3	27.3
	没有关系	253	32.4	32.5	59.8
	说不清	313	40.1	40.2	100.0
	合计	779	99.9	100.0	
缺失		1	0.1		
合计		780	100.0		

表 3 - 14 孩子在家对家长赌博有影响是否符合实际情况

		频数	百分比（%）	有效百分比（%）	累计百分比（%）
有效	符合	167	21.4	21.5	21.5
	基本符合	283	36.3	36.5	58.0
	不太符合	254	32.6	32.7	90.7
	不符合	72	9.2	9.3	100.0
	合计	776	99.5	100.0	
缺失		4	0.5		
合计		780	100.0		

应该指出，参与打牌、打麻将等赌博活动的对象不仅仅是成年人，在赌博之风盛行的农村社会里，大部分青年人甚至是儿童也都受到这一风气的影响和侵蚀。这也就意味着，大部分青年和儿童都在不同程度上、以不同的形式参与过赌博活动。"在日常赌博风气的熏染下，人际间的交往不是靠亲情仁义，而是靠利益关系，这种利益关系容易渗透到儿童的价值观念之中。此外，乡村儿童会产生投机心理，逐渐形成不劳而获、好逸恶劳的心理。"[①]

由此可见，农村学校被撤并后，大部分农村的乡风和以前相比发生了一定的变化，面临新的问题。在当前农村，村民的文化生活受到电视文化的极大冲击，传统赌博恶习沉渣泛起，真正代表传统乡村文化特质的活动

---

① 蔡志良、王俏华、蔡应妹：《跨越德性生长的断层：农村学校布局调整后学生道德成长风险研究》，浙江教育出版社 2016 年版，第 203 页。

非常稀少，参与的村民寥寥无几。因此，农村文化生活亟待改善，文化建设任重道远。

四　农村文化结构散解

几千年来，经过世世代代的积累，我国农村建立了一个非常稳固的文化结构和价值体系，丰富的人生经验和生活习惯、习俗、人情文化、节日、道德伦理等都成为这一文化结构和价值体系的重要组成部分，并最终融入中国封建社会的文化体系。传统的中国农村是一个以血缘和地缘关系为中心组建而成的封闭社会，它具有流动性低、熟悉度高、情感性深等特征。在中国传统农村社会里，经过重复不断的互动与交往，农民形成了一张以血缘和地缘为纽带连接起来的社会关系网络，其中人情、信任、道德伦理、传统习俗等文化价值理念成为农民互动与交往的准则和规范。

新中国成立以后，国家在农村实行了一系列社会运动和政治改革，这导致了一部分农村文化和价值体系的解体，但基本的农村文化结构在这一场政治变革当中保留了下来。同时，自新中国成立以来，国家在农村地区逐渐建立起了一张规模庞大的农村学校教育体系，这对于农村的经济社会发展、农村文化的建设以及村民的文化生活都发挥了十分重要的作用。不仅如此，在国家相关政策的支持下，农村学校已经与乡村社会有机结合起来，学校文化融进乡村社会，形成了"学校文化＋乡村文化"的农村文化结构。学校文化和乡村文化之间交互作用、共生共荣，形成了整个乡村文化的免疫系统与神经系统，能有效遏止乡村文化的病变。这种乡村文化结构一直是我国农村文化经久不衰、相对稳定的根源所在。[①]

但是在学校布局调整以后，大量村校从农村撤离、消失，作为乡村文化主体的教师、学生以及大量青壮年村民也从农村社会中外撤，最终

---

① 蔡应妹：《学校撤离后农村文化建设的困境与出路》，《浙江师范大学学报》（社会科学版）2015年第2期，第105—109页。

造成了原有的"学校文化 + 乡村文化"的农村文化结构散解。随着乡村学校的撤离，原有的乡村文化结构的内核被剥离，那种和谐共生的局面被打破，城市文明以压倒性优势取得话语霸权，传统乡村文明被排斥于现代文明视野之外，整个社会文化同质化、城市化的走势日益明显，村落则可能成为文化空场、文化空核的社会空间，走向自生自灭的轨道。[①]

（一）"学校文化 + 乡村文化"的农村文化结构

传统的乡村社会是一个封闭的熟人社会。在熟人社会里，人与人彼此之间是非常熟悉对方、互相了解的。费孝通在《乡土中国　生育制度》中提出了有关中国人际关系特点的另一个概念，即"熟人社会"。可以说，费孝通用"熟人社会"这一具有足够理论容量的概念经典地概括出了中国乡土社会的人际关系和文化特征，[②] 也内含了他所提出的"差序格局"概念。他在书中这样论述道："乡土社会在地方性的限制下成了生于斯、死于斯的社会。常态的生活是终老是乡。假如一个村子里的人都是这样的话，在人与人的关系上也就发生了一种特色，每个孩子都是在人家眼中看着长大的，在孩子眼里周围的人也是从小就看惯的。这是一个'熟悉'的社会，没有陌生人的社会。"[③]

所谓的"熟悉"，就是"从时间里、多方面、经常的接触中所发生的亲密的感觉"[④]。因此，乡村社会自身所具有的物理空间特质也就规定了村民之间互动与交往的重复性、频繁性。可以说，每一个社会成员都具有相同的文化观念和价值理念，都信奉同一种社会信仰，遵守同一种道德准则和社会规范。可以说，在这样一个熟人社会里，人与人之间的交往是可以预期的，他们形成了一种亲密无间的社会关系网络，"乡土社会是靠亲密

---

① 蔡应妹：《学校撤离后农村文化建设的困境与出路》，《浙江师范大学学报》（社会科学版）2015 年第 2 期，第 105—109 页。

② 陈柏峰：《熟人社会：村庄秩序机制的理想型探案》，《社会》2011 年第 1 期，第 223—241 页。

③ 费孝通：《乡土中国　生育制度》，北京大学出版社 1998 年版，第 9 页。

④ 同上。

和长期的共同生活来配合各个人的相互行为，社会的联系是长成的，是熟习的，到某种程度使人感觉到是自动的。只有生于斯、长于斯的人群里才能培养出这种亲密的群众，其中各个人有着高度的了解。好恶相投，连臭味都一般。要达到这境界，却有一个条件，就是没有什么差别在阻碍着个人间的充分了解"①。

可以说，熟人社会的特征类似于涂尔干笔下的机械团结。在熟人社会中，空间并不是阻碍人与人之间交往与互动的因素，相反的，它为人与人之间互动和沟通提供了一个良好的平台。在熟人社会中，存在着一种熟人的文化价值观念。其中，人情是人际关系的基本法则，是人们行为的准则，人们的行为围绕着人情关系而展开，这种人情取向的行为规律就是所谓的"乡土逻辑"。②

自新中国成立以来，经过几十年的努力建立起来的规模庞大的农村学校体系都是嵌入广大农村社会，农村学校所形成的学校文化与乡村文化融合在一起，两者相辅相成、相互促进，共同形成了"学校文化＋乡村文化"的农村文化结构：一方面，乡村学校是乡村社会的文化高地和文明标杆，是村民生活的文化精神引领者，在乡村学校的文化辐射下，村民受到学校文化的熏陶和感染；另一方面，乡村社会是学校文化滋生的重要空间，学校及其学生本身就处在乡村这一熟人社会中，受到乡土文化的强烈影响。"学校文化＋乡村文化"的农村文化结构的特点主要体现在以下几个方面。

第一，从教师这一视角来看，作为学校的重要成员以及学校文化的组织者和传播者，大部分乡村教师也都是土生土长的本地人，或者是临近村庄的村民，抑或是已经生活在乡村已久的外地人。大部分教师对当地的村庄习俗、文化以及村民的各种行为习惯都十分熟悉和了解。可以说，教师也是村庄共同体这一熟人社会的成员，他们在不知不觉中接受和内化了当地乡村的习俗、文化、道德伦理和社会规范，同时也把学校

---

① 费孝通：《乡土中国　生育制度》，北京大学出版社 1998 年版，第 44 页。
② 陈柏峰：《熟人社会：村庄秩序机制的理想型探案》，《社会》2011 年第 1 期，第 223—241 页。

的文化和精神带入到村庄中去，使其与乡村文化结合在一起，融入村民的日常生活中，规制和引领着村民的日常行为。教师们积极参加村庄的各种社会和文化活动，与当地的村民形成了良好的社会关系，互动频繁、关系密切。

调查资料显示，高达85.4%的村民认为学校撤并之前村里原来的学校教师与村民们的关系都比较好，只有14.1%的村民认为两者之间的关系并不好（见表3-15）。同时，也有54.1%的村民表示原来村里学校的教师会参加村庄的活动。

表3-15　　　　　　　　原来村里学校的老师和村民的关系情况

		频数	百分比（%）	有效百分比（%）	累计百分比（%）
有效	好	230	29.5	29.6	29.6
	比较好	436	55.9	56.2	85.8
	不太好	70	9.0	9.0	94.8
	不好	40	5.1	5.2	100.0
	合计	776	99.5	100.0	
	缺失	4	0.5		
	合计	780	100.0		

第二，对于村民而言，学校的存在也为他们提供了一个非常难得的文化空间和文化场所。村民是村庄这一熟人社会当中重要的主体，也是乡村文化的保存者和继承者。学校的存在可以促使村民将乡村文化带进学校，让学校的教师更好地认识和了解乡村文化。对于村民来讲，他们容易利用学校的物理空间、体育设施、图书报刊和桌椅板凳等物品，而且也可以在学校举办村庄文化活动，让学校的教师参与进来，从而能促进"学校文化＋乡村文化"这一农村文化结构的形成与巩固。由于学校本身处于村庄之内，也为村民进入学校并与教师交流和沟通提供了便利。

当课题组成员向村民询问"村里有学校时你会去学校走走和老师聊天吗"这一问题时，有一半以上的村民表示会去学校与老师聊天，选择不会的村民只占了20.5%（见表3-16）。

表 3 - 16 村民去学校与原来学校教师的聊天程度

		频数	百分比（%）	有效百分比（%）	累计百分比（%）
有效	经常会	74	9.5	9.5	9.5
	有时会	325	41.7	41.7	51.2
	很少会	220	28.2	28.2	79.4
	不会	160	20.5	20.6	100.0
	合计	779	99.9	100.0	
缺失		1	0.1		
合计		780	100.0		

第三，站在学生的角度来看，学生是学校文化和乡村文化连接的重要纽带，也是传递这两种文化的主要载体。一方面，学生是村庄共同体的一员，他们从小就生活在村庄之中，对村庄的各种文化习俗耳濡目染，并熟知村民的生活习惯。另一方面，由于从小生活在村庄中，他们深受村庄文化习俗的感染，并内化村庄的社会规范和道德准则，而且他们通常比较认同和尊重本土的乡村文化。

一般来说，在乡村社会中，村落的饮食、服饰、建筑、礼俗、歌舞等是融于村民的日常生活中的，成为其固有特色。从乡村孩童出生起，其父母家人和周围邻居就在日常生活之中向他们传递着乡村生活的经验和一些基本的乡土知识，更向他们传递了当地的行为规范、伦理观念、风俗习惯，等等。因此，在学生进入乡村学校学习的时候，他们在不知不觉中就将内化于他们自身的乡村文化特质带进校园。更为重要的是，通过学生在学校里的生活和学习，学生将自身的乡村文化与校园文化融合在一起，"使外来文化的横向渗透与民俗地域文化的纵向传承相结合，使学校正规教育与自然野趣的习染相结合，使学校专门训练与民间口耳相传相结合，使启蒙知识与孕育乡土情感相结合"[1]。因此，在学生的价值观念中蕴含着两种相互融合的文化体系。

---

[1] 赵霞、杨筱柏：《当代中国乡村教育的文化阐释与价值选择》，《河北学刊》2012 年第 3 期，第 209—212 页。

同时，学生也可以将学校学到的知识、文化和价值观念带到当地乡村，让村民们了解学校文化，并促使学校文化与乡村文化融合起来。因此，通过学校教育，维持、强化和发展了学生原有的文化和价值观念，反过来也将学校的文化和知识应用于乡村社会，充分发挥学校文化的特点和优势，真正能够实现将学生在学校里学到的文化和知识作用于乡村和群众。在这一过程中，学生不仅能够在乡村社会中传播学校文化，促使村民受到学校文化氛围的熏陶和感染，同时也能够重新认识和审视乡村文化的特质，挖掘出丰富的乡村文化内涵，使学生能进一步地与乡村社会和乡村文化产生情感上的共鸣，最终促使学校文化和乡村文化能够融合在一起。

（二）"学校文化＋乡村文化"农村文化结构的散解

农村学校布局调整的结果是将学校从农村社会中撤离，集中到乡镇办学，而作为学校文化主体的教师和学生也开始远离乡村，来到乡镇上生活和学习，这就导致了原有的"学校文化＋乡村文化"农村文化结构的解体。农村社会与学校关系的中断，动摇了乡村文化的根基，造成了农村文化载体缺失，学校文化滋养和文化熏陶的功能在很大程度上受到了削弱。

第一，学校布局调整以后，大部分学校开始采用正规化、制度化的管理方式和科层组织，这既是提高效率的手段，也是学校规模扩大后的管理要求。但是，这种正规化、制度化的管理方式进一步加剧了学校本身与乡村生活和乡村文化的脱离，促使原有"学校文化＋乡村文化"这一农村文化结构散解，"此时的学校呈现出'标准化'的特点，'标准化'学校自身的展现不再受到时空的限制，与所在的乡村及其地域文化也不再有本质的关系。而这种'标准化'是以城市为标准的，并且以此为依据来改造乡村。乡村学校的作息安排与课程内容的选择，都体现了要引导儿童为城市生活做准备的价值取向。乡村文化在学校中难觅踪影，现代乡村学校成为一个'脱域'的典型"[1]。

① 蔡志良、王俏华、蔡应妹：《跨越德性生长的断层：农村学校布局调整后学生道德成长风险研究》，浙江教育出版社 2016 年版，第 200 页。

"学校文化＋乡村文化"农村文化结构的不断解体主要体现在两个方面。

一方面，学校布局调整导致了学校教师与乡村社会和乡村文化的脱离，弱化了学校教师与村民之间的联系。学校从农村外撤并集中到乡镇中，也就意味着学校与农村空间距离的拉大，空间距离的拉大使村民们无法利用学校的各种设施和资源。而且对于村民们来讲，学校已不再是"自己村的"了，所以也就不可能随便地进入学校并利用学校内的设施和场所。对于学校教师来说，由于学校规模的扩大和学生人数的增多，已经不再有时间和精力来参加村庄的各种活动。现有的学校教师大部分并非本地人，他们对村庄的认同感十分低，所以通常也没有意愿来参加村庄的各种活动和重建乡村文化。因此，现在学校的高高"围墙"致使学校成了一个"文化的孤岛"，教师逐渐失去了"乡村"的痕迹，与乡村文化和村民生活脱离。学校教师与村民之间的联系被割断了，这就意味着学校文化和乡村文化联系的断裂。辽宁省 Z 县 X 乡部分被访村民这样表述学校被撤并之后他们与老师之间的熟悉和交流情况：

> 原来，家里离学校走路也就十来分钟，学校里的老师来村里也比较方便，次数也比较多。老师们来家访，我们跟老师们接触也多些，讲几句话么，多多少少对孩子会有点好处。学校并到镇上后，老师也不来村里了。我们想了解女儿的情况也不大方便了。

> 以前联系还挺多，主要是学生家长和去校办厂上班的村民，学生家长主要是接送孩子，因为和老师都比较熟悉，有时候空下来也会找老师去聊聊天，问问孩子的学习情况。因为现在村里的孩子一般都去 S 镇中心小学或者 D 小学读书了，学校距离村子比较远，所以见面就少了，一般家长只在开家长会的时候去学校，也有的用电话和孩子的老师联系。

> 现在的学校在我们村前面的那个庄，村里人一般很少去了，除非接送孩子，或者有什么急事才去。现在和以前比，肯定是自己村里的

学校好啊！

　　以前村民们和老师的关系一般都还好，因为毕竟在一个村子里，而且有些老师是外地的，他们来这里教书也不容易，因此，村民和老师关系很好。现在村里学校没了，虽然我们还是和学校老师经常联系，但是没有以前那么亲切了，除了一部分认识的老师还好外，新老师不怎么认识。相比而言，还是村里的老师好啊！

　　以前当然有去学校逛逛的啊，大家都是一个村子的，都会走动走动的，有事情也会帮一下。现在认识的很少了，都是外面叫来的新老师，老的老师都没有教书了，那些人也没那么好说话，学校都没有原来好进去了。

　　以前没撤的时候，我们村民去学校还是很方便的，大家也都愿意去，学校的老师也都是附近的，大家都认识，关系也很好。现在孩子所在学校的老师大多数都不认识，联系相对少了很多。

　　没撤并之前，村民经常去学校转转，看看自家孩子的学习和生活情况，和老师们的联系很多，关系非常好。现在学校不在了，孩子们去了较远的地方上学，和老师生疏了，和老师联系相当少。

在与村民的访谈过程中，我们可以非常明显地看到学校撤并之后，村民与现在学校的教师之间并不十分熟悉，交流和沟通非常缺乏。在访谈中，课题组向村民们询问了他们对于原有和现在学校情况的熟悉程度，结果显示了比较明显的差距：多达84.3%的村民都对原来学校的情况熟悉或者比较熟悉，只有15.3%的村民表示不熟悉（见表3-17）；而对现在乡镇学校情况的熟悉程度上，只有49.3%的村民回答熟悉或者比较熟悉，而不熟悉的比例已增长到了50.5%（见表3-18）。相应地，学校布局调整以后，村民与学校教师的认识和熟悉程度也发生了非常明显的变化：村民们认识（都认识或者大部分认识）学校教师的比例由55.2%减少到了

21.8%（见表3-19、表3-20）；村民们不认识（都不认识或者少数认识）学校教师的比例由44.8%增长到78.2%，增长幅度为33.4%。

表3-17 村民对原来村里学校的熟悉程度

		频数	百分比（%）	有效百分比（%）	累计百分比（%）
有效	熟悉	257	32.9	33.1	33.1
	比较熟悉	401	51.4	51.6	84.7
	不熟悉	119	15.3	15.3	100.0
	合计	777	99.6	100.0	
缺失		3	0.4		
合计		780	100.0		

表3-18 村民对现在乡镇学校的熟悉程度

		频数	百分比（%）	有效百分比（%）	累计百分比（%）
有效	熟悉	100	12.8	12.8	12.8
	比较熟悉	285	36.5	36.6	49.4
	不熟悉	394	50.5	50.6	100.0
	合计	779	99.9	100.0	
缺失		1	0.1		
合计		780	100.0		

表3-19 村民与原来学校教师的认识程度

		频数	百分比（%）	有效百分比（%）	累计百分比（%）
有效	都认识	150	19.2	19.2	19.2
	大部分认识	281	36.0	36.0	55.2
	少数认识	288	37.0	37.0	92.2
	都不认识	61	7.8	7.8	100.0
	合计	780	100.0	100.0	
合计		780	100.0		

表3-20　　　　　　　　村民与现在学校教师的认识程度

		频数	百分比（%）	有效百分比（%）	累计百分比（%）
有效	都认识	51	6.5	6.5	6.5
	大部分认识	119	15.3	15.3	21.8
	少数认识	437	56.0	56.0	77.8
	都不认识	173	22.2	22.2	100.0
	合计	780	100.0	100.0	
合计		780	100.0		

　　另一方面，学校采用的正规化、制度化的管理也促使学校与生活、学生与乡村相互分离。对于中小学来说，所谓的正规化、制度化管理，在一定程度上来说就是封闭或半封闭式管理，尤其是寄宿制学生，更是囿于学校这一相对封闭环境之中。因此，对于现在的学生来说，他们接触外在生活世界和本土本色生活的机会大为减少，无法真正体验和浸润乡村文化和乡村生活。"逐渐地，这又进一步导致了乡村儿童与乡村生活经验的脱离，这一趋势在学校布局调整中发展更快。由于学生寄宿在学校，乡村儿童不能像之前那样放学后可以回家，回到熟悉的乡村生活中去，这就导致了双重隔离：没有时间参与乡村生活，没有空间体验乡村生活——乡村学生脱离了他们原有的丰富而完整的乡村世界。在这种情况下成长的儿童，是乡村人，却不再认识、接纳、亲近乡村。在这种双重隔离的环境中生活，乡村儿童的自我认同的寻求是充满不确定性的。他们的心灵漂泊无依而又充满矛盾。这些学生中，有些成功进入城市，而大部分则注定经历长期的漂泊。他们无法通过现代化的学校教育获得自我认同，从而产生自身存在性的焦虑。乡村学生远离村落，接受制度化的教育，受着城市文化的影响，对村落既不熟悉也不再具有认同感、归属感和责任感，使得村落文化后继乏人。"①

----

　　① 蔡志良、王俏华、蔡应妹：《跨越德性生长的断层：农村学校布局调整后学生道德成长风险研究》，浙江教育出版社2016年版，第200页。

　　因此，学校布局调整以后，学生跟随学校的外撤离开乡村社会，导致学生与乡村社会和乡村生活的日渐割裂，最终会导致"学校文化＋乡村文化"农村文化结构解体。

　　第二，农村社会的陌生化加剧了"学校文化＋乡村文化"农村文化结构的不断解体。随着市场经济的不断扩张和农村城镇化的逐渐推进，传统的农村社会逐渐解体，熟人社会向陌生社会转变。相比于熟人社会，陌生社会具有开放性、陌生性、不确定性、契约性以及矛盾性等特征。[①] 在现在的农村社会中，人与人之间的交往和互动逐渐呈现出理性化、功利化等趋势，人情不再是支配村民社会行为的唯一法则，相反地，理性主义和功利主义成为村民之间社会互动的法则之一。

　　学校的外撤和消失更加加剧了农村社会的陌生化趋势，村民呈现出一种个体化的趋势。但是这种个体化其实"并没有获得真正独立、自立、自主的个性"，相反地，产生的是一种"无公德的个人"，这种"无公德的个人"也就意味着"摆脱了传统伦理束缚的个人往往表现出一种极端功利化的自我中心取向，在一味伸张个人权利的同时拒绝履行自己的义务，在依靠他人支持的情况下满足自己的物质欲望"[②]。在对下岬村的研究中，阎云翔指出："下岬村年青一代个性的发展并不全面也不平衡：不全面，是因为绝大部分变化都只局限于私人生活领域；不平衡，是因为对个人权利的强调并没有带动对他人权利的尊重以及对公众社会的负责。这是一种'极端形式的自我中心观念'，而正是这种观念使得青年人理直气壮抛开所有的社会责任与对他人的尊重，使得个人极端自我中心。"[③]

　　这也就是说，在这样一个农村社会中，呈现出个体化趋势的村民变得越来越以自我为中心，只注重个人和家庭的利益，他们已经没有什么动力和兴趣关心和促进村庄的公共利益，参与村庄的公共文化活动。现代社会

---

　　① 蔡志良、王俏华、蔡应妹：《跨越德性生长的断层：农村学校布局调整后学生道德成长风险研究》，浙江教育出版社 2016 年版，第 205—208 页。

　　② 阎云翔：《私人生活的变革：一个中国村庄里的爱情、家庭与亲密关系（1949—1999）》，上海书店出版社 2006 年版，中文版自序，第 5 页。

　　③ 同上书，第 250—251 页。

中的乡村文化正面临着无所依靠的危机。

　　总之，学校文化没有渠道进入农村社会，乡村文化也不能透过"围墙"渗进农村学校，这种双向流通的中断，使得"学校文化＋乡村文化"农村文化结构面临散解。

第四章　远离了乡村的农村学校

农村学校布局调整的结果使中小学校和教学点纷纷撤离乡村，向中心乡镇集中，这些合并后的农村学校逐渐失去了与乡村社会的交流，成为独立于乡村生活的"孤岛"。在"孤岛"里的农村学校，一切以城市学校为办学模板，使农村教育失却了农村文化因子。农村学校中的教师也游离于乡村，失去了知识分子的公共性，成为乡村社会中的"他者"。

一　围墙中的文化孤岛

"孤岛"从地理概念上来说意指那些远离陆地的孤立岛屿，而"孤岛化"则是用来比喻某种处境独立、封闭，缺乏与外界交流的状态，它既可以指人的生存或生活状态，也可以指事物的存在形态。农村学校的"孤岛化"现象，主要表现为农村学校在空间上隔离于农村社会，心理情感上切断了和农村的联系，文化上与农村文化相疏离而接受与演绎城市文化。农村学校成为与农村社会相隔绝的文化场域，削弱了农村学校与乡村社会的文化联系。

（一）空间上的隔离

农村中小学及教学点的物理空间的外移，乡间学校合并至中心乡镇，合并后的学校直接服务半径扩大，也导致了学生上学距离的增加。东北师范大学农村教育研究所就撤并前后学生上学距离的变化情况，在我国东中西部的6个县进行了调查。调查结果显示，在所调查的经历过学校布局调整的 700 位小学生中,其中有 412 位学生上学距离变远,平均变远了 9.19 公里;仅有 70 位学生上学距离变近,平均变近了 13.59 公里;总体学生平均变远了 4.05 公里。在所调查曾经经历学校布局调整的 911 位初中生中,有 424 位学生上学距离变远,平均变远了 10.83 公里;只有 69 位学生上学距离变近,平均变近了 5.25 公里;总体学生平均变远了 4.64 公里。[①] 同样,21 世纪教育研究院发布的《农村教育布局调整十年评价报告》显示,农村小学生学校离家的平均距离为 10.83 里,农村初中生学校离家的平均距离为 34.93 里。[②] 农村地区大多地势复杂,不易行走,山地、河流、树林等自然地理条件又有形地增加了学生的上学距离及上学所费时间。同时如遇到大风、大雨、下雪等恶劣天气,学生上学途中的时间还将延长,那么学生上学距离实际上也就相应地增加了。很多村校及教学点的消失,导致学生上学距离增加,进而也直接导致了一个村庄的文化中心和平台的消失。在对浙江省 Y 市 T 村的调研中,有一村民介绍:

> 原来学校在的时候,我们有事没事经常会去学校走走看看,了解孩子的学习情况,有时候学校还会组织一些活动,邀请家长来参加。农村学校让村民参与文化活动,还为我们提供活动的场地,比如村干部选举和村里组织的一些喜庆活动,都会在学校举办。但学校撤掉之后,原先的学校房子空空的,很多被改成村委会的办公楼或者厂房,村民不办事也就很少再去那里了。

一所村庄里的学校,本应是当地村落的文化中心,却因此而衰落了。

为解决农村学校空间可达性下降的问题,以保证农村学生接受基本义务教育,农村寄宿制学校也就应运而生了。根据 21 世纪教育研究院在全国 10 省的农村中小学抽样调查结果显示,农村小学生寄宿生比例为 39.8%,初中生的寄宿比例甚至达到 61.6%。[③] 学生寄宿学校,使家庭成

---

① 刘善槐:《农村学校布局调整决策的科学化、民主化与道义化研究》,教育科学出版社 2014 年版,第 4—5 页。

② 21 世纪教育研究院:《消失中的乡村学校》,《社会科学报》2011 年 11 月 29 日第 3 版。

③ 同上。

员分居两地，多数学生每周只有在周末时才能与家人相聚，有的间隔时间更长。而学校未撤离之前，学生基本上就是在父母身边，家与学校距离很近，遇上刮风下雨、气温骤降等天气变化，送件衣服、送把雨伞极为方便。

除了造成家庭成员之间空间距离的扩大外，寄宿学校对学生成长的影响也引起广泛关注。如营养与学生身体发育问题。农村学校的饮食不卫生、伙食差、营养不均衡等情况经常披露于媒体；以及为了防止安全事故，便于统一管理，寄宿学校一般都实行严格的作息制度，寄宿生们没有了自然野趣的户外活动，无法得到正常的能量释放和身体锻炼。又如学生心理健康问题。不少农村寄宿制学校的学生从低年级就开始住校，有的适应不了学校的环境而有不良的心理反应。有的寄宿制学校还存在学生欺凌现象。同时，父母与孩子交流和沟通的时间相对较少，在长期缺乏亲情抚慰和关怀的情况下，容易缺乏安全感、焦虑、紧张，进而引发自闭、社交恐惧、对他人无信任感等心理问题。

国外有学者把学生上学距离用三种方法衡量：一是物理距离，即实际可测量的空间距离，用"公里数"来表示；二是文化距离，当儿童离开自己的社区到另一个把他们当作外来人并对他们不友好的社区上学，这就有可能导致辍学的发生；三是时间距离，考虑山地、河流、森林等自然条件的阻碍而造成上学途中所需时间的延长。① 我国农村学校布局调整，使得学校的服务半径扩大，学校生源组成情况更为复杂，一些外来的学生由原来熟悉的空间转移到陌生的场域，面临的首要问题就是适应和融入新的学校。而这些学生在一定时期内面对不熟悉的同学，无法很快地和谐相处，身边也缺少可倾诉心声的对象；对新老师不了解，难以积极与其沟通交流；不习惯新老师的教学方式，导致学习跟不上的情况也很普遍；对新学校的环境有陌生感，一时不能适应新学校的规章制度；对新学校所在地区，易产生外来人的排斥感。这些都会造成这些外来学生适应新学校的学习和生活环境的困难，难以融入新的集体，从而容易产生对学校生活的排

---

① Douglas Lehman, *Bringing the school to the Children：Shortening, the Path to education for all*, The World Bank, August 2003, p. 4.

斥，与同学、老师们在生活和文化上发生冲突，甚至导致辍学行为的出现。

（二）心理上的隔膜

距离能够带来"美"也会产生"误会"，距离感会引起心理情感上的隔膜。一所学校对乡村来说不只是肩负教育功能的场所，还是乡村文化物化的灵魂，给乡村以生机和活力，它对村民、对乡村教师、对学生、对家长都具有不一般的意义。对于村民来说，每天路过学校可以听到书声琅琅、铃声当当，欢声笑语、严词训教，也可以看到学生认真学习、轻松玩耍，老师用心教学、辛勤阅卷的画面。这些不仅仅是他们听觉和视觉的美好画面，更是心理的寄托和情感的安慰。对教师来说，学校不单单是日常工作和教书育人的场所，还是与村民交流互动，与乡村文化相联结的站点。对学生来说，这是家庭的延伸，是接受传统乡村文化和现代文明共同化育的殿堂，是从家庭走向社会的起点。对家长来说，学校不只是自己孩子学习的圣殿，还是本人与教师沟通、与文化人交流、获得现代文明熏染的地方。但是学校的撤并，村民、家长、孩子对学校、教师的心理情感联系在一定程度上出现了断裂，"以前的熟人社会不再那么熟了，而是慢慢向着陌生的方向发展，社会凝聚力也随之减弱"①。

在浙江省 Y 市 T 村的调研中，一村民被问到"看着本村学校被撤并，您的心情怎么样？"时，他回答说："对于自己村里的学校被撤掉，心里还是不很欢喜的，感到有点烦，不理解上面为啥要把学校撤掉。"在各地调查中发现，有45%的村民表示很难理解与接受，只有19.5%的村民对学校被撤并表示赞成。对于很多人来说村里没有了学校，心里感觉就像是家里没了孩子。由于有着长期位于乡村社区中的学校的存在，特别是对学校的历史渊源、运作事件的过程和时间制度安排的熟悉，使得村民对学校产生了精神归属感和亲切感。但随着学校合并或迁移到乡镇或其他村庄，村民对新学校的心理距离感增加，亲切感渐渐消失。撤并前的乡村学校，任

---

① 孟祥丹：《当村庄没有了学校》，《中国农业大学学报》（社会科学版）2009 年第 2 期，第 198—200 页。

教的老师和上课的学生一般都是同在一个村庄里的，大家互相都有不言而喻的心理贴近感，且祖祖辈辈都可能在一个乡村学校上过学，对学校的历史有着丰富的熟悉感和了解度。撤并后的学校对于多数村民来讲是陌生的世界，封闭在围墙里的学校的各种活动跟村民们的生活似乎没有什么关系，如早晨的升国旗仪式、学生上课下课、团队活动、体育比赛等，都是学校内部人的事情，周围的村民无法体会到对他们有什么影响，更谈不上有心灵上的感染。而且乡村学校对乡村的时间规律的影响也大为减弱。乡村的作息时间本身是具有春播秋收、"日出而作，日落而息"的季节性和任意性，正是乡村学校的作息制度为乡村生活提供了一个实践标尺，学校的上课铃声和读书声、下课铃声和打闹声无疑都是在提醒着乡村村民的时间观念。"孤岛"式学校的作息时间的作用一般限于教师和学生，至多影响到学校周边的村民，与多数村民的生活分离了。

学校的撤离对村民和教师之间的关系也造成了影响。乡村教师在村庄里不仅是科学知识的传授者，更是乡村文化的传播者和创新者，在乡村文化继承和发展中扮演着极其重要的角色。农村教师一般受教育水平相对较高，他们通常被村民看成是道德的标杆、学习的榜样，也是求助的对象。村民不只是因为自己孩子的学习情况与教师交流，还会由于乡间的日常事务或突发问题与教师沟通并寻求解决方案。综合调查表明，在学校撤离前，多数村民和村里学校的教师有比较多的交往，相互之间较为熟悉，教师也经常会参加村里的活动，这在一定程度上说明乡村学校的存在是村民和教师保持密切情感联系的重要阵地。但是，在学校撤离之后，原村庄的村民与现在学校教师们的关系明显疏远了。在浙江省Y市S镇S村调研时，一村民也提到："因为现在村里的孩子一般都去S镇中心小学或者D小学读书了，学校距离村庄比较远，所以联系就少了，一般家长只在开家长会的时候去学校或者通过电话和孩子的教师联系。"

合并后的农村学校教师和所在村（镇）居民之间的关系也并不紧密。在向学校所在村（镇）村民询问"您认识村里学校的老师吗"时，只有36.5%的村民表示"都认识"或"大部分认识"，超过60%的村民表示"少数认识"或"都不认识"（见表4-1）。对于"会不会参加除孩子学习方面以外的学校其他活动",只有14.8%的村民表示"会",62.5%的村民表示"很少会",22.8%的村民明确表示"不会"(见表4-2)。

表4-1 您认识村里学校的老师吗?

		频数	百分比（%）	有效百分比（%）	累计百分比（%）
有效	都认识	50	7.8	7.8	7.8
	大部分认识	183	28.7	28.7	36.5
	少数认识	350	54.9	54.9	91.4
	都不认识	54	8.5	8.5	100.0
	合计	637	100.0	100.0	

表4-2 村民们会参加学校的其他活动吗?

		频数	百分比（%）	有效百分比（%）	累计百分比（%）
有效	会	94	14.8	14.8	14.8
	很少会	398	62.5	62.5	77.3
	不会	145	22.8	22.8	100.0
	合计	637	100.0	100.0	

在对合并后农村学校的教师调查中也印证了这种疏远的关系状态。在向教师们询问"除了学生读书的事,和村民们有交往吗"时,只有28.2%的教师表示"有",61.2%的教师表示"很少有",有10.7%的教师表示"没有"(见表4-3)。

表4-3 除了学生读书的事,老师和村民有交往吗?

		频数	百分比（%）	有效百分比（%）	累计百分比（%）
有效	有	87	28.2	28.2	28.2
	很少有	189	61.2	61.2	89.4
	没有	33	10.7	10.7	100.0
	合计	309	100.0	100.0	

　　总之，学校的撤并影响着各个方面的生存状态，学生与家长代际交流的减少，使得家庭成员心理情感互动受阻，代际文化传递遭到阻隔；对于原村校所在村民来说，外撤的学校已成为遥不可及的"远方"，再也没有了那种亲近感；对于合并后学校所在地的村民来说，更多的时候，学校只是大门紧闭的孤悬于乡村之外的"小岛"；对于教师来说，学校只是其栖身的"城堡"，围墙之外是与己无关的陌生世界。农村学校，没有了与依托之地的情感联结。

（三）文化上的裂痕

　　"自教育和文化产生之日起，两者就有着密不可分的关系。文化构成了教育的内容，教育是文化的一种'生命机制'，文化的传承离不开教育，文化的保存、延续和发展也有赖于教育的传承、沟通与创新。"[1] 文化与教育两者的密切关系，在学校教育过程中表现得尤为明显。乡村中的学校，一个涵养乡村文化的地方，是农村文化选择、加工、整理的文化场所，是优秀农村文化继承、发展、传播的文化殿堂。随着农村学校的撤并，许多学校离开了乡村社会，悬浮于乡村文化之外，致使乡村学校教育和乡村文化产生裂痕，动摇了乡村原先的文化生态结构，导致农村学校成为文化"孤岛"，乡村缺少了文化气息。

　　首先，农村学校与乡村社会相隔离，农村学校教育逐渐"离农"，产生了明显的"向城"倾向，与乡村文化的互动性减弱。农村学校的"向城"倾向就是"把'城市取向'的价值预设渗透其中，使之成为乡村教育的主导性价值取向与价值目标。乡村儿童在教育中能更多地感受到的乃是来自另一个世界的强势价值预设，'知识就是力量'、'成才'、'大事业'等等"[2]。这种强势价值目标指导下的是抽象性、城乡一致化、脱离乡村生活的教育内容。完全处于城市背景下的全国统一的课程标准、统一的学习教材，用抽象的文字和乡村儿童不熟悉的图像演绎城市

---

　　① 于影丽、毛菊：《乡村教育与乡村文化研究：回顾与反思》，《教育理论与实践》2011 年第 8 期，第 12—15 页。

　　② 刘铁芳：《乡土的逃离与回归：乡村教育的人文重建》，福建教育出版社 2008 年版，第 20 页。

优越论，衡量一切知识的价值性，评判学生的学业水平与素质。在俗称现代学校教育下培养起来的农村学生，可谓"四体不勤，五谷不分"，一方面对农村文化有着深深的嫌弃心理，早已失去了对农村的情感认同；另一方面则谈不上用"离农性"的知识来改造、建设自己的家乡。正如甘地所说："现代学校的一切事情，从教科书到毕业典礼，从来不会使一个学生对自己的生活环境感到自豪。他受到的教育程度越高，就越远离自己的故乡。教育的整个目的就是使他和他的生活环境格格不入，就是使他不断疏远这种环境……他所受的教育就是要使他与他的传统文化决裂。"[1]

其次，乡村文化的困境，无法为农村学校教育提供丰富的社会文化资源。随着我国城镇化的发展，加之农村学校的大规模撤离，乡村社会发生了巨大的变化，包括农村地理环境的变化、村民的生活方式和生产方式的改变。为适应学校的撤并，有利于孩子的教育，大部分村民放弃农业生产转而从事二、三产业，生产方式和生活方式的变化，对农村传统文化的需求也渐渐弱化。原先反映乡土文化经典的民歌、民谣、秧歌、迎灯等传统民间文艺被人们抛却，农村的传统熟人社会慢慢走向解体，原先的伦理规范有瓦解趋势。同时，乡村原本存有的自然、恬静、安适的文化秩序也面临"唯利是图""拜金主义"等逐利性价值观念的冲击，建立在利益计较基础上的经济文化蚕食着重情互助的乡村传统文化。而"社会需要文化的支撑，教育也是如此，一种教育必须有相应文化背景的全面滋养，需要本土文化的悉心呵护"[2]，因为学校教育本身存在一定的文化局限性。学校教育为追求升学率，主张优胜劣汰的竞争机制和精英主义价值观念，使得学生长期处在身心不协调的状态之中。加之学生远离原本乡村朴素、和睦、平静的自然文化环境，更易导致其缺乏一种独特的本土文化滋养，无法在学校离农化教育中保持乡村文化的精神根基。

再次，农村学校失去了对农村社会文化的服务功能。在乡村，一方面"学校不仅仅是一个物质载体，而且是一个特具人文气息的文化载体。学

① 石中英：《知识转型与教育改革》，教育科学出版社2001年版，第353—355页。
② 刘铁芳：《乡土的逃离与回归：乡村教育的人文重建》，福建教育出版社2008年版，第40页。

校是一个重要的文化符号，其所在地本身就具有文化象征性。一座学校是一个地区经济社会发展的重要内容，也是一个地区文化发展、文明程度的标志"①。农村学校通过开展形式多样的公共文化活动，以满足村民的文化需求，为乡村生活提供文化服务，比如扫盲运动、亲子活动、庆典活动等许多以农村文化交流为主题的活动。但学校的撤离，使得村里的各种活动失去了依靠，很多文化性的活动难以开展。对于"村里有没有学校对村里的文化建设有影响吗"这一问题，15.3%的村民认为影响很大，52.8%的村民认为有些影响，18.3%的村民说不清，只有13.6%的村民认为没影响（见表4-4）。这些数据也说明农村学校作为农村的文化中心的影响。

表4-4　　　您认为村里有没有学校对村里的文化建设有影响吗？

		频数	百分比（%）	有效百分比（%）	累计百分比（%）
有效	影响很大	119	15.3	15.3	15.3
	有些影响	412	52.8	52.8	68.1
	没有影响	106	13.6	13.6	81.7
	说不清	143	18.3	18.3	100.0
	合计	780	100.0	100.0	

乡村教师作为在乡村为数不多的知识分子，担当着让乡村接受新思想、新文化的"传教士"角色。同时，他们亦深谙民间礼仪，经常参与到乡村的日常生活和非日常事务之中，自觉不自觉地为乡村服务着。但是随着学校从乡村的撤离，广大农村教师进入到"孤岛"化的乡镇学校，逐渐脱离真实的乡村生活，缺乏与乡村文化的经常性交流互动。在对合并后的农村学校教师询问"老师们会参加村里的活动吗"这一问题时，只有7.8%的教师表示"经常"，43.0%的教师表示"有时"，39.5%的教师表示"很少"，9.7%表示"不会"（见表4-5）。可见，学校的围墙隔开了校内与校外的生活，农村教师只不过是"孤岛"中精致的"教书匠"。农

---

① 郭彩琴、杨霞：《空间视域下的城乡学校一体化布局》，《苏州大学学报》（哲学社会科学版）2014年第3期，第43—48页。

村学校和乡村文化的联系断裂了，它已经基本失去了为农村文化建设服务的功能。

表4-5 老师们会参加村里的活动吗？

		频数	百分比（%）	有效百分比（%）	累计百分比（%）
有效	经常	24	7.8	7.8	7.8
	有时	133	43.0	43.0	50.8
	很少	122	39.5	39.5	90.3
	不会	30	9.7	9.7	100.0
	合计	309	100.0	100.0	

二 他者化的乡村教育

经济、文化等综合实力决定了决策权和话语权的取向。由于伴随我国城市快速扩张与发展的乡村的逐渐衰落，我们的教育政策与教育话语更多地带有"城市取向"。城市率先成为我们制定教育决策的基础和背景，乡村教育只能作为一个"他者"而跟从城市教育，没有自己独立选择教育模式的自主性。

（一）农村教育场域中的他者性

"他者"（the other）与"自我"（self）是一对相对的概念，如果说"自我"表示主体的主导地位，那么，"他者"就是自我以外的其他东西。所以，"他者"关涉的是某一群体的社会身份及主导地位的问题。

"他者"这个概念到了萨义德的东方学研究中便成为他论东方的一种重要视角，认为传统东方学中的那种论说"他者"的主体，便是掌握话语权的权力主体，"东方"作为一个"他者"，是以西方为中心投射出来的产物，是西方人的话语权力的延伸。在他的论述中，"东方"这个"他者"，在西方看来，就是一个被奴役、被支配、被统治的他者。在现代社会中，"他者"已不再是某种在时空上与西方相对应的东方，而是作为理解主体与其之外存在者的关系的视角与思维方式。

在以城市化、工业化为核心的现代化追求进程中，人们往往以现代城市为主体的视角去看传统的乡村，乡村成了被城市所奴役、支配、统治的"他者"，城市就是乡村的发展样板和追求目标。

新中国早期的工作重心从农村转向城市，优先发展城市、发展工业，造成城乡差距增大。而城市综合实力的增强又决定了在国家政治、经济、文化生活中的决策权和话语权的城市取向，乡村只是城市的附庸与补充，作为被看、被俯视的对象，作为现代的"他者"，被排斥在现代性想象的边缘。由此，我们的教育政策与教育话语更多地带有"城市取向"，农村教育成了城市教育的跟班与随从，失去了主体性和独特性。所以当下的农村教育，实际上更多的是一种"远离乡土"的教育。

（二）中国乡村教育他者性产生的背景

1. 城乡二元的社会结构

刘易斯在《劳动无限供给条件下的经济发展》中指出，发展中国家一般存在着二元经济结构，即国民经济含有两种不同性质的结构或部门：一种是边际劳动生产率低下甚至为零，存在大量剩余劳动力或隐性失业人口，只能维持最低生活水平的传统农业部门；另一种是以现代化生产方式进行生产，劳动生产率和工资高于传统农业部门的现代化工业部门。①

纵观中国，二元经济结构形成了以经济为导向的社会管理体制二元化，最终导致了城乡二元的社会结构，特别是在改革开放之后，城乡二元结构的表现更为复杂与突出。

新中国成立初期，面对社会主义体系和资本主义体系的对立，国家选择了苏联的工业发展模式，制定了"重工业优先"的发展战略，为了大力发展工业，"以农养工""农业支持工业"成为当时经济政策的基本导向。在这一时期，国家无论是在经济政策还是财政计划上都向工业倾斜和支持，农业成为新中国走向工业化的后盾，但是优先发展工业，是以牺牲农村、农业、农民的发展为代价的。从某种程度上来说，这是新中国成立之

---

① Lewis, W. A., "Economic Development with Unlimited Supply of Labor", *The Manchester School of Economic and Social Studies*, Vol. 147, 1954, pp. 139 – 191.

初的无奈之举，为尽快摆脱对西方国家的依赖，走独立自主发展的道路，农业肩负起了为工业发展而奉献的责任。从其结果来看，优先发展工业势必会导致城市和工业过度发展，而农村和农业发展十分迟缓，并在此基础上形成了城市和农村的生产、生活条件之间的差距增大的局面。所以我国的城乡二元结构形成于计划经济体制和优先发展重工业的国家战略决策基础上，并使得这种城乡二元的社会结构不可逆转。改革开放以后，随着经济体制改革的深化和市场经济的确立，我们强调以经济建设为中心，积极鼓励一部分人先富起来，先富带动后富，实行效率优先、兼顾公平的分配政策。以实现现代化为导向的制度设计呈现的仍然是二元化发展趋势，城乡二元结构不仅没有打破反而更加牢固，城市和农村之间的差距越来越大。

城乡二元的社会结构在经济上将城市发展置于优先的地位，导致了农村的经济远远落后于城市，由此造成城乡之间经济发展的不平衡。城乡二元结构使城市与乡村社群相对隔离，城市和乡村之间的政治权利不平等、教育资源获得不相同、收入分配不可比等，直接导致乡村他者性困境的产生。城市在这两者关系中处于强势的地位，它以强者、社会中心的姿态来审视作为弱者、社会补充的乡村，并将其视为中国社会迈向现代化的包袱。城市代表更高的生产力、更优势的文化、更现代的教育方式，因此我们的教育政策的制定更多是从城市的需求出发的，而乡村教育被迫陷入他者性困境。

2. 农村服务于城市的社会目标

为了推进经济社会的发展，国家往往通过政策引导农业为发展工业和服务业服务、农民为促进农村城镇化服务。农村城镇化是生产力发展到一定阶段后出现的，为了改变传统落后的乡村社会，使之成为现代城市社会的自然历史进程，是现代化的必然过程。在农村城镇化进程中，城市经济的发展必然以农村经济的发展尤其是城郊经济的发展为基础，这是因为农村能为城市经济发展提供一系列的物质条件，如劳动力、土地、食物、资源等，还能帮助缓解城市人口膨胀、基础设施扩建的压力。

农村为城市服务主要体现在：第一，为城市提供劳动力。从城市化、工业化的进程来看，随着第二、第三产业的比重不断提高，城市需要大量的廉价的劳动力，而农村正能满足城市的需要。第二，为城市提供土地。城市化的快速发展，使城市对土地的需求急剧增加，为满足城市需要，大量的农业用地改变使用方式来适应急剧增加的城市土地需求。第三，为城市提供食物。为满足居民日益增长的食物需要，农村在相关部门的领导下，往往会围绕市场的需求，进行种植结构的调整。第四，承接部分产业转移。由于资源供给或产品需求变化，较为发达的城市为顺应比较优势的变化趋势，将部分产业转移至并不发达的农村。农村凭借自身的劳动力优势、能源优势、农产品优势，承接部分来自城市的产业转移。

在这一社会目标的笼罩下，城市就以现代的眼光去看当下的农村，以自身为参照物去要求农村。例如，以城镇居民收入的增长速度为参照物，去研究中国的两大群体即农民和非农群体的收入增长速度的差别及其相关度，以农民交换的工业品数量为参照物，去衡量农产品的价值量的高低。随之而来，农村第二、第三产业迅速发展，第一产业收入增长缓慢，甚至出现负增长，务农经济效益减少，第二、第三产业经济对农民收入增长起关键作用，越来越多的农民倾向于从事工业。农村、农业、农民渐渐成为服务于城市的工具，其主体性削弱，利益被忽视，形成他者性。

3. 教育服务于现代化的迷思

"现代化"作为一个一般性的术语，是指人类认识自然、利用自然和改造自然的能力空前提高的历史过程，其中经济发展为其主要驱动力，达到处于先进水平的国家所具有的特征为其最终目标。现代化本身是一个历史性的概念，它不是某一社会领域内发生的社会变迁，而是涉及社会多个层面的演变过程和整体社会的大变迁，它是社会发展到一定阶段的产物。现代化是全方位的，包括观念的与制度的、物质的和非物质的，不只是经济发展，也是政治发展，同时又是文化和精神发展。①

现代化的推进，对于中国农村来说是一个不断失去魅力的过程，农村被视为中国社会迈向现代化的阻碍。在现代化的想象中，农村教育是城市

---

① 罗荣渠：《现代化新论》，北京大学出版社 1993 年版，第 15 页。

教育的他者，显现出来的是落后、低效、低质，农村教育赖以生存的乡土文化在以有用性的比较中逐渐消失。在这样的大背景下，就不可避免把农村教育他者化，使其沦为纯然需要被拯救、被改造的对象。当前对农村教育的关注点大都在"农村"上，即地域上关注作为弱势的"农村"，而"教育"好坏理所当然的就是将农村教育与现代化城市教育相对比，要使农村教育朝着现代化的城市教育模式发展。

这样，我们对农村的"教育"究竟是什么，应该是怎样的，始终是模糊的，只是根据现代社会发展所需要的去培养人才。这种关注的视野始终是外围的、形式的，而不是本质的。那教育究竟是什么？凡是增进人们的知识和技能、影响人们的思想品德的活动，都是教育。也就是说，教育就是促进人的精神成人，把人培育成自由而全面发展的成熟个体。在此基础上再追问农村教育，农村教育就是将乡村青少年置身于乡土之中的自由、活泼、全面的发展，健全他们的品格，促进其健康发展。农村教育需要以"教育"为中心的关注模式，在面对现代化的同时，更要接近农村的现实，把握乡村社会的独特性，发掘农村教育的精神资质。

（三）中国乡村教育的他者性困境

1. 城市文化破坏乡村教育的自足性

人类的进步和发展来自乡村，依赖于乡村。乡村文化是乡村共同体的精髓所在，也是乡民安身立命的价值和意义所在。从历史的发展来看，乡村文化在中国传统文化和伦理文化系统中具有基础性地位，发挥着主要作用。中国传统的乡土社会是一个典型的以血缘和地缘为基础的结合体，属于"熟人社会"的范畴。在这个"熟人社会"中，"亲近性道德"约束着人们的交往行为，维系着乡村正常的生产秩序和生活秩序，如亲仁善邻、相容相让、互帮互助等。从这个精神原点出发，乡村文化逐渐形成两大形式，包括乡村的空间布局、建筑风格、服装饰品、生活器物在内的物质文化，包括乡村的风俗习惯、宗祠祭祀、风土人情在内的精神文化。

乡村物质文化和精神文化是农民生活世界的重要组成部分，是农民在乡村生活中逐步形成和发展起来的思想观念和行为方式，以及表达这种思想观念和行为方式所制造出来的物体。由于长时间的传承和发展，乡村文化将其与人们的行为、心态等融为一体，并以潜移默化的方式影响着农民的方方面面。然而在改革开放和走向现代化的过程中，乡村社会完全处于被支配地位，乡村文化在以城市为中心的现代化文化中被边缘化。在与城市现代化被动接轨的过程中，市场化对村落和乡村文化带来重大冲击，使乡村越来越处于被动、边缘的地位。民间故事、民歌民谣、礼仪习俗等逐渐消失，乡村文化已经开始慢慢给以现代化为中心的城市文化让位，乡村文化的独特性消失，成为城市文化的附庸。

乡村社会需要乡村文化的支撑，乡村教育更需要乡村文化的滋养。教育作为一项培养人成长的社会活动，其传承应包括特有的地域社会文化经验、本土性知识，否则教育的内涵是不完整的。随着以城市为中心的文化霸权对教育控制力的扩张，乡村教育也被城市文化霸权所控制，教育内容严重脱离农村实际，远离乡村儿童的生活经验，如教材中出现的"证券""社区服务""公积金"等词语。这就增加了乡村孩子理解课程的困难，使不少乡村少年不爱读书，厌倦读书，对读书失去美好的情感体验。农村教育的本土文化缺失，对于青少年健全人格的培养可能是无法挽回的伤害。

2. 城市话语体系对乡村教育的介入

话语，本是指人们说出来或写出来的语言，是在人与人的互动过程中呈现出来的，是特定社会语境中人与人之间用来沟通的具体言语行为。城市，最初是因为人们的商贸活动而兴起的。经济的发展是城市崛起的主要原因之一，经济功能也是城市的主要功能。从西方第一次工业革命开始，生产率的大幅度提高使城市快速步入现代化的进程，城市规模迅速增大，发展欣欣向荣。城市的发展和规模扩大背后体现的是城市话语体系建构逐渐成型。经济实力作为话语权提升的主要条件，为城市赢得城市话语的物质基础，知识占有为城市话语内容与质量提供支持。

城市经济实力的增加，必然提高它在与乡村对话中的话语地位。在我国也同样，经济实力相对强的城市，奠定了其在社会中的地位，为其赢来绝对的话语权。谁主导话语权，意味着谁就能决定主流的话语内容；谁能制定有利于自身发展的游戏规则，谁也就自然能从制度、政策等方面获得主动权。当下中国，话语体系的制定者和话语内容都是为城市化服务的，乡村在这过程中处于劣势的地位。在教育领域中，乡村也同样遭受城市话语体系的介入，"城市取向"成为乡村教育话语的主导性取向，当前我国各项教育制度、目的、方针都是着眼于城市的发展需要。

在城市话语的冲击下，就连教材和课程内容编写也大都是和城市密切相关，而远离农村生活的。教科书中关于城市知识的比重越来越大，选用素材城市化的比例也越来越高，教育过程中出现的生活经验、行为模式也都偏向于城市，与乡村生活格格不入。如人教版小学语文1—12册教科书选用素材比例，城市特征的为27%，中性特征的为63%，乡村特征的为10%；课文内容方面，城市特征的占28%，中性特征的占61%，乡村特征的仅占11%；插图方面，城市特征的占22%，中性特征的为69%，乡村特征的为9%。[①] 教材内容的城市化，将更有利于城市学生的学习，使他们更容易在激烈的升学竞争中胜出，这造成了城乡教育间的不公平，更严重的是城乡学生竞争起跑线的不平等。

3. 中国乡村教育的离农倾向

在"重城市，轻乡村"的基本格局下，农民选择离开他们赖以生存的环境、抛开他们赖以发展的农业、丢下他们农民的社会身份，即"离农"。大量农民离开农村，涌入城市，造成农村发展需要的人才极度匮乏。乡村教育的"离农"是指乡村教育强调为工业化和城市化服务，引导学生离开农村环境、农业生产方式、农民身份进入城市，而不是鼓励学生回归乡村、建设乡村。

中国乡村教育目标本来应该是多元的，但当下对于乡村教育目标的定位却是一元的，突出表现在单一应试性、城市性、离农性。[②] 具体而言，乡村教育以升学考试为最终目的，升学率几乎成了学校甚至乡村教育好坏的唯一标准。在学校的引导下，学生以考试升学、进城生活为荣。学生家长抱着望子成龙、望女成凤的心态，也不断鼓励孩子奔向城市。乡村教育目标的一元化决定了教育内容的离农性。很长时间以来，教育内容的安排

---

① 阳锡叶：《乡村教育：乡土味渐渐淡了》，《中国教育报》2015年4月14日第5版。
② 刘尧：《新农村建设中的农村教育改革》，《教育导刊》2007年第3期，第18—19页。

是以城市的生产生活为基础的，农村用的课本几乎与城市一模一样，课本内容缺乏乡村物质和精神文化的内容，这虽然能扩大乡村学生的眼界，但对于他们绝大多数人来说是陌生的，脱离他们的实际生活的。课程内容的难度和深度也是乡村学生较难适应的，如英语课程和计算机课程。教育价值观的城市取向还直接影响教育评价活动，我国现行的教育评价基本上是在城市化的价值观指导下进行的。

乡村教育的"离农"倾向使教育很难发挥提高人素质的功能，更多的是培养出一大批既不能适应农村生活，也不能适应城市生活的"边缘人"。由于乡村教育不接地气，很少和乡村、乡土真正联系在一起，导致乡村学生对于生于斯、长于斯的这片土地缺乏归属感和亲近感，难以具有建设家乡的情怀和责任感。

（四）农村学校教育本质上是"去农化"教育

"学而优则仕"的文化传统和民族意识，导致我国农村教育的文化基因具有先天的"离农"性，而现代学制的确立和制度化则进一步强化了这种民族文化期待并为实现这一期待提供了制度化的路径和最大可能与便利。几十年来，农村学校的重大变革抑或小小的改变，都是一次次以"城市学校"为模板的模仿或复制。农村学校身在农村却背离农村，"离农""去农"文化价值观根植于教育价值观当中。这样的学校教育，本来就不是为培养热爱农村、扎根农村、建设农村的新型农民准备的。农村孩子在其成长过程中所受的所有教育（无论是正规教育还是非正规教育）就是"叫人奔向城市，最好是大城市"的诱惑。

1. 农村教育照搬城市教育，城市文明席卷乡村

就教育的方针政策、教育目的和教育内容等方面来说，农村学校无疑与城市学校有一定的共性，因为它们共处于一个大的文化系统之中。同时，城乡间的诸多差异也应当从根本上决定着城乡学校不同的办学道路和功能取向。但事实却并非如此，人们普遍承认中国在民族间、区域间的巨大差异，却又默认了长期以来形成的思维模式，在教育上可以追求单一的价值取向，"在让乡村接受我们设计的他们并无多少选择余地的教育模式的同时，也把城市取向的价值预设渗透其中，使之成为乡村教育的主导性

价值取向与价值目标"①。乡村教育在优化资源配置的经济取向中日益呈现出"悬浮"趋势，逐渐与乡村社区疏离，成为城市文化的"殖民地"。②

这种取向与实践抹杀了城乡教育的差异，是不同特质的教育运行于同样的轨迹、发挥着相同的功能，这是农村教育的错位。在理论上，它妨碍了人们对教育多元性的认识和探究；在实践上，它导致了乡村少年对家乡缺乏认同感和使命感。农村学生十年苦读为的是一朝跳出农门，而大多的落榜者回到家乡却无所适从，既无法适应其生活，也无法适应其生产劳动，外出打工几乎是唯一的选择，把"可爱的家乡"留给一群老弱病残。这是因为中国几千年的官僚体制的传统和意识，当前城乡二元结构、城乡社会资源不均衡，强烈地吸引着农民放弃原有生活、追求城市身份，"跳出农门"是农村家庭让子女接受教育的主要目的。在功利主义刺激下的逃避与渴求，"去农化"是农民追求的人生目标，而学校教育又提供了一种最可能的途径。

2. 农村教育以分数论英雄，乡村文化被排斥于学校教育之外

长期以来，由于受传统文化和应试教育的影响，我国农村学校课程与教学很大程度上是以升学为目的和去向的，它的突出特点是应试性和离农性，功利倾向尤其凸显。近年来的课程改革要求加快构建符合素质教育要求的新的基础教育课程体系，而目前在农村学校盛行的仍是"应试教育"，以牺牲学生的全面发展为代价去换取升学率。在农村学校，教育所代表的意义似乎不像在城市学校表现的那么单纯，接受教育已经成为乡村学子摆脱农村身份、进入城市的唯一桥梁。这种情况下，农村学校教育在课程设计上全面服务于升学，与升学无关的课程统统让位于可以提高分数的"语、数、外"等考试科目。因而，乡村作为文化存在的虚化直接导致乡村少年成长中本土资源的缺失，他们地地道道地"生活在别处"。这使得乡村少年不再是文化意义上的乡村少年，他们中有许多人变得看不起乡土，看不起劳动。③

① 刘铁芳：《乡村教育的问题与出路》，《读书》2001年第12期，第19—24页。
② 姚荣：《从"嵌入"到"悬浮"：国家与社会视角下我国乡村教育变迁研究》，《清华大学教育研究》2014年第4期，第27—39页。
③ 刘铁芳：《乡土的逃离与回归：乡村教育的人文重建》，福建教育出版社2008年版，第39页。

3. 农村校本课程开发乏力，农村传统文化旁置

任何国家、社会的教育都深深地根植于一定的社会、文化、民族、经济等背景之中，从这一意义上讲，在本质上教育都是本土的。教育的本土性意味着教育理念、教育动机、教育资源以及教育策略和方法等与本土文化须臾不可分离。教育不仅决定于本土文化，其归宿也应当是效力于本土文化的建设与发展。正是基于这样的认识，新一轮课程改革特别强调了中小学课程要加强对乡土课程和校本课程的开发、建设和教学。然而，由于应试教育的举国体制以及乡村教师自身本土性知识的匮乏，使得农村学校校本课程的开发和建设基本上处于停滞状态。农村学校课程的开设、教学内容的确定，不是根据学生全面素质提高的需要，而是赖于升学考试的需要，语文、数学、英语、科学等课程被尊视为"主科"，而音乐、体育、美术、信息技术、综合实践活动等课程被鄙视为"副科"。综合实践活动课程原则上是自小学三年级开始设置，每周平均 3 课时，但事实上，设置的活动课时均被"主科"占用。所以，一方面，教师赶着农村学生刻苦学习"城市文化"，灰头土脸地去追赶永远都赶不上的城市学生；另一方面，本可以开发成为丰富而鲜活的教育内容的农村本土文化无人问津，自生自灭。

三　失却公共性的农村教师

农村教师既是教育领域的专业人士，又是农村社会的知识分子，兼具专业性与公共性角色。随着农村学校的大量撤离，受到多种因素影响，农村教师逐渐远离乡村社会、远离乡村文化，失去了公共性。

（一）教师角色的双重性质

作为科学知识的传播者、优秀文化的引领者、道德价值的引导者、社会发展的促进者，教师角色具有专业性与公共性的双重性质。

1. 教师的专业性

"专业"是一个内涵丰富的概念，通常指一部分富有知识含量的特殊职业，也即人们观念中的专门职业。学术界关于"教师专业"一直存在多种不同的界定标准，综合起来给教师的专业界定主要是：教师通过传授进

步知识和观念为社会的延续与发展培养各方面的人才；教师的入职需经过严格的教育知识和教学技能的考核；教师在由教育理论工作者、专任教师和教育行政人员组成的专业组织的引领下，对学生进行一定程度上的自主教育和课堂教学。因此，教师职业是专门性职业，教师是专业人员。

教师专业与其他职业的最大区别在于其他职业无法替代的专业教育教学知识和技能，这是教师专业标准的基础和核心，其他标准围绕这一点形成和展开。换句话说，专业的教育教学知识和技能是教师个体最明显的专业性表现。一方面，教师职业存在着知识结构上的双学科性，即教师不仅要精通任教学科的知识，即"教什么"的知识，而且要掌握教育教学方面的知识，即"怎么教"的知识。这两类性质不同的知识都应该是个体成为教师"关于这一专业的知识"，也即是成为教师的前提条件。当然，教师还应该发展"为这一专业的知识"，成为一个拥有广博文化知识的教师。另一方面，教师将教育教学知识和教学技能运用到课堂教学和日常教育中，形成独特的教育教学风格，这是教师成为好教师的必要条件。可以说，从个体层面来说，教师专业性是用来描述教师本质的一个概念，具体指教师在对学生展开教育教学实践的过程中秉持一种什么样的教育态度，运用了多少的专业知识与技能，形成了什么水平的教育智慧以及在此基础上构建的一种不可替代的专业风格。从这一角度来说，专业性强调的是"教师的'任务'、'角色'或'实践'"[①] 层面的东西。

2. 教师的公共性

教师的公共性源于知识分子的公共性。在汉语中，"知识分子"主要与知识相关联，指具有较多科学文化知识、与普通大众相区别的人。西语中的"知识分子"则不然。刘易斯·科塞曾指出，"知识分子"应是具有强烈的公共关怀意识和公共责任意识的知识人，他们的特征不仅在于"有知识"，更在于他们以自身的理念、信仰来表达和实现公共关怀，因而"知识分子是为理念而生的人，而不是靠理念吃饭的人"[②]。余英时也支持刘易斯·科塞的观点，他认为知识分子虽然是以某种知识技能为专业的

---

① 王春光：《反思型教师教育研究》，东北师范大学出版社2010年版，第27页。
② ［美］刘易斯·科塞：《理念人》，郭方等译，中央编译出版社2004年版，第2—3页。

人，但是，"他除了献身于专业工作以外，同时还必须深切地关怀着国家、社会以至世界上一切有关公共利害之事，而且这种关怀又必须是超越于个人私利之上的"①。这与中国传统的儒家知识分子"关心政治、参与社会、投身文化"的性格特征颇为相似。许纪霖认为，"知识分子"的公共性有三个含义："第一是面向（to）公众发言的；第二是为了（for）公众而思考的，即从公共立场和公共利益，而非从私人立场、个人利益出发；第三是所涉及的（about）通常是公共社会中的公共事物或重大问题"②。从教师作为"知识人""文化人"与"社会人"的社会角色及其培养未来公民的社会职责来看，教师应当作为知识分子群体的一员。而"成为一个知识分子意味着社会参与"③。概言之，教师的公共性质即教师明确自己的知识分子身份，具备公共关怀和参与意识，在教育教学的专业活动之外，把丰富的专业知识和文化知识运用于公共活动之中，努力将社会关怀意识和公共责任感转化成在公共领域的实际行动，推动公众关心的重大问题的解决。

教师角色的专业性指向教育场域内的教书育人，其公共性指向社会空间的公共参与，两者看似对立，实质上相辅相成、彼此共生。教师参与公共事务以其专业知识为支撑，即专业性是教师发挥公共角色、彰显其公共性质的"文化资本"；而其专业知识通过公共参与得到深化与发展，其作用也得到更大范围的发挥，即公共性是教师专业性发展及专业价值实现的"途径"。教师最突出的公共价值是在教育活动中培育受教育者的公共关怀意识得以实现的。所以，诚如佐藤学所言，"教师职业乃是'公共使命'尤为重大的职业"④，即公共性是教师职业更为深刻的属性。

3. 乡村教师的特殊公共角色

作为乡村社会少有的知识人才和文化精英，乡村教师对乡村社会的建设与发展有着不可替代的特殊价值。乡村教师掌握丰富的教育知识和科学

---

① 余英时：《士与中国文化》，上海人民出版社2003年版，第2页。

② 许纪霖：《公共性与公共知识分子》，江苏人民出版社2003年版，第61页。

③ ［英］弗兰克·富里迪：《知识分子都到哪里去了》，戴从容译，江苏人民出版社2005年版，第32页。

④ ［日］佐藤学：《课程与教师》，钟启泉译，教育科学出版社2003年版，第268页。

知识，一方面可以通过讲解政策、宣传法律法规，增强村民的规范意识和法律意识；另一方面可以通过开展科学技术、网络通信、医疗卫生等乡村咨询服务，提高村民的综合素质。相比一般村民，乡村教师具有开阔的眼界思维和敏锐的洞察力，通过提供关于市场需要方面的咨询，或指导农民利用乡村天然优势合理发展农业生产，或指导农产品的开发与深加工，提高村民的生产收入，促进农村的经济发展。乡村教师具备较为深厚的文化素养，一方面通过开发优秀的本土文化资源和引进先进的现代文化，促进乡村文化的传承与发展；另一方面以自身的特长组织各种乡村社区文化活动，丰富村民的文化生活与精神世界。乡村教师持有先进的价值观念和坚定的道德信念，一方面通过批判乡村生活的异化现象，有效抵制城市化快速发展带来的道德滑坡、价值失衡等不良影响；另一方面通过积极宣传和践行社会主义核心价值观，帮助村民形成正确的道德价值观念。总而言之，在"新型的农民、发达的农业、和谐的农村"这一新农村建设目标的实现过程中，乡村教师有着巨大的作用空间。

乡村教师是乡村社会具备丰富文化知识的重要成员，乡村社会的发展与之密切相关。作为乡村社会的教育工作者，乡土文化、乡村经验、实践知识等是乡村教师成长必不可少的有机养料，所以，自觉参与乡村实践，从中汲取丰富的文化与知识，是乡村教师终身发展的应有选择。而作为乡村社会的一员，乡村社会是丰润乡村教师生命的生活之境，乡村社会与乡村教师是同呼吸共命运的关系。因此，积极投身于乡村建设，发挥自身对于乡村社会的特殊价值，是乡村教师的应有责任。概言之，做乡村社会的"规范守护者、生活帮助者、文化弘扬者、文明引领者、价值引导者"[1]，是乡村教师神圣的公共角色。积极扮演这一公共角色，乡村教师义不容辞。

（二）乡村教师公共性缺失的发生机制

在当下正轰轰烈烈进行的乡村社会建设中，教师作为乡村文化的发展者、乡村少年的精神引领者、乡村社会的发展促进者等角色已不复存在。

---

① 李长吉：《农村教师：改造乡村生活的灵魂——兼论农村教师的知识分子身份》，《教师教育研究》2011年第1期，第29—32、28页。

乡村教师公共性质的消弭，既阻碍了乡村教师的全面发展，又不利于优秀乡村文化的传承发展与乡村社会的建设。因此，弄清导致乡村教师公共性缺失的发生机制，对于重建乡村教师公共性具有重要的现实意义。

1. 外在规训的异化困境

作为我国师资培养的主要途径，当前教师教育体系的各个环节均强调工具性与实用性，呈现鲜明的专业化取向。职前的师范教育普遍致力于未来教师对理论知识和教学技能的掌握，淡化了对教师公共性质、社会责任、文化角色等意识方面的培育。在这样的教师教育体系下，乡村教师在走上乡村讲台前便缺少了一份公共情怀。在随后的职前培训和职后进修中，乡村教师的发展也一直围绕着教师专业标准及其相应的达标行为，强调对课堂的掌控，而教师应有的公共属性基本被排除在乡村教师的继续教育以外。在这一教师教育体系下，"乡村教师的发展问题被孤立为一个纯粹的专业性问题，他们的责任、权利、义务、意识与行动一直局限在与专业性有关的事件上"①。这种教师教育与教师发展的片面专业化销蚀着乡村教师仅存的社会责任感，很大程度上导致乡村教师从公共空间退返到专业领域去寻找知识价值，片面追求理论知识和教学技能的专业增长，乡村教师不自觉地陷入专业主义误区，进而落入教学技术化的窠臼之中，致力于先进教学理论知识的掌握，寻求教学手段及相关技巧的熟练操作。加上学校对升学率的极度重视及家长和学生对高分的强烈追求，乡村教师不得不选择为校长、家长和学生等重要他人服务，为绩效、职称、声誉等切身利益而忙碌，以高分作为高于一切的教学目标。在这种行为目标导向下，乡村教师致力于追求更高的教学技术效能。他们不断钻研各类教材，锁定有限的教学内容，寻求高效的教学方法、技巧及有效的时间管理策略，并根据预先确定的评价形式对学生进行考核，把答题的步骤、方法、技巧和速度等作为课堂教学的重中之重。结果，教育教学的问题被简化为生产的问题，即"如何分配资源（时间、材料、产品），以在一个指定的时间之内，完成教学内容的切割与堆砌，生产数目最多的高分学生"。如此，乡

---

① 唐松林：《理想的寂灭与复燃：重新发现乡村教师》，《中国教育学刊》2012年第7期，第28—31页。

村教师逐渐从公共领域中退出，"退回到专业和学科之内，以学科专家为追求的理想，谋求自己在本学科教学技术上的成熟与优化，放弃其公共身份，把自己等同于其他专业技术人员"①。乡村教师陷入了技术化困境，他不断思考实现"高而多"的教学方法，却不再追问"乡村教育要走向哪里"；他关心与成绩有关的一切内容，却看不见与考试无关的乡村文化；他在意自己"学科专家"的称号，却丢弃了作为知识分子的公共角色。

2. 乡村教师的身份认同困境

乡村教师队伍中的绝大部分人往往从高中开始便离开农村到城镇或城市求学，为了摆脱"乡下人"的命运，并在城市找到立足之地，他们付出了加倍的努力，争取较高的学历。然而，城市还是抛弃了他们，他们不得不带着失意和难舍的城市情结回到乡村这块"贬黜之地"，一股强烈的宿命感油然而生。回到乡村，城乡之间在物质上与文明上的巨大反差，使得这群乡村教师对自身"乡村的"这一身份产生了深深的自卑感。他们难以接受不便的交通和单调的乡村生活，也无法接受作为一个有知识的"文化人"要与落后的乡村文化、粗俗的乡下人共处的残酷现实。知识分子的清高与固执使他们不屑与乡村社会打交道。于是，这群乡村教师蜷缩在学校的围墙之内孤芳自赏，断绝一切与教育教学无关的乡村联系，企图通过与乡村社会保持绝对距离来凸显自身作为知识分子仅存的优越感。同时，"尴尬的身份"也使乡村教师心生离意。在当前的教育体制下，乡村教师作为知识分子的崇高感与价值感亦不复存在，成为方方面面都不同于"城市教师"的特殊群体；对乡土民情的无知，使得乡村教师成了乡村生活的"陌生人"；城市化的快速发展使得外出务工人员取代乡村教师成为乡村的新兴高收入者。身份上的尴尬使乡村教师"外"得不到充分的肯定与尊重，"内"体验不到作为教师的职业快乐与幸福，教师岗位只能是其维持生计的冰冷职业，他们从心理上把自己界定为纯粹的职业人。于是，不少乡村教师成了"考试专业户"，试图通过提升学历以逃离乡村，挤进城市学校，或考公务员以进入党政机关。在多种不良情绪的包围下及现实尴尬处境的挤压中，这些乡村教师难以排除对乡村社会的内心排斥，于是从行

① 王彦明：《教师身份认同：危机、原因、诉求》，《教育导刊》2011年第3期，第8—11页。

动上自觉退出了乡村社会的公共舞台。

　　3. 乡村教育的现实制度困境

　　当课程体制与教学制度要求教师只关注知识传递、考试业绩和日常事务的时候，那么教师的职业工作只能是一项日常烦琐的工作，教师必须把主要的精力放在班级的日常事务和考试事务之中，管理学生的住宿、饮食、作息，参加学校或年级组的例行活动和教学会议。[①] 由于乡村学校存在较为严重的教师缺编、结构失衡、队伍不稳等师资问题，乡村教师的工作任务十分繁重，算上早读晚修、课外辅导、作业批改、班主任工作、思想学习和各种会议，大部分乡村教师的日工作量大大超过相关规定。尤其在实行乡村中小学布局调整后，乡村学校的管理难度普遍加大，乡村教师工作上和心理上的负担愈加繁重。有调研显示，布局调整以后，农村学校班级容量即班额出现规模过大的问题，大多数班级超过小学每班 45 人、初中每班 50 人的警戒线，超过 66 人的超大班也比比皆是，甚至有上百人规模的班级。[②] 班额的大幅度扩大不仅带给乡村教师繁重的教育教学任务，同时也使教师身心压力陡增。学校撤并后，由于上学路途较远，寄宿学生数量大幅增加，而现行的乡村教师配置政策并未跟上相关管理服务人员的现实需求。乡村学校普遍采取增加班主任或任课教师的工作量，并把管理学生生活和保障学生人身安全的重要责任交由乡村教师承担的做法，以此应对教学与管理方面的人员不足问题。也即是说，除了繁重的教学工作，乡村教师还要全面照顾住宿生的生活起居。而这些住宿生，基本上都是首次离家住校，整体年龄偏小，无论是生病看病的大事，还是睡觉起床等小事，都要乡村教师操心。此外，乡村教师还需每天关注非寄宿生上下学的安全问题。布局调整后的这一特殊情况，极大地加重了教师的工作负担。绝大多数的乡村教师工作繁重，压力过大，基本上没时间参与乡村社区的

---

　　① ［日］佐藤学：《课程与教师》，钟启泉译，教育科学出版社 2003 年版，第 267 页。

　　② 蔡志良、王俏华、蔡应妹：《跨越德性生长的断层：农村学校布局调整后学生道德成长风险研究》，浙江教育出版社 2016 年版，第 144 页。2009 年 4 月国家教育部颁发的《关于贯彻〈国务院办公厅转发中央编办、教育部、财政部关于制定中小学教职工编制标准意见的通知〉》中提出："中小学根据教育教学规律和教学要求安排班额，并根据班额组织教学班级。原则上普通中学每班学生 45—50 人，城市小学 40—45 人，农村小学酌减。"据此，通常将中小学每班 46—55 人为"大班额"，56—65 人为"超大班额"，66 人以上为"特大班额"。

建设，也没精力关心和考虑乡村文化的发掘与应用。一定程度上说，乡村教学与管理的沉重负担压抑了乡村教师公共性质的发挥。

（三）乡村教师公共性缺失的具体样态

20 世纪 20 年代，陶行知提出"乡村学校做改造乡村生活的中心，乡村教师做改造乡村的灵魂"[①] 的思想，作为乡村社会少有的知识分子代表，乡村教师理应明确自身的公共角色，自觉担当知识分子的道义，做乡村社会改造的"眼睛""良心"与"灵魂"，成为乡村生活的主人。而在今天，在外在规训、内心疏离、现实压迫等多方原因的综合影响下，不少乡村教师迷失在现代化的征途中，有意无意地抽离乡村社会，日益表现出与乡村社群生活的疏离、乡土文化意识的淡薄、乡村教育理念的偏失等明显的公共性质缺失现象。

1. 与乡村社群生活的疏离

乡村教师的公共性质和社会责任要求他们与乡村社会及乡民生活保持密切联系。在中国农村的熟人社会里，无论对学生还是对乡民，乡村教师曾一直扮演着熟人的角色。他们主动参与乡村社区的日常活动，凭借丰富的文化知识指导各种乡村文化活动，指引乡村发展，获得了乡民的信赖与敬重，实际上担当着乡村社会的精神主角。然而，当下大部分的乡村教师已然失去了这一角色，成为乡村社区的"边缘人"。尤其是那些经历过城市求学或回到乡村的年轻教师，他们已经难以找到与乡村互动的契合点。除了在课堂上向乡村少年灌输"科学知识"，几乎与乡村社会没有什么联系，他们很少参与乡村社区活动。有关调查显示，农村初中教师的闲暇生活资源主要来自学校，其中 75.92% 来自学校的网络，63.03% 来自学校图书馆（室），61.45% 来自学校的体育活动室，而来自农村社区公益活动和闲暇教育咨询培训的仅占 9.63% 和 2.97%。[②] 在农村各种公共场合和文化活动中，已经鲜见乡村教师的身影，而学校仅有的组织乡村教师参与社区

---

① 中央教育科学研究所：《陶行知教育文选》，教育科学出版社 1981 年版，第 52 页。
② 肖正德、邵晶晶：《农村初中教师的闲暇生活境遇及线下教育路径》，《教育研究》2016 年第 1 期，第 63—69 页。

公益活动与闲暇教育类咨询培训也多是流于形式。"在农村，学校是他们唯一的生活场所，校园的高墙隔开了校内与校外的生活，也隔开他们和乡村社会的情感。农村学校只不过是他们的暂时落脚点，他们只属于学校而不属于乡村，他们的存在最多是在自己孩子的口中，在真实的乡村社会生活中却并不占据位置。"① 在对合并后的农村学校教师询问"您参加学校所在地村镇公共性的文化活动吗？"这一问题时，只有12.6%的教师回答"经常参加"，有15.5的教师回答"从不参加"（见表4-6）。

表4-6　　　　　　　　您参加所在地村镇公共性的文化活动吗？

		频数	百分比（%）	有效百分比（%）	累计百分比（%）
有效	经常参加	39	12.6	12.6	12.6
	较少参加	130	41.9	41.9	54.5
	很少参加	93	30	30	84.5
	从不参加	48	15.5	15.5	100.0
合计		310	100.0	100.0	

乡村教师与乡村社区的联系正悄悄地快速瓦解，不少乡村教师成了"来匆匆，去匆匆，摩托来往城乡中"的"走教老师"，每天疲惫地穿梭于城乡之间，不愿留守乡村。

2. 乡土文化意识的淡薄

陶行知在《我们的信条》一文中指出："我们深信乡村教师必须有农夫的身手、科学的头脑、改造社会的精神。我们深信乡村教师必须用科学的方法去征服自然，美术的观念去改造社会。"② 这里的农夫身手、科学头脑、科学方法、美术观念等，基本上可以看作是乡村教师对专业科学知识与乡土文化的融合运用。运用的前提乃是掌握，要求乡村教师掌握丰富的乡土文化知识，说到底就是了解农业发展和农村社会，体会农民的所思所想，关心他们的问题与困难。熟悉了乡土文化知识，乡村教师在乡民眼中

---

① 高小强：《乡村教师的文化困境与出路》，《教育发展研究》2009年第20期，第53—55、72页。

② 《陶行知文集》，江苏人民出版社1981年版，第144页。

才能变得可亲，继而可信。唯有如此，乡村教师才能被乡村悦纳，为乡村所用。过去，乡村教师作为乡村社区的一员，一直与乡土文化有着千丝万缕的联系，他们谙熟民间礼仪，"像给小孩子起个高雅显达的名字，给在外头混事的丈夫年终写封信，说句平安、报个喜，立张契约，检读由单（内写完粮的数目），填张借单，订张合同，起篇卜文，看个好日子，合合婚，择个时辰，写张表文，还个愿……这些最平常的事都得请塾师来帮忙；过年时节门前贴张'抬头见喜''出入平安''忠厚传家久，诗书继世长'的对联，孩子半夜三更哭哭叫叫，要写张'天皇皇，地皇皇，我家有个夜啼郎，行路君子念三遍，一觉睡到大天亮'的帖子，都是塾师的分内活。此外，比较少见的如庙文、祭文等也得请塾师"[1]。正是因为熟悉乡间文化，这些塾师得到了乡民的信赖，成为乡村社会的重要角色，也成为乡村文化的代言人。

然而，当下大部分的乡村教师已不再具有乡村文化的符号特征，他们的乡土文化明显不足。对于当地的生产生活、历史变迁、地理风貌等，乡村教师知之甚少；对于这些淳朴的风土民情、动人的传奇故事、精湛的民间工艺等丰富的乡土文化资源，乡村教师既没有发现的惊喜，也没有开发的迫切，更没有运用的设想，只寸步不离地驻守在那个"有知识、没文化"的冰冷课堂。对乡土文化的无知与冷漠，使得乡村教师失却了与乡村社会沟通的资本，成为乡民眼中的"异类"；对乡土文化资源的漠不关心，在很大程度上阻碍了乡土文化的传承与发展，使得乡村教师引领村民、发展乡村、传承乡土文化的应有价值难以实现。概言之，乡村教师作为乡村文化代言人和建设者的文化角色已渐渐薄弱，对于乡村文化的传承与发展的公共价值明显消退。

3. 乡村教育理念的偏失

"乡村教育的责任在于为乡村少年的生存奠定一份基石，不仅是为了找到求知的乐趣、创造的热情，更多的是他们自我生命生存根基的培植，这个根基是基于乡村文化的丰富、认同、承载之上，为他们的成长

---

[1]　廖泰初：《动变中的中国农村教育——山东省汶上县教育研究》，燕京大学出版社1936年版，第32页。

增添一份厚度，让生命尊贵地、骄傲地存在于大地，立足于人间。另一方面，学校之于乡土的意义应该是引导、构建、扶植乡村文化，引领乡村社会健康积极的文化生活。"① 换句话说，乡村教育不仅是向乡村少年传授科学知识，使其智力得到发展，还应该是帮助他们更深刻地了解生活其中的乡村文化，发现乡村的美，使其精神世界得到丰润。最终通过乡村少年的健康发展推动整个乡村社会的进步与发展。然而，这种乡村教育理念往往只能在理论上不断地被讨论，难以在现实中得到践行。

陶行知曾在《中国乡村教育之根本改造》一文中写道："中国乡村教育走错了路！他教人离开乡下向城里跑，他教人吃饭不种稻，穿衣不种棉，做房子不造林；他教人羡慕奢华，看不起务农；他教人分利不生利；他教农夫子弟变成书呆子。"② 这种情况一直没有得到有效抑制，反有愈演愈烈之势。作为"乡土文化缺失"的城市化教材的忠实拥护者和传授者，乡村教师对于城乡差距不再闪烁其词或稍加掩饰，"不好好学习，以后就得在农村，一辈子种地""走出贫困山村，奔向繁华都市"等成了乡村教师激励乡村少年努力读书的常用语。他们的言语间已非不经意地流露对城市的向往，而是自觉而清晰地对逃离乡村的强烈追求。在他们看来，开展乡村教育，就是帮助乡村少年认清乡村的贫困落后与城市的文明富足，使其认识到，只有走向城市，才能拥有光明前途和幸福未来。于是，课堂教学就是帮助乡村少年掌握逃离乡村、适应城市的科学知识。在乡村教师目的明确的教学授课下，作为具有强烈向师性的群体，心智尚未成熟的乡村少年从最初对乡村文化的亲切，经由累积的乡村自卑感，最终形成了强烈的疏离感与厌恶感。"为逃离农村而读书"的观念在乡村少年的心里悄然生成，其在文化精神上的"无根"状态愈加严重了。当前，大部分乡村教师手里的乡村教育既不是关于农村的教育，也不是为了农村的教育，而是明明白白的"离农教育"，这样的理念已然偏离了真正的乡村教育。应该指出，乡村教师对这一理念的践行

---

① 刘铁芳：《乡土的逃离与回归：乡村教育的人文重建》，福建教育出版社 2008 年版，第 140 页。

② 中央教育科学研究所：《陶行知教育文选》，教育科学出版社 1981 年版，第 57 页。

虽然发生在教育场域之内，但这并不是专业性问题，他教乡村少年逃离农村，使乡村失去了可持续发展的最大动力，这是乡村教师公共角色缺位。

（四）农村教师缺位于自身的文化责任

作为乡村知识群体的农村教师，在社会主义新农村建设中不仅仅是传统意义上的教书匠角色，而应该围绕新农村建设的"生产发展、生活宽裕、乡风文明、村容整洁、管理民主"的要求，在农民核心价值观引领与培育、农村新型人才培养与造就、农民思想道德教育与农村精神文明建设、农村民主法制建设与农村法治文化重构、农村传统文化传承与创新中承担起重要的文化责任。然而，在当前新农村文化建设中农村教师不仅难有作为，甚至看不到他们的身影，乡村教师不再是农村文化建设的力量，他们缺位于自身的文化责任。

1. 农村教师与乡村社会渐行渐远

农村教师是新农村文化建设必须依靠的知识力量，他们作为乡村的知识分子群体，理应具有守护乡村灵魂的"公共情怀"，理应对自己的公共责任形成正确的认知并积极落实在行动中。在20世纪二三十年代，一群留洋欧美的城市知识分子来到农村，在农村兴教办学，为改变农村的落后愚昧状态竭尽所能，无奈彼时的政府不仅没有支持，反而横加阻挠，最终令这场轰轰烈烈的乡村教育运动中途夭折。尽管如此，他们开创了知识分子与乡村社会互动的先例，知识分子融入乡村、改造乡村的公共情怀与责任担当是这场运动留给后人最为宝贵的精神财富。反观当下，在我国这场由政府发动并大力支持的新农村文化建设大型工程中，很难再看到乡村教师的参与和积极作为。可以说，乡村教师从未像现今这样疏离农村社会，疏离他们生活其中的乡村文化。在对合并后农村学校教师征询"有人说：'学校只要搞好教育、教好学生就行了，没有必要也没责任参加村（镇）文化建设。'您觉得这种说法对吗"时，认为"对"或"有点对"的教师超过半数（见表4-7）。

表4-7　　　"学校只要搞好教育、教好学生就行了，没有必要也没责任参加村（镇）文化建设。"您觉得这种说法对吗？

		频数	百分比（%）	有效百分比（%）	累计百分比（%）
有效	对	28	9.0	9.0	9.0
	有点对	144	46.5	46.5	55.5
	不对	138	44.5	44.5	100.0
	合计	310	100.0	100.0	

很多年轻的乡村教师都有在城市求学的经历，他们作为代表城市文明的大学教育系统培养的教师，本能地抗拒农村，排斥自身"农村教师"的身份，回到乡村后，很难再次融入曾经生活其中的乡土社会，很难找到与农村的契合点。于是，"伴随着现代文明与教师专业化的发展，乡村教师似乎在潜移默化中正在拔除古老文明之根，不可思议地退出传统的农村社会舞台，日渐丧失其在公共生活中的知识分子身份"[1]。对农村文化的陌生和无知，使农村教师缺乏与农村社会沟通的"资本"。多年的城市求学经历让他们对曾经生于斯、长于斯的乡土产生了隔膜。他们无形中已被排斥在乡村社会之外，俨然是农民眼中的"异类"。农村教师长期在乡村社会中，尤其是文化活动中的缺位，使得他们服务农村的功能萎缩，影响力减弱，不能取得农村社会的广泛认同。农村教师的集体"不作为"和"失声"，使得当下的新农村文化建设失去了主心骨和最重要的骨干力量，时代呼唤农村教师除了进行必要的教师专业知识和技能的提升之外，希望他们参与到村庄生命共同体的文化建设之中。

2. 城市化的教师专业发展模式与应试教育的双重"挤压"

历史上，农村教师作为乡村中的知识分子，曾对农村社会的进步和乡土文化的传承发挥过重要作用，他们曾是一乡、一村之中的文化权威，是乡村公共文化生活的活跃分子。在课程与教学领域，农村教师也曾拥有过较大的自主权，产生过较大的影响力。但伴随着教育权力的集中，尤其是

---

① 吴惠青、郭文杰：《谈新农村建设中农村教师的文化责任》，《浙江社会科学》2016年第2期，第150—160页。

城市文化"霸权"的形成，农村教师的地位日渐式微，就连教师自身的专业发展，从内容到形式都有按城市教师的需要而制定的严格规定，这种城市"抄袭版"的教师专业发展模式，使农村教师失去了自主发挥的空间和话语权。同时，对农村教师影响很大的另一个因素是：应试教育对农村教师的利益驱动。学生的考分成为评价教师业绩的主要指标。于是，农村教师受到了城市化的教师专业发展模式与应试教育的双重"挤压"，就像两把高高悬挂在农村教师头顶上的达摩克利斯之剑，把农村教师和乡村社会切割开来了。

3. 农村教师非本土化，地方性知识缺失

"营造乡村教育的文化想象空间，需要那种真正能够了解乡村、理解乡村少年境遇、扎根乡村社会、有远见、心智活泼的教师，他们在开启乡村少年知识视界的同时，能充分引导乡村孩子理解周遭的乡村世界，吸收乡村社会的教育资源，从而引领乡村少年的乡村情感与意识的全面孕育，让他们真实地生活在他们所栖居的乡村环境之中，而且尽可能地生活在当下，并且亲近他们当下生活的世界。"① 农村教师关注本地域的地方性知识，对其有深度的理解和体验后，就能运用这些知识进行有效的教材二次开发，赋予那些对于农村学生遥远而又陌生的知识以乡土文化气息，使之变得亲切而实感，易于理解和掌握。② 然而，农村教师尤其是青年教师的农村地方性知识缺失，对于地方文化的认同感不强，直接影响与制约着农村优秀传统文化教学的可行性和有效性。他们所能做的就是对学生进行科学知识的灌输和考试技巧的强化，开展传统文化、地方性知识、乡村文化教育已不是他们所能承担的了。

---

① 刘铁芳：《乡村的终结与乡村教育的文化缺失》，《书屋》2006 年第 10 期，第 45—49 页。
② 李长吉：《论农村教师的地方性知识》，《教育研究》2012 年第 6 期，第 80—85 页。

第五章 失去了学校的农村文化重建

学校的外撤和消失，致使农村文化的载体和主体逐渐消逝，并呈现出文化活动主体减少、文化活动阵地萎缩、现有学校文化活动内容"离农"的现象，从而使得学校对乡村地区的文化影响力消减，对当地的精神文化引领功能也随之消失，农村文化传承与发展的重要纽带被割断，留给村民的将是更多的文化空白。为了消除农村学校消失对农村文化建设上的诸多不利影响，化解由此带来的文化危机，消除文化贫困，农村文化需要探求新的建设路径，以重建一种新型的农村文化。

一 唤醒村民文化自觉

由始至终，村民才是农村文化建设的主体，是农村文化活动开展的动力源泉，失去村民的文化活动是毫无生气的，农村文化建设如果没有村民的参与那是无法进行的。随着个人意识、利益观念的增强，注重个人利益而忽视公共利益、对村庄公共事务的漠不关心已经成为普遍现象，广大村民失去了参与农村文化活动的兴趣和动力。同时，面对现代文化、城市文化的强劲冲击，许多村民对农村文化的现代价值产生怀疑，甚至自惭形秽，丧失了自信，从而从农村文化生活和文化建设中缺席。村民的缺席也意味着农村文化主体的缺失，农村文化建设面临着严重的危机。

因此，要建设农村文化，首要的是要唤醒村民的文化自觉意识，确立自信心。何谓"文化自觉"？费孝通对"文化自觉"是这样定义的："生活在一定文化中的人对其文化有自知之明，明白它的来历、形成过程、所具有的特色和它发展的走向，不带任何文化回归的意思，不是要复旧，同时也不主张全盘西化或全盘他化。"① 在他看来，生活在一定文化中的人首先要对自身文化有"自知之明"，才能形成对文化转型的自主能力，取得适应新环境、新时代文化选择的自主地位，形成文化自觉。唤醒村民的文化自觉意识，能够使广大村民对自身持有的文化有自知之明，了解和熟悉本乡本土文化并深刻认识其本质、价值，能够以主体身份传承和维系优秀传统文化，并且理性辩证地反思异质文化，自觉主动地参与农村文化生活和文化建设，从而培育和创新农村文化。文化是人的一种生存状态和价值观念，只有村民有了文化自觉，才能改变村庄的文化贫乏状况，继而在日常的文化活动中发挥主体作用。因此，需要唤醒村民的文化自觉意识，要转变村民的思想观念，引导村民认识农村文化的价值，加大宣传力度，形成舆论导向和氛围，解除村民对农村文化的认同危机；要树立正确的文化理念，培养村民的文化主体意识、文化参与意识、文化平等意识；要重建农村文化规范，恢复优秀的传统伦理道德，重构邻里和社会关系网络，并建立一种新型的价值观；要将文化自觉意识转变为一种文化自觉的行动，尊重村民的首创精神，鼓励村民自主创新和发展农村文化，丰富村民的精神文化生活。

（一）加强文化教育和宣传，触动村民文化自觉意识

农村文化建设首要的问题是如何激发村民的文化自觉，促使村民能够积极主动地参与农村文化建设。激发村民的文化自觉的关键，主要在于转变村民的思想观念，促使村民能够意识到农村文化建设的重要性，以及更深刻地认识乡村社会和农村文化的本质与价值。可以通过教育这一途径来提高村民对农村文化的认识，从而激发村民的文化自觉。另外，可以通过宣传乡村文化来唤醒村民的文化自觉意识。

第一，转变村民的思想观念，明确农村文化建设的重要性。在现代农村社会，农民既带有传统的"小农意识"又具有现代的"个体意识"。

---

① 费孝通：《反思·对话·文化自觉》，《北京大学学报》（哲学社会科学版）1997 年第 3 期，第 15—22 页。

"小农意识"体现在村民的保守和落后,"个体意识"则表现为村民过度关注于个体利益而忽视公共利益,只注重眼前利益而很少考虑长远利益。目前,很多村民关心的是经济建设而对于农村的文化建设缺乏兴趣。在许多村民看来,国家制定和实施的关于文化建设的措施只是一种形式上的政策而已,是地方政府官员实现晋升的一个平台,跟自身实质性利益并没有多少关系,这种认识对于农村文化建设是极其不利的。因此,农村文化建设的首要任务是要改变村民身上带有的"小农意识"和"个体意识",转变他们的思想观念,促使村民意识到农村文化建设的重要意义和现实的必要性。农村文化建设不仅仅是国家的一项政策和措施,而是关乎乡村的经济和社会的长远发展。要让村民明确意识到农村文化建设是与村民的生活和利益息息相关,是每一个村民应有的责任。要让村民充分认识到农村文化中所蕴含的重要价值,提高他们对乡村社会和农村文化的认同感。

第二,加强对村民的文化教育,消除农村文化认同危机。要转变村民的思想观念,认识到农村文化的重要性,可以通过教育这一途径来提高村民对农村文化的认识。教育是文化的"生命机制",也是激发村民文化自觉意识和提高村民对农村文化认同感的重要手段。要唤醒村民的文化自觉意识,关键是要加强对乡村社会及其文化的认识,"理解农村文化是文化自觉的第一步。只有在深刻理解的基础上方能把握农村文化发展的方向,增强我们适应和引导农村文化发展的能力"[1]。理解农村文化,就要深刻认识农村文化的"来历、形成过程、所具有的特色和它发展的走向"[2],同时也要认识到它的重要价值,充分挖掘和利用这一丰厚资源。要认识和理解农村文化,需要加强村民对农村文化的再认同。所谓的农村文化再认同指的是对传统农村文化在整个文化体系中所处的地位、表现出的价值、显现出的作用重新进行定位和确认。可以这么说,传统农村文化是中国传统文化中的瑰宝,有着它独特的文化韵味,包含着广大村民的审美理念、价值观念等,是乡村社会基本理念的一个呈现方式,通过潜移默化的方式影

---

① 魏峰:《农村文化与新农村教育》,《教育导刊》2006年第8期,第8—10页。
② 费孝通:《反思·对话·文化自觉》,《北京大学学报》(哲学社会科学版)1997年第3期,第15—22页。

响着广大村民的思想观念。

　　加强村民的文化教育，触动村民的文化自觉意识，可以通过组织一些关于农村文化和乡村历史的讲座。如果有条件的话，当地政府可以挖掘口述史，编印一系列关于乡村风俗民情的资料，留下村庄的前世今生，使村民更全面、深刻地认识当地农村文化，唤起对乡土、对乡土历史和文化的敬重和自豪，以消除村民的文化认同危机，重新建立起村民与乡土文化之间的联系。

　　第三，加大农村文化的宣传力度，形成舆论导向和浓郁的文化氛围。要激发村民的文化自觉意识，重要的一步是要对农村文化进行大力的宣传。宣传的对象主要包含两个内容：一是地方政府要对具有特色的文化先进村、示范村、精品村进行宣传，树立一个标杆，并通过各种途径传播这些村庄文化建设的经验。同时，地方政府也应当对一些文化人才的先进事迹进行大力宣传，在乡村社会中形成一种舆论导向和文化氛围，营造一股"人人有责、人人争先、人人参与"的新农村文化建设舆论氛围。二是要对当地乡村社会富有本土特色的文化进行宣传，并鼓励每一个乡村的村民进行文化上的创新，从而在本地形成一股非常浓厚的文化环境。

（二）树立科学文化理念，培养村民文化主体意识

　　村民始终是乡村文化生活的主体，是村庄文化活动开展的主力军，也是文化活动的直接受益者。要唤醒村民的文化自觉意识，就必须要确立以村民为主体的文化理念，使其认识到自身的社会责任感和荣誉感，面向农村、面向农民，尊重农民群众的首创精神和文化智慧，充分调动村民的积极性、主动性和创造性，使其最终成为农村社会文明发展的参与者、引领者。然而，在当下的农村社会里，村民的文化自觉意识偏弱，文化理念落后，社会责任感和荣誉感不强，这造成了乡村文化建设主体的"缺席"，对于乡村文化建设极为不利。因此，必须要树立村民正确的文化理念，培养村民的文化主体意识、文化参与意识、文化平等意识等自觉意识，以进一步推进乡村的文化建设。

　　第一，培养文化主体意识，激励村民担当文化建设主体。村民具有保存、传承和发展农村文化的责任和使命，他们才是农村文化建设的真正主

体。在传统社会中，村民的文化主体意识十分强烈，他们积极主动地参与乡村公共文化活动，对乡村社会有着深厚的情感，对乡村文化有着强烈的认同感和自豪感。但随着农村社会在国家经济发展中地位的下降，村民的主体意识和主体地位逐渐丧失，村民"作为自己生活的主体地位，被一种强有力的外来力量所压抑和排斥，而不能成为自己生活的主人"①。从目前的情况来看，现代乡村社会的文化资源大部分是政府由上而下输入的，本土的文化资源未被充分挖掘和利用。这也意味着，村民是被动地接受着这些外来的文化资源，消极地参与乡村的文化活动，村民在农村文化建设中是一种从属地位而非主体地位。

因此，在农村文化建设的过程中，必须要正确处理政府与村民之间的关系问题。政府要培养村民的文化主体意识，树立"主人翁"的思想观念。地方政府要转换在农村文化建设中的角色和职能，转变原有观念，从原来的主导型角色向一种新型的引领型角色转变，要摒弃传统"文化灌输"的守旧观念，充分尊重村民的主体地位，发动乡村文化精英的力量，创造有利条件让村民们用自身的灵感和智慧去开拓农村文化的疆土，不能大包大揽，以政府固有观念去束缚村民创新的自由，以此改变原有的"自上而下型"文化资源输入方式。地方政府应当加大资金投入力度，通过教育、宣传等方式培养村民的文化主体意识，支持村民担当起文化建设主体角色。村民们也要改变传统思想观念，不能被动地接受政府的"文化灌输"，而应该积极主动地挖掘和利用本土文化资源。

第二，增强村民的文化参与意识，提高村庄的凝聚力。文化参与意识与文化主体意识是一个既相互联系又相互区别的概念，文化主体意识是文化参与意识的前提和基础，文化参与意识是文化主体意识的进一步深化。如果村民单有文化主体意识而缺乏文化参与意识，那么仍然无法完全激发村民的文化自觉，农村文化建设仍然缺乏主观条件和思想基础。

文化具有凝聚人心和团结民众的功能。在传统农村社会中，文化的凝聚和团结功能得到了充分发挥。传统农村文化影响着村庄内的每一个村

---

① 陈文胜、陆福兴：《新农村文化建设的战略思考》，《中国发展观察》2006 年第 12 期，第 41—44 页。

民，在整体文化意识的感染和熏陶下，村民们积极主动地参与村庄的各种文化活动，将文化活动作为自身生活的一部分，或者是一种生活方式。但是在现代的农村社会里，文化的凝聚和团结功能逐渐弱化，村民对乡村社会的认同感普遍不高，村民参与文化活动的积极性和主动性急剧消退。因此，要激发村民的文化自觉，要以唤醒农民的文化参与意识为重要条件。每一个村民都应当树立这样的理念，即农村文化活动和文化建设并不是村委会、村干部或者是村庄内某几个人的事情，而是大家共同的责任，因为村庄是大家的，村庄的文化是靠大家创建的。要让村民们认识到自己并不是村庄文化建设的"局外人"，而是文化建设的"局内人"，要树立一种"我是一个文化人"的自信，自觉参与文化建设。① 重点在于是让村民们能够亲身体验参与到文化活动和村庄文化建设中的乐趣，增强他们的自信心，在亲身体验的过程中发现和挖掘村庄文化资源的价值，最终在村庄内部营造一股"人人有责、人人争先、人人参与"的文化氛围，提高整个村庄的凝聚力。

第三，促进村民的文化平等意识，加强文化之间的交流。要唤醒村民的文化自觉意识，也需要培育村民的文化平等意识，促进不同文化之间的沟通和交流。所谓文化平等意识，指的是在农村文化建设过程中，村民们能够处理好自身内部的关系，同时也要注重不同村庄之间、农村与城市之间的文化交流，协调村民与不同类型文化、不同风俗习惯之间的关系。

首先，村民们应处理好自身的关系。在参与农村文化活动和文化建设过程中，每一个村民都是文化活动的主体，都是文化活动开展的主力。在这个意义上，村民之间的关系应该是平等的，要让村民树立"虽有分工不同，但无贵贱之分"的文化理念，共同为村庄的文化建设做出自己应有的贡献。因此，乡（镇）村基层干部应当充分了解每一个村民的情况，特别是具有的兴趣、特长，让他们有展示自己、体现价值的机会。其次，应当承认文化的多样性，认可和尊重其他文化的价值。因此，在农村文化建设的过程中，应当实现互利共生，认可和吸收其他文化，比如其他村落的文

---

① 蔡应妹：《学校撤离后农村文化建设的困境与出路》，《浙江师范大学学报》（社会科学版）2015年第2期，第105—109页。

化特色、现代文化和城市文化的精髓，等等，取其精华、去其糟粕，最终促进农村文化与现代城市文化、本土文化与外来文化之间的融合和创新。最后，也要协调村民与文化之间的关系。人类是文化活动的主体，但这并不意味着文化是被动的，人类可以改善和发展文化，但不能随时取消文化。相反地，人类也不应当被文化所奴役和淹没，而失去自身的价值，文化的进步最终是要促进人类个性的自由和发展。应当树立这样的文化理念，即各种文化也是有思想的和富有地域、时代气息的，都值得尊重、理解和借鉴，都可以成为农村文化建设的重要养料。

（三）重构乡村伦理规范，提高村民道德文化意识

长期以来，我国农村社会是个典型的伦理型社会，所以在农村文化中，伦理文化具有非常重要的地位。在传统的农村社会中，村民受到传统农村伦理规范的约束，相互之间形成了一张稳固的邻里和社会关系网络，而人情则成为村民互动和社会行为的原则。在乡村伦理规范的约束和影响下，村民的伦理文化自觉意识非常强烈，他们积极主动地参与乡村的各种伦理文化活动，将伦理文化活动作为村民生活的一部分。涂尔干将这种一个群体内文化规范的作用称之为"神圣的"力量。[①] 但是自改革开放以来，特别是农村学校布局调整之后，农村原有的传统伦理体系急剧衰落和解体，村民失去了制约社会行为的道德规范和伦理准则，整个农村处于一种"社会失范"的状态，村民的伦理文化自觉意识日渐降低。因此，要提高村民的文化自觉意识，就需要重建乡村伦理文化，而要重建乡村伦理文化，就需要重建乡村伦理规范。

第一，恢复优秀传统伦理道德，建设文明乡村社会。伦理道德文化是中国传统文化的重要组成部分，它以古代儒家伦理思想为主体，以仁、义、礼、智、信为主要内容，与乡村社会的文化习俗和村民的生活习惯融合在了一起，它在协调人际关系和维持社会秩序稳定方面发挥了重要的作用。但随着学校撤离和青壮年人口大量外出，乡村的社会结构和家庭结构

---

① ［法］爱弥尔·涂尔干：《宗教生活的基本形式》，渠东、汲喆译，上海人民出版社2006年版，第216页。

发生了重大的变化，乡村社会原有的伦理体系逐步解体。现在，孝道文化衰落、敬老爱幼消失、诚信品质缺失都是不争的事实。因此，需要恢复优秀的伦理道德传统，增强村民的道德素质水平。可以通过各种形式向村民们宣传我国优秀的伦理道德文化，可以收集一些先进的个人事迹和案例以及反面教材，让村民们认识优秀伦理道德传统的当代价值。重点是要培育青少年的伦理道德观念，使他们从小就树立起讲诚信、讲文明、讲道德的好公民意识，以重建一个文明型的乡村社会。

第二，重构邻里和社会关系网络，促进村民之间的交流和沟通。传统的农村社会是一个人情社会，也是一个关系社会，它是通过血缘、地缘而建构和组织起来的。在传统的农村社会里，人情和关系凌驾于法律、契约和规则之上，成了村民社会行为和互动的唯一准则。不过，也正是因为人情和关系，村民之间形成了一张非常坚固的社会关系网络，而且邻里关系和谐，村民交流和沟通频繁，俨然形成了一个共同体。而在改革开放以后，经济利益意识的增强打破了乡村原有的社会关系网络，人情逐渐异化，功利主义和理性主义盛行，金钱代替人情成为村民社会行为和互动的准则。学校的外撤和消失更加重了这一情况。村民过度地注重私人利益而漠视公共利益，这导致了乡村文化空间和文化活动的衰落，农村文化重建面临严重的瓶颈。因此，应当重构原有的邻里和社会关系网络，进一步加强村民之间的交流和沟通，以提高整个村庄社会资本质量，增强村民之间的凝聚力。政府应当加大资金投入力度，在乡村社会构建一个能够促使村民之间互动和交流的公共空间，并组织一些村民喜闻乐见的文化活动。可以利用互联网的力量，建设一些交流的虚拟平台，比如通过 QQ、微信、微博等渠道加强村民之间的交流。

第三，建立一种新型的价值观，培养有现代素养的新型农民。传统伦理道德的丧失，邻里和社会关系网络的解体，而新的伦理道德规范却又没有及时地建立起来，致使村民的价值观念和文化信仰出现紊乱，整个乡村社会处于"失范"的状态。这些很有可能促使乡村社会中不良文化和低俗文化的蔓延和盛行，恶性力量的滋生和疯长。因此，必须要建立一种新型的价值观，提高农民的思想道德和文化素质，以抵制不良文化和低俗文化的侵蚀以及恶性力量的滋生。基层政府应在坚持马克思主义的指导下，以社会主义核心价值观为基础，通过村委会和村干部这一媒介，将一些先进文化和高雅文化有组织、有系统和有目的地引入乡村社会，加大宣传力度，培养以有理想、有道德、有文化、有纪律的"四有公民"为目标的现代新型农民，努力坚守好乡村社会的文化阵地。重点是要以这些先进文化和高雅文化引领农村文化，在不打破原有乡村文化生态的基础上促进先进文化和高雅文化与乡村文化的融合，以实现农村文化的创新发展。同时，在新型价值观和先进文化的基础上，政府应引导村民激发文化自觉意识，鼓励村民积极参与农村文化活动，丰富村民精神文化生活。新型的农村文化是既不脱离又不局限于乡村社会的新文化，重建这样的农村文化，是社会主义新农村建设和实现乡村社会繁荣发展的应有之义。

（四）促进村民的文化行动，激发村民文化行为意识

激发村民的文化自觉意识，还需要鼓励和支持村民的文化行动。意识与行动是一种辩证关系，意识是行动的基础和前提，行动是意识的目的；意识决定行动，行动促进意识的发展。如果村民只有文化自觉意识而没有文化行动，那农村文化建设不会取得实效。因此，要重建农村文化，既要唤醒村民的文化自觉意识，也要促进村民的文化行动，将文化自觉意识转变为一种文化自觉行动，在自觉行动过程中进一步激发村民的文化行为意识。

第一，尊重村民首创精神，鼓励村民进行文化上的创新。创新是人类社会进步的最终源泉，是一个国家发展的不竭动力，是一个民族存在的灵魂。只有创新，社会才能进步。文化创新是创新的一种非常重要的类型，文化从来不是一个固化的静态概念，而是一个不断变化、不断更新、不断发展的动态过程。在几千年的封建社会中，虽然我国形成了优秀的传统文化，但文化创新的缺乏是我国在近现代落后的重要原因。传统的农村社会是一个静态的、封闭的社会，生活于其中的农民被束缚于土地之上，安于现状，抱着"小富即安、不思进取"的心态，排斥和拒绝新鲜事物，缺乏创新精神。"日出而作，日落而息"，这就是几千年来农民的生活状态。创新的缺乏，是导致农村文化陷于困境的重要原因。因此，在现代化的背景之下，坚持农民在农村文化建设中的主体地位，尊重农民的首创精神，鼓

励村民进行文化上的创新，将创新作为文化发展的动力，这对于唤醒村民的文化自觉意识和促进村民的文化自觉行动具有十分重要的意义。

第二，鼓励农民自主创新和发展文化，丰富农民精神文化生活。在农民缺乏创新的情势下，如何鼓励广大农民自主创新和发展文化就成了一项非常急迫的任务。鼓励自主创新，就要激发农民中中老年文化骨干的文化建设热情，给他们提供必要的机会和资源，充分发挥他们在农村文化建设中承上启下的作用，从而带动村民从自娱自乐的文化向共建共享的文化转变。青少年群体是农村文化建设的中坚力量，因此要引领农村青少年积极参与农村文化建设，利用青少年节假日返乡的时机，精心设计并组织符合青少年特点、富有趣味和文化意蕴的文化活动，同时让他们参加农村民俗文化活动、家族祭祀活动等，更多地了解家乡的风土人情、民俗文化，培养家乡情感，逐渐成为农村文化建设的主力军。与中老年人不同，青少年是一群富有活力、敢于接受新鲜事物的群体。青少年往往有许多新奇的观点和建议，因此应当要多鼓励青少年敢于表达出自己的想法，为农村文化建设做出贡献。针对一些有创新精神的村民，政府应当予以积极鼓励。另外，应当建立健全文化知识产权保护机制，对农民自创的文化作品予以法律上的保护。

二　增强村民文化自信

加强农村文化建设，在唤醒村民文化自觉的前提下，要增强村民的文化自信。文化自信是一个民族、一个国家以及一个政党对自身文化价值的充分肯定和积极践行，并对其文化的生命力持有的坚定信念。习近平指出"文化自信，是更基础、更广泛、更深厚的自信"，"我们要坚定中国特色社会主义道路自信、理论自信、制度自信，说到底是要坚持文化自信"①。从本质上来说，文化自信就是对自身所处社会、民族或国家的文化价值的认同、尊重和自豪，并以此树立的信念。

---

①　关于文化自信的概念以及习近平在不同场合对文化自信的强调，可以参见《文化自信——习近平提出的时代课题》（http://news.xinhuanet.com/2016 - 08/05/c_ 1119330939. htm）。

农村文化自信首先就是农民对本土文化的强烈认同，它是农村文化建设的重要前提和基础。只有树立和增强村民的文化自信，才能建设和重建乡村的文化价值。在传统的农村社会中，村民对村庄及其文化具有强烈的认同感和自豪感，他们认可村庄的文化信仰、遵守村庄的道德规范、尊重村庄的价值理念。然而在现代社会中，多元文化价值观念共存，传统文化和现代文化、中国文化和西方文化、乡村文化和城市文化相互交织和碰撞，在这样一个复杂的文化多元的现代社会中，随着城市化的逐渐推进，城乡二元结构不断松动，导致农村社会受到外来城市文化和市场文化等价值观念的侵蚀和强烈冲击，村民特别是年轻一代纷纷离开农村、走进城市。他们受到拜金主义、物质主义和消费主义等文化价值观念的强烈影响，而以往在农村生活中建立起来文化价值观念却日渐式微。这些事实都表明村民对于农村文化的信念正在丧失。因此，要"恢复乡村文化的起码的自信，重建乡村作为社会文化有机体存在的尊严"①。

（一）认识文化自信的意义

文化自信是一个国家、一个民族或一个社会对自身文化价值的充分肯定和尊重，是对自身文化持久生命力的敬畏和信心。对于一个国家或一个民族来说，文化自信有着极其重要的意义。如果失去了文化自信，那么一个国家或一个民族就无法实现经济和社会的可持续发展，甚至会导致整个国家和民族自身的瓦解。对于民众来说，如果失去了文化自信，那就意味着失去了一种文化精神的向导，这会导致民众的价值理念陷入混乱；没有了精神的向导，民众容易受拜金主义、享乐主义、炫富和消费主义等文化价值理念的侵蚀。在我国，文化自信有其独特的意义。

文化自信意味着对中国传统文化和历史的认可和尊重，是传承、弘扬和发展中国传统文化的内在动力。经过数千年的积淀和发展，中国形成了优秀的传统文化和文明道德。这些传统文化是中华民族立足于世的根本，它已深深融入了每一个人的血液之中，成为中华民族共同的历史记忆和文化基因。中国的传统文化历史悠久，是各族人民融合他们的智慧所共同创

---

① 刘铁芳：《文化破碎中的乡村教育》，《青年教师》2008 年第 9 期，第 30—34 页。

造的结晶和精华。毋庸置疑，这些传统文化是中华民族实现伟大复兴的不竭动力，也是民众文化自信的重要基础和来源。习近平指出："中国有坚定的道路自信、理论自信、制度自信，其本质是建立在5000多年文明传承基础上的文化自信。"[①] 因此，文化自信的本质就是铭记历史，尊重传统的历史文化，其实也就是传承和弘扬中国传统文化。更进一步地说，文化自信也意味着我们要发展和创新中国传统文化。中国的传统文化并不是一成不变、停滞不前的，而是经过时间的不断向前推移，在人民群众对传统文化的认同的基础上不断地发展和创新。对传统文化的自信就是对传统文化的认可和自豪，同时也是对传统文化内在的合理价值的认同和肯定。我们只有对传统文化产生了认同感和自豪感，才能实现对传统文化的传承、发展和创新。然而，近现代以来，面对西方文化的入侵和现代文化的强烈冲击，传统文化日益式微，对传统文化的认同感和自豪感也日渐丧失，文化自信面临着严重的挑战和危机。

文化自信是国家扩大对外交流的重要前提，也是应对外来文化侵蚀和冲击的主要力量来源。在当今世界的舞台上，互相交流已成为各个国家实现经济社会发展的必要前提，谁封闭，谁就会落后，这已成为各个国家的共识。在这一过程中，不同国家和民族之间的文化交流和融合也逐渐加强，各个文化相互交流、相互吸收，各自在这一世界舞台上展现自身的风采。中华民族几千年形成的传统文化是中国在这一世界民族之林中立足的根基。我们只有对自身文化有着坚定的信心，才敢于向全世界展现传统文化的魅力和中国的良好形象，才能向世界证明中国传统文化也是人类优秀文化宝库的重要组成部分。只有有坚定的文化信心，我们才能在不同文化相互交流的过程中展现自身文化的特色和风格，表达自身文化的价值理念和国家的话语主张。只有在文化的比较和竞争过程中，我们才能促进自身文化的创新和发展，焕发中国文化的活力。然而，随着经济全球化的不断加快，世界多元文化之间的冲突加剧，而且由于互联网等技术的发展，不良文化、低俗文化不断冲击着我国的主流文化和价值观念。在多元文化价

---

① 杜尚泽：《阔步走在中华民族复兴的历史征程上——记以习近平同志为总书记的党中央推进全方位外交的成功实践》，《人民日报》2016年1月5日第1版。

值共存的情况下，这会引起部分群众对自身文化缺乏自信。因此，增强对中国文化的自信具有重要的现实意义，有了文化自信才可能坦然面对各种外来文化，才可能甄别文化的优劣，才可能从容应对不良文化的侵蚀。

文化自信是我国文化大发展、大繁荣的重要思想前提，也是实现中华民族伟大复兴的内在动力源。文化的繁荣和发展源于对自身民族文化的坚定信心，文化自信是实现文化大发展、大繁荣的理念源泉。坚定文化自信就是要实现文化的自立、自强，为建设文化强国奠定理念的基础。在当今世界，文化在综合国力竞争上的地位越来越突出，国家的文化软实力在很大程度上决定了一个国家的竞争力水平。一个国家和民族要实现繁荣富强，必须充分发挥文化的力量。因此，要推进改革开放，建设中国特色社会主义，实现中华民族伟大复兴的中国梦，就需要加强文化自信。我国的文化自信根植于中华民族几千年形成的优秀传统文化，因此需要弘扬优秀传统文化，以优秀传统文化作为信念和精神力量，凝聚我国各民族人民的共同意志。必须明确的是，实现文化的繁荣发展和中华民族伟大复兴，要警惕对外来文化的全面模仿，避免全盘西化，同时也要避免对中国传统文化的复制、模仿，而是要对中国传统文化有所扬弃，以批判的眼光来看待中国传统文化和外来文化各自的优劣。

文化自信是实现我国经济社会发展、实现国家治理现代化和保证社会稳定的基础，也是协调推进全面建成小康社会、全面深化改革、全面推进依法治国、全面从严治党的精神力量。只有坚持文化自信，才能够充分发挥中华民族优秀传统文化的价值，将优秀传统文化进行创造性的应用，从而提高我国国家治理的水平，并最终为实现经济和社会的发展奠定文化基础。文化自信意味着对自身文化的认同感，所以文化自信能凝聚各民族、各阶层的力量，汇聚共识，最终为推进我国各项事业提供精神和文化力量。

（二）提升村民文化自信心

农民的文化自信来源于对乡村社会的认同感，来源于对农村文化的认可和尊重。然而，随着市场经济影响的不断深入和城市化的推进，城乡流动人口规模不断扩大，越来越多的成年农民进入城市寻找各种就业机会，村校的外撤又带走了未成年人口。人口的大量外流导致农村的"空心化"，村庄共同体逐渐解体，村民对自身生活的村庄认同感日渐丧失，村民的文化自信心不断下降，这会严重影响社会主义和谐社会建设和新农村建设。因此，提高农民的文化自信心是农村文化建设的重要环节，其意义毋庸置疑。提高农民的文化自信心，首先要增强农民对所处地域乡村文化的认同感，农民意识到乡村文化与自身的生活和利益息息相关；要增强村民对乡村文化的归属感，让村民意识到自身是村庄共同体的社会成员，明确村民的身份认同；要增强农民对乡村文化的自豪感，以乡村社会和乡村文化为荣，培养文化责任感，承担起建设乡村文化的重要使命。认同感、归属感和自豪感逐级递进，三者相辅相成、相互促进。

1. 增强农民对乡村文化的认同感

认同感是归属感和自豪感的基础，要提升对乡村的文化自信，首先要增强村民的文化认同感。文化认同是一个个体对一个社会或一个民族群体文化和价值的肯定，是一种积极、肯定的文化价值判断。"在一定民族地域内形成和发展起来的共同文化传统，塑造了该民族成员的共同个性、行为模式、心理倾向和精神结构，并表现为一定的民族心理或我们通常所说的国民性。"① 对于一个乡村社会来说也是如此。乡村文化是中国传统文化的重要组成部分，它彰显了乡村淳朴的民俗风气，呈现出人与人之间亲密的情感和社会关系网络，内含着自然而又丰富的文化特质，它塑造了村民的心理倾向，规约着成员的社会行为。

在传统农村社会中，对于长久生活在乡村的人来说，他们一直受着乡村文化和道德规范的影响并将其内化，成为他们社会行为和社会互动的重要准则。经过社会化的过程，村民对乡村文化和道德规范具有强烈的认同感。然而经过一系列的社会政治运动以及市场经济的入侵，原有村庄共同体不断解体，社会道德规范逐渐瓦解，村民对乡村文化的认同感逐渐衰落，村民的个体价值取向日益多元化，传统乡村的道德伦理呈现碎片化和边缘化的趋势。因此，面对传统乡村文化的日渐式微，加强村民对传统乡村文化的再认同就显得十分必要。要重新加强村民的文化认同感，就需要

---

① 黄美冰：《日常歌唱与文化认同：马来西亚华人叙事研究》，博士学位论文，复旦大学，2011年，第21页。

促使村民改变思想观念，明确乡村文化内涵的丰富价值及其对村庄和村民的作用。

作为中国传统文化的重要组成部分，乡村文化已经融入于村民的日常生活之中，与村民的日常生活息息相关。第一，乡村文化是村民幸福感的重要来源。提高居民的幸福感是政府工作中的一项重要内容。居民幸福感的增加不仅仅来源于物质财富的增长，也得益于居民精神文化的提高。但在学校布局调整以后，作为文化高地和文明标杆的学校从农村社会中外撤和消失，导致了村民的精神文化失去了引领，村民的文化生活急剧缺乏。因此，要想营建村民的幸福生活，必须重建乡村文化。第二，乡村文化也是协调和维护村民利益的重要载体。在传统的农村社会中，同村或邻村人与人之间相互熟悉、交流频繁，凝聚力很强，但这并不意味着人与人之间不会发生利益上的冲突。由于缺少正式法律规范的调解，村庄原有的道德规范和伦理准则在协调和维护村民的利益方面发挥了重要的功能。但随着原有的道德规范和伦理准则的不断式微，其协调功能日渐弱化，这就加大了村民之间利益矛盾加剧的可能性。

因此，要建设乡村文化，增强村民对乡村文化的认同感，首先要促进村民正确认识乡村文化的重要价值和功能，并合理利用和发挥乡村文化的功能。文化价值一旦式微，就会造成文化自身的虚化以及人的精神世界的荒漠化。重塑乡村文化的价值，增强村民的文化认同感，是建设社会主义新农村的重要内容，它为新乡村社会构筑起了非常坚实和稳固的精神底蕴。

2. 增强村民对乡村文化的归属感

乡村文化的归属感有着承上启下的作用，是连接认同感和自豪感的纽带。它既是文化认同的进一步深化，又是文化自豪的前置立场。文化认同是个人或者集体界定自我、区别他者，以同一感凝聚成拥有共同文化内涵的群体的标志，是一个民族和国家区别于其他民族和国家的基本特质和身份象征，对于维护国家的安全统一具有标识民族特性、塑造认同心理等重要功能。① 因此，对于文化的认同也就意味着对文化的归属感。这种归属

---

① 黄美冰：《日常歌唱与文化认同：马来西亚华人叙事研究》，博士学位论文，复旦大学，2011年，第21页。

感主要体现在两个方面：一是身份上的归属感。文化具有甄别的作用，它在身份上明确了社会成员的归属，促使成员意识到自己是群体当中的一员，受着群体规范的影响。二是心理上的归属感。这是最重要的归属感形式，文化不仅在身份上明确社会成员的归属，也对心理上的归属具有重要作用。文化具有凝聚人心、团结力量的重要功能，它可以塑造成员的认同心理和忠诚。

然而，随着农村青壮年劳动力大量进城和农村学校外撤与消失带动的未成年人大量外流，村庄共同体逐渐解体，乡村文化的凝聚和团结作用日益丧失。对于大部分村民特别是年轻一代来说，他们追求城市作为他们安居的地方，信奉城市生活的价值标准，在心理上认同城市的一切文化，而对村庄共同体和乡村文化的归属感日渐衰落。因此，必须重建乡村文化，增强村民的乡村文化归属感。

第一，培养村民的现代公民意识，培育村庄公民文化。在传统的农村社会中，村民缺乏公民意识，或者说公民的概念在传统社会中难以扎根。即便是在现代的农村社会中，村民仍然缺乏公民意识，对公民的权利义务认识模糊。从法律上来说，公民指的是具有某一个国家的国籍并根据法律规定享有权利和承担义务的人。这意味着，如果一个人取得了某一个国家的国籍，他就成为这个国家的公民，并依据法律享有规定的公民权利和履行公民义务。所以从法律上来讲，只要取得了中国国籍的村民都可以称为公民。然而，有了公民的身份并不意味着就具有了公民的意识。在现实生活中，农民的公民意识仍然十分薄弱，成为制约农村发展的主要瓶颈，并呈现出一系列问题，主要表现在：传统的小农意识依旧浓厚；农民公民意识缺乏系统性，呈现出"碎片化"状态；农民不能正确认识权利和义务之间的关系，法律意识比较淡薄；政治参与意识较差，参与的积极性和主动性不高等。①

作为一种现代意识，公民意识发展的程度是衡量一个国家和地区现代

---

① 王国胜：《农民的公民意识问题及其增强》，《理论探索》2010 年第 1 期，第 98—99 页。

化水平的重要指标，也是实现农民现代化的主要指标。① 农村地区良性的公民社会能否形成关系到我国整体公民社会的形成和发展。因此，不仅要在体制上完善公民身份，更要在心理上大力培养村民的现代公民意识，促进村庄公民社会和公民文化的形成，而且要鼓励村民积极参与村庄的政治事务和文化活动。村民公民意识的形成不仅仅意味着自己是中国人，而且也是某个特定村庄的一员，在享受应有的社会权利的同时理应要承担起村庄发展和文化建设的责任。

第二，加强村民之间的沟通和交流，营造良好的社会和文化氛围。在传统的农村社会，村民对文化的认同和归属根源于人们共同的活动，在这些活动中村民们遵守共同的道德准则和社会规范，形成了共同的利益和共同的文化观念，因此，一旦没有了这些共同的活动，村民的文化认同和文化归属就会出现重大的危机。在现代农村社会，整个村庄处于"一盘散沙"的状态是村民对乡村文化认同感和归属感丧失的重要原因。因此，加强村民对乡村社会和乡村文化的归属感，说到底是要提高村庄的凝聚力水平，重新建构村民之间的社会关系网络，促进村民之间的相互交流和沟通。要以建设社会主义新农村为契机，以文化礼堂等公共文化空间为平台，促进村民积极参与村庄的各个文化活动，在文化活动中加强村民彼此之间的情感交流；要充分利用本土已有的文化资源，发挥传统文化的作用，培育村民的道德文化素质，构建良好的社会关系网络，在村庄中形成一股"尊老爱幼""你帮我，我帮你"的社会和文化氛围，以打造一个乡风文明的乡村社会。

3. 提高村民对乡村文化的自豪感

村民对乡村文化的自豪感是认同感和归属感的进一步深化，是文化自信的最高层次。一直以来，农村的经济发展较之于城市显得非常落后，农民也是整个社会当中的弱势群体，属于社会底层，而农村文化也不可避免地带上了"落后""保守"的烙印。甚至在有些时候，农村文化还被视为一种低级文化，是不能"登入大雅之堂"的，而城市文化代表的是一种高

---

① 昝剑森：《农民发展的现代化困境：农民意识向公民意识的转换》，《当代世界与社会主义》2013 年第 2 期，第 174—176 页。

雅文化。所以，在城市人看来，农民是落后和保守的代表，是不开化和不文明的体现，是非常"土"的。[①] 久而久之，农民自身也对农村社会和农村文化产生了怀疑，认为自己是非常土气的，自身所内化的文化是落后和保守的，因此他们对农村文化不但没有自豪感反而只有自卑感。"在现代化的进程中，乡村完全处于劣势地位，城市对村民具有强大的吸引力。城市是人口、财富、信息与机遇的集聚地，以现代化的视角看，无疑代表着先进。这不仅引发人们对城市的认同，而且引起生活方式、价值观念、精神文化上的聚集，从而向外辐射与蔓延。同时，部分外出务工的农民，由于文化水平偏低，法制观念淡薄，精神生活贫乏，在汲取城市先进文化的同时，也将一些不良文化观念、生活方式等带入农村，腐蚀着村落文化。而农村文化发展相对滞后，文化生活贫乏，容易受到低俗文化的冲击。在一些农村，低级趣味的表演堂而皇之地出现在公共场合。面对城乡的差异以及长期的城市务工经历，村民对农村的认同以及对自己的身份认同出现了危机，他们极力想摆脱农村，摆脱农民身份，在城市中安身。"[②] 改革开放以来，虽然国家非常注重农村和农民在经济社会发展中的重要作用，并实施了一系列的惠农扶农政策，但是这并未改变农村和城市之间的差别，情况也并未得到根本扭转。

改革开放以后，大规模农村劳动力外流来到城市寻求就业和提高收入水平的机会，也有一部分年轻人来到城市求学。虽然他们自身所带的传统农村文化与城市文化格格不入，但是他们仍然不断地接受和模仿城市文化，并将城市文化和价值作为他们的生活理念和行为准则。在他们的心中，城市生活和城市文化是高贵、优雅的象征，是美好生活的体现。这些农民在城市社会中生活，受到城市文化和城市价值理念的熏陶，但同时时常会感到难以融入的苦恼，对传统的农村文化产生既留恋又自卑的矛盾。

---

① 费孝通认为这个"土"字正好指出了农民的特征和本质，他这样论述道："我们说乡下人土气，虽则似乎带着几分藐视的意味，但这个土字却用得很好。土字的基本意义是指泥土。乡下人离不了泥土，因为在乡下住，种地是最普通的谋生办法。"参见费孝通《乡土中国》（修订版），上海人民出版社 2013 年版，第 6 页。

② 蔡志良、王俏华、蔡应妹：《跨越德性生长的断层：农村学校布局调整后学生道德成长风险研究》，浙江教育出版社 2016 年版，第 202 页。

因此，需要在增强农民对乡村文化认同感、归属感的前提下，提升自豪感。

第一，以构建美丽乡村为平台，挖掘宝贵的乡村文化资源，打造乡村文化特色。乡村社会中蕴含着丰富的文化资源，这些文化资源是村民们经过长期的互动与交流而逐渐积累形成的各种经验和结晶，是先人们留给我们的宝贵财富。要充分挖掘和利用这些宝贵的文化资源和财富，针对乡村社会的具体情况，因地制宜，打造乡村社会独有的文化特色，构建美丽的绿色农村。这些独有的文化特色将会成为某个特定乡村区别于城市社会、区别于其他乡村的重要标志，它将是这个乡村的品牌，成为村民自豪和骄傲的重要资本。

第二，鼓励大学生回归乡村，服务农村，服务群众。从农村社会中走出来的大学生在城市生活了几年，深受城市文化的熏陶和感染，并逐渐接受了城市文化和城市生活的价值理念。在这一过程中，他们甚至会受到享乐主义、拜金主义、消费主义等不良文化的影响和侵蚀，从而忘记了自身所带有的农村文化特质。由于乡村生活条件没有城市那样舒适，发展机会也很少，所以大部分大学生毕业之后往往会选择留在城市工作和生活，有的尽管生活艰难也情愿留作"北漂""海漂"而不愿回归农村。农村社会大量人才外流，农村社会缺乏人才，阻碍了农村的经济和社会发展。

让大学生回归农村社会，首先需要改变大学生现有的思想观念，让大学生明白乡村社会和农村文化的重要价值，树立对乡村文化的自豪感。乡村生活和城市生活之间其实并无差别，农村文化与城市文化之间也并没有孰优孰劣之分，城市文化有其内在的重要价值，农村文化也有其独有的特征和优点。在现代化和城市化的背景下，应当加大投入推进农村的经济和社会发展，为青年大学生和各类人才在乡村社会中创业发展创造机会；以一定的优惠政策鼓励大学生回乡创业，为当地的经济和社会发展做出贡献。大学生应当树立这样的理念，即把自己所学到的文化知识和技术应用于农村社会，服务农村、服务群众，把自己的青春力量奉献给农村社会和乡民，造福父老乡亲。

第三，以积极和开放的眼光看待农村文化。农村文化是中国传统文化的重要组成部分，是社会主义先进文化的重要内容，也是建设社会主义新农村和和谐社会的重要载体，它对中国农村的经济和社会发展至关重要。应繁荣发展以实现中华民族伟大复兴的"中国梦"为主题的农村文化，用爱国爱乡情怀来引领乡村的文化建设，满足村民的精神文化需求；将乡村的传统文化与社会主义的先进文化结合起来，树立一种新型的农村文化理念。

同时，要树立正确的价值观念，以开放、理性的眼光看待农村文化和外来文化。在当今社会中，一些人信奉民族虚无主义，崇洋媚外、妄自菲薄、全盘西化，完全照抄和照搬西方的文化模式；一些人信奉守旧主义和保守主义，封闭保守、墨守成规，认为传统文化才是最优秀的；还有一些人认为城市文化代表先进、高雅，农村文化则是落后和保守。应该指出，这些片面的文化心态和思想意味着文化上的不自信，这对我国现代化建设和社会主义新农村建设都是十分不利的。因此，应当以一种开放、理性的眼光来看待各种文化形态。首先，树立正确的文化心态，培养正确的文化价值观。其实，无论是中国传统文化还是西方文化、城市文化还是农村文化，都有自身的优点和缺点，它们都既有精髓部分也有糟粕成分。因此，必须树立正确的文化心态，克服"守旧主义"和"民族虚无主义"，以一种积极的、全面的批判性眼光来看待各种文化及其在社会中发挥的作用。既要批判地继承中国传统文化，也要吸收外来的西方文化，取其精华，去其糟粕；既要接受城市文化，也要尊重农村文化；既要坚守本土文化的自信，又要对本土文化进行发展和创新。只有如此，才能保持和发展我国文化的民族特性，充分利用和发挥传统文化的积极作用。其次，尊重文化的多样性，以开放包容的姿态加强文化交流。要以开放的心态来看待各种外来文化，突破自私狭隘的地域保守主义，积极开展不同文化之间的交流。在当前多元化的世界文化格局当中，只有尊重文化的多样性，加强我国与其他各个国家、各个民族之间的文化交流，一方面能显示出我国传统文化的独特魅力，另一方面也能面向世界，吸引各国家、各民族的文化精髓，博采众长，不断对我国传统文化进行创新和创造，繁荣发展我国的优秀传统文化。对于农村文化来说，同样需要以一种创新的方式实现文化的现代化转化，传统农村文化的现代化转化决不意味着对农村传统文化的完全抛弃，而是要将农村传统文化与现代文化、城市文化有机地融合起来，建立一种新型的农村文化体系和文化理念。只有这样，农村文化才能散发出自身的独特魅力，体现出自己的特殊价值。

三　构筑农村文化场域

在撤并之前，作为农村文化的载体、农村社会文明的标杆和村民精神文化生活的引领者，农村学校对所处村庄及其周围村落的文化辐射力是不言而喻的。在农村学校的文化辐射之下，村庄的每一个村民都在不同程度上受其文化的感染和熏陶。但随着学校的外撤和消失，农村学校在农村社会中的文化辐射力逐渐衰落。农村学校从乡村外撤到中心乡镇，其文化辐射范围虽然扩大了，但对农村的文化影响力却减弱了，文化作用程度反而降低。学校俨然一个象牙塔，学校设立的高高围墙及其实行的制度化管理，基本上切断了作为农村文化载体的学校与乡村社会和村民生活之间的联系，学生日益脱离乡村的生活经验，村民的文化生活失去了精神的引导。这也意味着，原有乡村学校在农村社会中的文化场域正不断消逝。

何谓场域？布迪厄和华康德认为："从分析的角度来看，一个场域可以被定义为在各种位置之间存在的客观关系的一个网络（network），或一个构型（configuration）。"[1] 布迪厄认为，一个场域是"由附着于某种权力（或资本）形式的各种位置间的一系列客观历史关系所构成"[2]，它具有两个关键性的特征，第一个特征就是，"场域是诸种客观力量被调整定型的一个体系（其方式很像磁场），是某种被赋予了特定引力的关系构型，这种引力被强加在所有进入该场域的客体和行动者身上"[3]。第二个特征是场域也是一个冲突和竞争的空间："每个场域都规定了各自特有的价值观，拥有各自特有的调控原则。这些原则界定了一个社会构建的空间。在这样的空间里，行动者根据他们在空间里所占据的位置进行着争夺，以求改变

---

① ［法］皮埃尔·布迪厄、［美］华康德：《实践与反思——反思社会学导引》，李猛等译，中央编译出版社1998年版，第132—133页。

② 同上书，第17页。

③ 同上。

或力图维持其空间的范围形式。"① 因此，在一个场域内，既有行动者之间的协作关系，也包含着行动者之间的各种冲突和竞争。诚然，我们这里所说的文化场域指的是农村社会中所形成的一股文化氛围或文化空间，在这一空间内，每一个村民都能受到文化的感染和熏陶。

农村社会的文化场域随着学校的外撤而不断地消逝，因此，为了保证每一个村落、每一个村民都能得到文化的润泽，弥补农村学校消失后所导致乡村社会的文化空场，构筑一种新的农村文化场域就显得尤为迫切。

（一）加大农村文化投入，保障文化资源供给

为解决农村学校外撤后村民们文化生活的困境，推进乡村社会的文化建设，首先应加大投入以保证农村文化建设供给的持续性；要改善农村文化基础设施，充分利用农村原有的公共设施和文化空间等，加快公共文化服务建设，完善村庄的硬件设施和软件设施，保证村庄的文化资源供给。

第一，应当加大农村文化建设的资金投入，保证资金供给的持续性。文化建设需要一定的资金和物质资源作为保障，资金投入是文化建设的基础和前提条件，没有充足的资金投入，再好的文化建设措施也难以有效实施。因此，农村文化建设首先要解决好资金投入问题。在现在的大部分农村，资金的主要来源是政府拨款。这种被动的资金输入方式不仅单一，而且也无法有效地调动当地村民的积极性，以及利用当地的各种资源，达到资源整合的效果。应该设法探索一条多元化的资金投入方式，积极引导各方面的力量来共同参与乡村的文化建设。除了政府拨款以外，政府应当有意识、有组织地将一些民营企业和民营资本引进乡村，可以通过项目开发的形式开展文化服务活动，这不仅可以促进当地乡村的经济社会发展，而且也有利于村民开展各种文化活动，为乡村文化建设提供物质基础。同时，政府还可以设立银行贷款的形式，为村民们开展文化服务活动提供资金来源。银行贷款应当以无息或低息的形式开展。如果有可能，将村民开

---

① ［法］皮埃尔·布迪厄、［美］华康德：《实践与反思——反思社会学导引》，李猛等译，中央编译出版社1998年版，第17页。

展文化服务活动与农村创业结合起来，用创业的形式来进行乡村的文化建设。另外，政府也应当动员村庄的每一个成员来为村庄的文化建设这一公共事业做出贡献。诚然，乡村文化建设说到底还是需要依靠村民们的协作和贡献才可以持续的事业。在我国的一些农村，乡村建设主要依靠村民自筹的方式进行，而不是政府拨款的形式，这就需要当地村庄发展经济，提高村民的经济收入水平，为村庄的文化建设提供充足的保障。

值得注意的是，在加大农村文化建设资金投入的同时，也一定要保证资金供给的持续性。资金供给是否持续对于农村文化建设的最终成效具有决定性的影响，资金供给的持续性能够延续乡村文化的后期建设。

第二，改善农村文化基础设施，加快公共文化服务建设。农村文化基础设施是村民文化活动的重要载体，加快农村文化基础设施建设，美化村容村貌，发挥文体设施应有的功能，满足村民的基本文化生活需求，是社会主义新农村建设的题中应有之义。

首先，应当加快乡村文化设施建设，建立一种新型的乡村文化设施体系。改革开放以后，随着国家在农村社会中开展的一系列社会政治运动，以及市场经济对农村社会的不断侵蚀和冲击，乡村的公共文化空间和文化活动日渐萧条。学校布局调整以后，学校的外撤和消失致使原本就岌岌可危的乡村文化进一步衰落。随着新农村建设的不断推进，创建乡风文明的村落成为新农村文化建设的核心，而乡村社会缺乏必要的文化资源和文化设施，这日益成为新农村文化建设的重大瓶颈，因此，加快乡村文化设施建设已经刻不容缓。

地方政府要加大投入，加强对村图书室、村文化中心、广播室、活动室等基本文化设施的建设，创造农村文化建设的基础物质条件。特别是图书室之类的公共文化空间，地方政府一定要争取财政资金大力支持村庄图书室的建设。可以利用"春泥计划""农家书屋"等平台，增加图书室的贮藏图书量，加快图书更新，使之成为村民精神文化生活水平提高的推动力量。需要注意，购买的图书资料应该具有针对性，要针对当地生产、生活需要，对村民来说是有用的，而且应该尽量多样化。同时，应该开展普及文化知识教育、开办讲座等，尽量鼓励村民多看书、多读书，充分发挥村图书室的作用。另外，在互联网高速发展、信息流通的当下，要利用政府推进乡村广播电视、通信等"村村通"工程的机会，加大投入，加快乡村社会的信息建设，将数字电视、互联网等引入乡村社会的每一家、每一户。

目前，一些发达地区的乡村已经相继建立了图书室、村文化中心、广播室、电视室、智力游戏室、体育活动场所等一系列的公共文化空间，文化基础设施十分完备。但在一些落后的偏远地区，文化基础设施仍然十分缺乏。针对这一情况，可以因地制宜，根据当地的空间距离、交通等具体情况，以片区为单位，选择一个或数个中心地点来建设文化基础设施，以服务于片区内各村庄村民。

其次，要充分利用已有的公共文化设施和公共资源，发挥村庄的传统优势。在很多村庄，都存在着祠堂、宗庙等大量的公共文化空间。在传统的农村社会中，祠堂、宗庙等公共文化空间发挥着重要的功能，它们是村民开展节日、习俗等各种文化活动的重要场所，是整个村庄的文化象征，可惜在"文革"期间，这些祠堂、宗庙被大量拆毁。近些年，在一些农村地区相继重新修建了祠堂、宗庙，但是功能远没有以前那样充分，这些文化资源没有得到很好利用。

因此，村庄应当要充分整合利用这些荒废的公共文化空间和基础设施，加快建设农村的公共文化服务体系。如重新翻新祠堂、宗庙等公共空间，恢复它们原有的功能；或者利用它们的场所来建立图书室、村文化中心、广播室、电视室、体育活动场所等，挖掘新的功能。另外，要对村中现有的文化设施进行定期的检查和维护，同时建立一种奖惩标准，实行"谁弄坏谁赔"的原则，切实维护好村庄的公共文化财产。

最后，要善用学校遗留资产，改造成为农村文化基础设施。学校布局调整以后，虽然学校从农村社会中外撤，教师、学生等乡村文化主体也随之撤离，学校内部的图书、文体器材、桌椅等一些物资和文化资源也搬离了农村。但是，原有学校的场地、教室空间、建筑、体育设施以及其他一些资源却并没有随着学校的外撤而搬迁出农村。因此，要善用这些学校外撤后遗留下来的资产和资源，发挥它们应有的功能，加快农村文化建设进程。要将原有村校尽量调整为教育和文化建设用途，比如办成人学校、技能培训基地、幼儿园、德育活动基地等，也可建成农家书屋、图书室、农村社区文化技术活动中心、文化礼堂等。课题组在浙江省 J 市 F 村调研时发现，这个村就是利用荒废的村小校舍建成了一座文化博物馆。

> 畈田蒋村于 2012 年 9 月启动了大堰河文化村项目，先后引进了多名全国知名的油画、剪纸、奇石艺术家，为转型成为文化创意村迈出了坚实的一步。为了能让落户的艺术家安心，村两委不仅为他们提供免费住宿，还着力加强保卫工作。全村装了 100 多个摄像头，其中存放文物的祠堂内外就有 5 个摄像头。"白天保安负责保护文物和引导游客，晚上监控室也有人值班，祠堂里和主干道上的一举一动，在监控画面里显示得一清二楚。"村支书对这批珍贵的艺术藏品也是格外小心。一批艺术家也相继成了畈田蒋村的"艺术村民"。该村还计划与艺术院校合作，以农耕文化、艾青文化、田野自然风光、艺术品等内容创办艺术创作基地。同时利用原先畈田蒋小学的校舍，新建一所文化博物馆，馆内藏品公开拍卖后的部分收入将用于畈田蒋文化旅游的滚动开发。[①]

原已萧瑟的村小校舍重现了生机，焕发了新的活力。

学校从乡村社会中撤离和消失，学校与村庄和村民的生活经验断裂，但这并不意味着村民对学校的情感就此消失。在调查中，笔者发现，有相当一部分村民仍然对原有的学校有着相当深厚的情感，并且希望自己的村里能有一所学校。

调查资料显示，在学校被撤并之时，有 44.0% 的村民表示心里难受（见表 5 - 1）。而当向村民们询问是否怀念村里以前的学校时，高达 71.3% 的村民都表示"经常会"或"有时会"，而只有 28.6% 的村民表示"很少会"或"不会"（见表 5 - 2）。另外，有 72.8% 的村民希望自己的村庄里能拥有一所学校（见表 5 - 3）。

---

① 参见《畈田蒋倾力打造文化创意村》 （http://www.jindong.gov.cn/news/BMDT_ 10861/2012121746773. html）。

表5-1 村民对学校被撤并时的心理感受

		频数	百分比（%）	有效百分比（%）	累计百分比（%）
有效	高兴	116	14.9	14.9	14.9
	无所谓	317	40.6	40.9	55.8
	难受	343	44.0	44.2	100.0
	合计	776	99.5	100.0	
	缺失	4	0.5		
	合计	780	100.0		

表5-2 村民怀念以前学校的程度

		频数	百分比（%）	有效百分比（%）	累计百分比（%）
有效	经常会	250	32.1	32.1	32.1
	有时会	306	39.2	39.3	71.4
	很少会	144	18.5	18.5	89.9
	不会	79	10.1	10.1	100.0
	合计	779	99.9	100.0	
	缺失	1	0.1		
	合计	780	100.0		

表5-3 村民是否希望自己村里有学校

		频数	百分比（%）	有效百分比（%）	累计百分比（%）
有效	希望有	568	72.8	72.8	72.8
	无所谓	171	21.9	21.9	94.7
	不希望有	41	5.3	5.3	100.0
	合计	780	100.0	100.0	
	合计	780	100.0		

因此，从一些相关的数据来看，村民对学校撤并之后学校的"沦陷"感到十分失落，虽然村校已经不在了，但校舍依然承载了村民对学校的某种感情，因而学校撤离后对村舍的处置不只是一个单纯的经济问题，还带

有感情的切割。① 近些年来，在一些农村，学校撤离以后，很多校舍被荒废，有的成为厂房，有的成了烧香拜佛的佛堂，有的甚至被用作赌博等不良活动的场所。如果学校的外撤和消失损害了村民的情感，那么原有的校舍被非法侵占和非法处置，甚至被个别人用作赌博、迷信等非法活动的场所，这对于村民而言无异于二次伤害。因此，要善用学校遗留下来的各种资产和资源，将校舍改建成为教育、文化建设的空间场所，这样既可以抚慰村民因学校缺失而带来的心理牵挂和文化失落，又可以继续保有文化的象征功能，成为农村文化的新象征。

（二）建立多元投入机制，拓展文化输入渠道

在当下的农村社会中，伴随着市场经济的不断渗透和城市化的逐渐推进，村庄的公共文化空间日渐衰落，村民与村民之间的人际关系网络逐渐解体，村民的文化生活呈现单调乏味的趋势。对于村民来说，他们更关心的是自身和家庭的利益与事务，而对于村庄的公共事务和文化建设漠不关心，所以，村民现在已经没有多少兴趣和动机来参加村庄的公共文化活动。因此，加强村庄的文化建设、丰富村民的文化生活，是政府工作当中一项十分重要的内容。在当前的农村社会里，大部分文化资源是通过政府供给、社会捐赠、村民自主购买以及向邻近的村镇租借等形式获得。这样的文化输入途径和方式单一而且被动，无法真正满足村民的精神和文化需求。因此，需要积极整合和探索各种资源，拓展乡村文化的输入途径。要建立一种多元化的文化投入机制，拓展文化输入渠道，加大文化输入力度，保证文化资源的长期供给，比如可以建立以"县财政解决大头、项目整合一点、村集体自筹一点、帮联部门帮扶一点"为形式的多元化投入机制，加快乡村文化建设进度。

第一，以政府为主导，加大文化输入力度，转变文化输入方式。政府是乡村文化建设的主要指导者，是文化资源供给的主体。近些年来，政府对乡村的文化建设十分重视，并制定和实施了一系列的相关政策文件。比

---

① 蔡志良、王俏华、蔡应妹：《跨越德性生长的断层：农村学校布局调整后学生道德成长风险研究》，浙江教育出版社 2016 年版，第 199 页。

如，国家制定实施了"春泥计划""春芽计划"、支教、"文化、科技、卫生三下乡"等项目，鼓励大学生和其他志愿者进入乡村组织开展各类文化和社会服务活动。在浙江，政府以"文化礼堂，精神家园"为主题，在大部分乡村建起了一大批融教学、礼仪和娱乐为一体的综合性农村文化礼堂，旨在打造文化特色鲜明的美丽乡村，打造村民的精神家园，进一步丰富村民的精神文化生活。农村文化礼堂是在农村社会通过举办各种形式的文化活动，以达到传承和凝聚文化的一种农村文化建设活动，它是推进社会主义新农村建设的重要举措。作为农村公共文化服务的平台，文化礼堂对于农村文化建设具有十分重要的意义。

同时，政府应当进一步加大农村文化的输入力度，制定积极的文化政策，动员、支持和鼓励社会各界人士参与农村文化的建设，构建一种社会民众积极参与的文化输入新模式。应当坚持以政府为主导的基本原则，进一步推进农村文化基础设施的建设工作，完善乡村基础设施，改变农村文化设施匮乏的窘境。要充分发挥政府相关部分的带头作用，提高基础文化设施的利用率，充分挖掘和利用乡村特有的文化资源，加强宣传，提高村民的文化自觉和文化自信，切实满足村民的精神文化生活需求。相关乡镇政府部门应提高思想认识，做到经济和文化一起抓，调整公共财政政策，对管辖范围内文化基础设施薄弱的村庄要有所倾斜，适当出台一些措施来调动一些民营资本进入乡村。以文化礼堂等公共文化空间为平台，要进一步夯实乡村文化建设阵地，完善和强化乡村文化团队建设工作，进一步加强乡村文化的组织建构，解决乡村文化工作人员的培训、待遇以及编制等问题。

需要指出的是，在传统的农村社会中，文化的产生是内生性的，村民自觉认同和内化村庄的社会规范和价值理念，遵守村庄的道德准则。而无论是支教、"春泥计划""春芽计划"还是文化礼堂，这些都是政府自上而下输入农村社会的，农村文化的生产是外生性的。因此，应当要转变政府文化输入方式，改变政府在农村文化建设中的角色，从一个强制干预性的角色向指导性和引领性的角色转变。

第二，以企业为单位，鼓励民营经济进入乡村社会。政府应当鼓励一些民营企业以项目的方式进驻乡村社会，用科技的方式服务农村社会，进一步推进农村文化建设。鼓励民营企业和民营经济进入乡村，既可以利用企业的进驻发展乡村经济，也可以利用这一契机完善乡村基础文化设施建设，丰富村民精神文化生活。特别是一些科技文化企业，应当多鼓励这些企业进入乡村，加强宣传，提高企业负责人的思想意识，让他们知道乡村社会中存在着无限的生机和大量的机会。要充分挖掘乡村社会的文化资源，并利用企业进入乡村这一机会打造乡村社会的文化特色和品牌。

应该注意避免企业文化与农村文化之间的冲突。企业的本质在于利润化，以最好的手段和途径实现利润和效用的最大化，所以企业的文化也不可避免地带上了追求利润和效用最大化的特征，这与乡村社会淳朴的文化传统是非常不同的。而且企业的组织架构是科层制的，以追求效率为主要目的，但乡村社会则是以人情和道德为村民之间人际互动和社会行为的准则。因此，在鼓励企业进入乡村社会的同时，也应当避免企业的进驻给乡村原有的文化生态带来的影响和破坏。所以，应该真正地将企业文化与农村文化有机融合起来，从而切实用现代科技文化来满足村民的精神文化生活，推进农村文化建设。

第三，以社会为辅助，发挥社会各界人士在农村文化建设中的作用。就目前情况来看，村民的文化素质水平较低，专业技能和科技知识普遍缺乏，大部分村民不会利用现代科技来建设乡村的文化。而在社会上，不乏存在愿意将自己的专业知识和技能贡献给乡村社会的知识分子、专业人才。因此，鼓励知识分子、专业人才进入乡村社会，发挥他们的专业特长，这对于农村的文化建设具有十分重要的意义。知识分子和专业人才进入乡村社会，还可以填补农村学校、教师撤离所带来的文化精英空白。这些知识分子和专业人才可以进入乡村社会指导、教育村民，同时借此机会更好地了解和认识农村社会，为农村的经济社会发展和文化建设出谋划策。应当尽量鼓励这些知识分子和专业人才长期扎根于乡村社会而不是蜻蜓点水地浅尝辄止，以对农村文化建设以持续性支持，同时帮助乡村社会培养人才。

同时，应当以推进"互联网＋"为契机，打造乡村公共文化服务平台，加快乡村信息服务网络建设工作。近些年来，在政府的倡导和号召下，以"互联网＋文化乡村"的方式，乡村社会建设了比较有影响力的公共文化和信息服务平台，比如"村村乐""村易通""村农网"等。在政府有组织、有计划的引导下，应当因地制宜，针对乡村社会的具体情况，挖掘乡村社会具有特色的文化资源，以打造品牌化的公共文化服务平台。这些文化服务平台的建设既可以为乡村的经济社会发展奠定基础，也可以通过平台的宣传功能，让更多的人来了解乡村社会和村民生活，发挥社会力量，以便促使社会各界人士为农村文化建设献计献策。

第四，以农民为主体，转变乡村经济社会发展方式，加强村庄之间文化合作与交流。无论是乡村的经济发展，抑或是乡村的文化建设，归根到底还是需要依靠村民的参与。村民是农村文化建设的真正主体，也是中坚力量，因此必须提高村民的文化自觉和文化自信，调动他们的积极性和主动性，充分发挥村民在农村文化建设中的作用。"农村要自立自强，积极引导社会力量参与文化建设，争取社会人士对农村文化建设的支持。需要转变农村现今的经济增长方式，大力发展农村生态经济，使村民富起来，从而有'闲钱'、有'闲心'去购买满足自身需要的书刊、文体器材等文化资源。要与邻近乡镇、村庄开展文化合作，互通有无，包括文体设施的租借、文化活动的流动表演等。村委会可联合附近乡镇，将各自的文化资源整合起来，每隔一段时间开展流动性的文化展示，开拓村民的眼界，丰富农村业已单调乏味的精神文化生活。"[1]

（三）加强农村文化空间建设，丰富村民精神文化生活

学校布局调整以后，学校的外撤和消失导致了农村文化空间的消逝，进一步加剧了村民精神文化生活的衰落。因此，加强农村的文化空间建设、丰富村民的精神文化生活，是一项刻不容缓的任务。如果拓展农村文化空间是硬件建设，那么丰富村民的精神文化生活则是软件建设。文化活动需要以一定的文化空间为基础，文化空间是文化活动的重要载体，村民们要想开展文化活动和广泛的文化传播，就必然离不开相应的文化空间和文化场地。相反地，文化活动才是真正的内容，如果一个乡村具有多种类

---

[1] 蔡志良、王俏华、蔡应妹：《跨越德性生长的断层：农村学校布局调整后学生道德成长风险研究》，浙江教育出版社 2016 年版，第 280 页。

型的文化空间以及比较完善的文化基础配套设施，但村民的文化自觉性不高，文化活动稀少，这些文化空间和文化基础设施也会失去使用的价值。在课题组调查的过程中，就发现在很多农村，文化空间和文化基础设施的使用率非常之低，新建设的图书室、文化中心、体育器材等被闲置，很少有村民光顾。因此，在加强乡村文化空间建设的同时，也要引入多种多样的文化活动，以此来丰富村民的精神文化生活，满足村民真正的文化需求，建立健全乡村公共文化服务体系。丰富村民的精神文化生活需要注意以下几个方面。

第一，提供针对性的文化服务。丰富村民的精神文化生活，为村民们提供文化活动，要根据村民们的真正精神文化需求提供有针对性的文化服务。相关政府部门要深入农村，体会农村文化生活与城市文化生活的不同之处，了解村民的真正文化需求，特别是村民在文化建设中的重点和难点，要立足于现代农村社会的急剧变迁，来准确把握村民对文化需求产生的新变化。要及时了解农民的文化需求，引入一些优秀的文化资源，建设和开放图书室、活动中心，举办各种培训班、学习班，为农民输送各种有价值的文化信息，让村民成为图书室和活动中心的常客。近些年来，在一些国家政策的号召下，地方政府利用大学生支教、文化礼堂、"文化、科技、卫生三下乡"等活动组织开展各类文化活动。同时，为解决村民购买书刊资料、租借书刊资料、阅读书刊资料等方面的困难，政府应当在乡村社会建设农家书屋、图书室等，购买村民们能够看得懂、用得上的通俗易懂的书籍、期刊，以此来建立真正属于村民的"文化超市"。另外，利用这些平台和契机，政府应当重点引入一些先进文化、高雅文化进入乡村社会，保证村民们能够跟上时代的步伐。

第二，提供生活化文化作品。把握村民真正的精神文化需求及其变化，就需要深刻接触、了解和认识村民的日常生活。这也意味着，要以政府为主导，引入的文化活动能够尽量贴近普通村民们的日常生活。针对村民们的精神文化需求，政府应当组织开展与乡村居民生活息息相关的文化主题活动，比如关于劳动和生产、赞扬农民的勤劳和智慧、讴歌乡村时代变迁的文化活动等。这些文化活动不仅能够促使村民感受到文化的魅力，使其回忆起过去生活的艰辛，而且也能够重新体现农民的主体地位。在丰富村民精神文化生活的同时，这些文化活动能切实体现村民喜怒哀乐的真实情感，从而能够给村民们以思想观念和道德精神上的启示。另外，应当根据村庄现有的文化资源以及村民们的能力和需求，尽量鼓励村民们自主创造贴近自己生活的文化作品。由于现在文化市场上真正表现现实乡村社会的文化价值、能切实引导村民价值观的作品十分少见，所以，政府要制定文化创作奖励政策来繁荣乡村的文化创作，倡导文艺工作者深入乡村，创作富有乡土气息、讴歌乡村时代变迁的优秀文艺作品。

第三，提供健康的文化产品。随着农村地区经济社会的不断发展，农民的闲暇时间日渐增多，对精神文化生活的需求也随之提高。但是正如前面所论述过的，在大部分的现代农村社会中，学校的外撤和消失也就意味着农村文明标杆的丧失和文化高地的衰落，村民们陷入了精神文化生活的"荒漠化"，价值观念出现混乱状态，一些不良文化、低俗文化大肆入侵，在乡村社会中不断蔓延与盛行。课题组调查的数据显示，村民平时的主要文化娱乐活动还是集中于看电视，比例高达81.4%；其次是打牌打麻将，占50.5%；而体育健身、看戏（文艺演出）、读书看报分别只占19.8%、16.4%、23.4%。由此可以看出，村民们将大部分时间都用于这些低俗活动，而缺乏积极向上的健康文化生活。低俗的文化活动最终将导致"对生活可怕的压缩，工作和闲暇的大部分意义将被剥夺，人们可能会对任何事物不再有探索求知的欲望，或者变得干脆很懒"[1]。

因此，要积极开展乡村文化活动，倡导健康生活方式，立足于村庄自身的传统文化资源，引导村民们树立健康文明的生活理念和积极向上的文化娱乐消费方式，要坚决抵制不良文化、低俗文化的侵蚀。

第四，提供多样化文化交流。在加强农村文化组织建设，拓展公共文化空间，丰富村民精神文化生活的同时，要加强多元文化之间的互动。在引导文化活动进乡村社会的时候，要避免单一性，实现多样化，即尽可能地将多种文化活动形式带进乡村社会。同时，要加强乡村社会之间、乡村社会与城镇社会之间的合作与交流，这种合作不仅仅是物质资源之间的互通有无，而是要促进多种文化之间的交流，从而实现文化的融合和创新，

---

[1]　［美］杰弗瑞·戈比：《你生命中的休闲》，云南人民出版社2000年版，第34页。

最终达到文化的大繁荣、大发展。另外，在乡村社会中引进多种文化的时候，务必要尊重乡村自身的文化资源和本土文化特色，保持乡村文化的个性化发展。要大力发展形式多样、喜闻乐见的文化活动，让农民形成健康的兴趣爱好，满足农民群众多方面、多层次的精神文化需求，从而丰富其文化生活，切实解决好农民对文化的渴求问题。

（四）建立"乡村—学校"联动机制，扩大农村文化场域

在学校布局调整之前，大多数农村学校与当地乡村是融合在一起的，形成一个稳固的"学校文化＋乡村文化"的农村社会文化结构，或者说是"乡村文化场域"。在这一"乡村文化场域"的辐射之下，村庄的每一个村民都会受到乡村文化的感染和熏陶，促使村民保持高度一致的文化信仰，遵守相同的文化价值理念和道德规范，最终实现村庄的和谐与村民的凝聚，形成一个真正的共同体。但是学校的外撤和消失意味着学校文化与乡村文化之间的隔离、学校生活和乡村经验生活之间的断裂，导致原有的"学校文化＋乡村文化"农村社会文化结构的解体。学校外撤之后，原有的"乡村文化场域"的辐射力逐渐减弱，村民失去了文化精神的引领者，对村庄的认同感逐渐丧失，最终造成村庄共同体的瓦解。但是，必须清楚的是，学校的外撤其实并不意味着农村学校与乡村社会之间的彻底脱离，因为乡村社会生活和乡村文化是农村学校文化的重要基础和特色所在。而且，也应当要突破乡村文化狭隘的地理空间，扩大乡村文化的场域范围，只有如此才能真正实现乡村文化的传播、创新和发展。而要扩大农村文化的场域，必须重新建构农村学校与乡村社会之间的联系，建立"乡村—学校"联动机制。

第一，加强学校教师与村民之间的沟通和交流。在现有的乡镇学校，特别是在中学里，有相当一部分的教师并非是本地人，而是从外地应聘来的，或者是通过支教的形式前来任教的。这些教师对乡村社会生活和村民的生活习惯并不熟悉，很少有与村民的交流。在他们看来，在学校教书才是教师的职责，因此，这些教师是悬浮于乡村社会的，仅仅是学校这一象牙塔里的"传道者"。这样最终导致的结果是教师与家长之间的沟通不足，家长对教师的信任下降。家长不熟悉和不信任教师现有的教学方法和教学

理念，而教师对学生家庭背景、家庭教育等情况也不甚理解，这对孩子的成长和个体的培养是不利的。

针对这些情况，有必要加强学校教师与乡村生活之间的联系、与村民之间的沟通和交流。应当鼓励教师走出学校，深入乡村社会了解和认识村民们的生活经验和生活习惯，加强与村民之间的交流。教师可以承担一些文化建设课题，以课题研究的形式深入乡村社会展开调查，加深对村庄的文化、习俗，村民的价值观念等的了解。在调查的过程中，教师可以向一些村庄的村民提供文化建设上的建议，也可以将调研结果和建设反馈给当地政府，为政府有关部门制定农村文化政策提供一定的依据。这些既重新恢复了教师在乡村社会中的精神文化引领作用，也切切实实地用教师的文化知识来服务乡村社会，为乡村社会的文化建设提供直接支持。学校应当鼓励本校教师深入乡村社会，甚至可以建立一种考核机制，将教师深入乡村社会作为一项重要的考核内容。

第二，促进学校举办各种农村文化活动。学校布局调整以后，原有学校的外撤也导致了学校内部一些设施、文化资源的搬离，这使村民利用学校场所和设备极为不便，学校的正规化、制度化管理更是加重了这一情况。更为重要的是，现在的村民对于农村文化活动已经逐渐失去了原有的热情。在这种情况下，学校应当起到带头和引导作用，利用学校已有的场所、设备、图书报刊等资源组织开展多种类型的文化活动，丰富村民的精神文化生活。比如，在举办学校运动会的时候，学校可以邀请家长来参加比赛，或者在活动内容中添加亲子比赛项目，促进家长和孩子之间的沟通；学校也可以利用世界读书日的契机，举办亲子阅读、教师村民共阅读之类的文化活动；学校也可以利用文艺团体下乡的机会，举办文艺会演，并邀请村民们观看；等等。另外，政府也应当制定相关政策，鼓励学校免费借用场所和相关设备给村民们举办文化活动。

第三，鼓励学校开放社会实践课程，纳乡土文化于学校德育系统中。学校应当鼓励学生参加社会实践活动，并将社会实践活动纳入学校的课程体系和德育系统之中。学校的外撤所导致的学生与乡村生活经验和乡村文化的割裂，社会实践活动的重点内容应当是引入乡土文化资源，将乡土文化资源纳入学校的德育系统中，开发和利用乡土文化资源对德育效果的提升具有重要价值。现代德育要避免成为纯粹符号化的知识传递，德育应当充分地创设情境，开展丰富的体验活动，突破现有教材和教育资源的束缚，使得作为德育对象的学生的视野更为开阔，让学生走出教材和校内资源的狭隘空间，提升其对德育的接受度，同时也要求避免课程资源结构的单一化，实现德育课程结构和功能合理化。而乡土德育资源的开发，使得德育更加具体化、生活化、形象化，本土德育资源更易被学生接受，更有助于学生解决身边和现实生活中的思想道德问题。因此，农村学校在规划德育内容时，要把目光投向本地丰富的自然资源和人文资源，着力构建并逐步完善本土化的德育内容体系，让德育成为更具情境性、真实性和实践性的教育形式，提高学校德育的实效性。

将乡土文化资源纳入学校的德育系统的具体做法主要有三种：以乡土文化提升校园文化环境，创造富有地方文化特色的校园环境；将乡土文化引入学校德育课程，促进学生在深入了解具有乡土特色文化的同时，培养学生善良、正直、诚实的品德和塑造学生美好的人格；围绕乡土文化开展课外德育活动，结合特定的与乡土文化相契合的德育主题，灵活地组织各种德育活动，促进学生道德成长。①

将乡土文化资源纳入学校的德育系统，可以促使乡土文化与学校文化有机地结合起来，有助于构建一种"学校文化＋乡村文化"的新型农村社会文化结构，而且通过学校这一有力的宣传平台，不仅可以在学校内部处处体现乡土文化的魅力，也能够促使学生感受乡村社会的人文风情和乡土文化的魅力，以培育学生的家乡情感、爱乡情怀，为农村文化培养潜在传人，同时还可以促进乡土文化的有效传播，扩大乡土文化的辐射范围。

四　寻求农村文化内生

农村文化不是一个静止的固化概念，其内涵、外延是不断变化、更新的，因而农村文化建设也是一个不断变化、不断更新发展的过程，而且这

---

① 蔡志良、王俏华、蔡应妹：《跨越德性生长的断层：农村学校布局调整后学生道德成长风险研究》，浙江教育出版社 2016 年版，第 284—285 页。

种发展不是外在的、强加的，而是内在的、自我生成的。农村文化必须有一种健康的内生机制，才会富有生命活力而永续不竭。大多数农村学校在撤离前，承载着诸多文化功能，对所在村庄及周边村落起着重要作用，村落文化建设对农村学校充满了依赖。如今，村校的消失，许多村民感到自己心中的文化高地坍塌了，文化中心没有了，甚至生活方向也迷糊了。[①]特别是"当追求富裕成为乡村社会压倒一切的生活目标，当经济利益几乎压倒一切传统乡村文化价值，乡村在今天已经不再是一个文化概念，而更多的是一个地域概念和经济概念，乡村生活已逐渐失去了自己独到的文化精神内涵，逐步沦为文化的荒漠。乡村成为文化的看客，不再具有自我文化生长与更新的能力和机制"[②]。因此，如何摆脱农村文化对农村学校的依赖，形成农村文化的自我生成机制，是乡村文化建设的核心所在。

在当今农村社会，村民失去了参加乡村文化建设的动力和热情，村民是被动地接受着由政府自上而下输送的文化资源。诚然，这种自上而下的文化资源输入方式虽然在目前来看是非常重要的，但它毕竟不是长久之计。依托于新青年下乡、支教等平台，政府组织开展了送书、送文艺、送科技等一系列下乡活动，但这样一种"喂食式"的活动很难把文化真正送到村民的手中，难以从根本上解决农民的文化饥饿感，也无法充分发挥村民的积极性和主动性。因此，务必要转变现有的文化资源输入方式，从"输血式"的文化资源输入方式向"造血式"的文化资源输入方式转变，充分实现乡村自身的文化功能。寻求农村文化的内生性，形成农村文化的自我生成机制，是农村文化建设中的一项主要任务。

（一）提高村民文化素质，增强文化内生力量

村民是乡村文化建设的主体，要寻求农村文化的内生性，形成乡村文化的自我生成机制，就必须提高村民的文化自觉性，充分发挥村民在乡村文化建设中的积极性和主动性。村民的文化素质普遍较低，技术水平缺

---

① 蔡应妹：《学校撤离后农村文化建设的困境与出路》，《浙江师范大学学报》（社会科学版）2015 年第 2 期，第 105—109 页。

② 刘铁芳：《乡土的逃离与回归：乡村教育的人文重建》，福建教育出版社 2008 年版，第 36—37 页。

乏，他们无法利用现代科学技术促进乡村经济社会发展和建设农村文化。因此，形成农村文化的自我生成机制，就必须从村民本身入手，提升村民自身的思想道德素质和科学文化素质，塑造新型农民，增强乡村文化的内生力量。

第一，转变村民的思想观念，培育村民的现代性意识。在传统的农村社会中，经过几千年的发展和积淀，农民形成了一种非常稳固的"小农意识"。"小农意识"是中国传统农村社会遗留下来的一种落后和守旧的社会意识，是农民在农村社会中长期形成的一种思想观念和行为习惯。"小农意识"深深扎根于农民内心的深处，致使农民缺乏主动性和进取精神，排斥革新和社会发展。"小农意识"产生于封建社会之中，是小农经济中农民身份和地位的体现，它充分反映着农民为生存而对自己利益的维护，但不包含对权利的捍卫与争取；它虽是与官文化对立的民文化，但并未从根本上否定官文化的统治，而是在如何适应集权官僚制的前提下，形成维护自己的生存和简单再生产的初级观念；"小农意识"虽然是个体的意识，但却是普遍的。[①] 在现代社会，这种"小农意识"仍然普遍存在于农民的身上。毋庸置疑，"小农意识"的存在是我国实现社会主义现代化和建设社会主义和谐社会的重要障碍，也阻碍了进一步推进乡村社会的文化建设。因此，要推进农村文化建设，就必然要在根本上改变农民的"小农意识"，培育村民的现代性意识，让村民尊重科学、懂得科学，运用现代科学技术和新知识、新观念推进农村文化建设。

第二，建立健全农村教育体系，提高村民的文化素质。村民是社会主义新农村建设的主体，村民文化素质的高低决定了乡村经济社会发展和文化建设的最终成败。建设社会主义新农村，不仅要发展农村的经济，也要建立健全农村教育体系，提高农民的文化素质。提高农民的文化素质不只是要传授科学技术方面的知识，也要引导村民学习科学的思想政治、伦理道德的常识，重点在于提高村民的思想道德素质，树立健康的价值观念，养成良好的文明习惯。因此要进一步整合教育资源，推

---

① 刘永佶：《小农意识——农民个体而非阶级的意识》，《社会科学论坛》（学术评论卷）2007年第4期，第38—55页。

进农民教育体制改革，建立健全农村教育培训体制，为广大农民接受继续教育甚至终身教育创造条件。在农村广泛开展农村普法教育活动，培养村民的法制观念、平等观念和契约观念。农村基层干部是农村文化建设的领导力量，需要有先进的文化理念和领导能力，因此，要为他们提供比较系统的培训服务，以提升文化素质和带领村民建设农村文化的能力。

第三，加强村民技能培训，丰富村民科技知识。除了村民的文化素质以外，加强村民的技能培训，丰富村民的科技知识也是农村教育十分重要的内容。现代社会是一个科学技术迅速发展的社会，要实现农业现代化，农民就必须有文化，懂得有关的科技知识，这样才能运用农村科技发展乡村经济、建设农村文化。所以要大力发展农民职业教育和成人教育，开展多种形式的技能培训，丰富村民的科技知识，掌握有关的农业机械操作、农业科技成果使用方法。同时，利用互联网这一平台，加快农村信息服务体系的建设，大力发展农村的免费网络教育，利用互联网平台为村民提供丰富的优秀资源，让农村领略最新的农业科技。

（二）培养本土文化人才，充实农村文化主体

建立一支高素质、高技能的农村文化人才队伍，是加强推进社会主义新农村建设和农村文化建设的人力资源基础，只有培养本土文化人才，建立一支真正属于乡村社会的文化人才队伍，才可能形成农村文化的自我生成机制。

首先，加大投入，建立乡村文化人才队伍。人才队伍建设是一项长期工程，需要坚持不懈、持之以恒地努力。近些年来，虽然我国在农村文化人才的培养方面取得了一定的成绩，但从目前情况来看，我国农村社会仍然普遍缺乏文化人才。因此，应当加大资金投入，招募人员，通过教育培训，建立一支农村文化人才队伍。农村文化人才来源主要有两种途径：一是寻内助，寻找本地对文化活动有热情、有一定特长的村民；二是求外援，招揽本村以外的有相应素质的人员。对于乡村内部的本土人才，要充分挖掘和提高他们的才能，利用他们的才能来为乡村文化建设发挥作用，同时应当创造条件对他们进行技术培训和再教育，提

高他们的文化素质，提高参与文化建设的能力和水平。在可能条件下延请优秀文化人才进入乡村指导文化建设活动。政府要出台相关的农村文化人才队伍建设的支持政策，鼓励优秀人才亲近乡村、了解乡村、服务乡村，同时也要通过多种渠道宣传乡村的青山绿水、美丽风光、悠远风情，增强乡村文化的吸引力。

其次，完善乡村文化人才培养机制。招揽人才只是建立乡村文化人才队伍的基础，完善乡村文化人才培养机制是建设的重点。在招纳文化人才时，需要设立一定的准许条件，设定合理的选拔标准，把好文化人才进入的关口。同时，要出台文化人才的评价制度，将注重能力、重视实效作为评价乡村文化人才的标准，把那些真正想做事、争做事、能做事和做成事的文化人才放到文化工作迫切需要的岗位上，让他们在乡村文化建设中发挥本身的辐射效应。建立乡村文化人才的管理机制和激励机制，切实提高乡村社会的文化工作效率，充分调动文化人才的积极性和主动性，真正发挥人才在新农村建设和乡村文化建设中的作用。

最后，鼓励大学生回归乡村社会。要真正建立一支对乡土文化有浓厚兴趣的、具有强烈归属感的乡村人才队伍，培养本土文化人才。实现乡村文化自我生成机制，就要大力鼓励大学生回归乡村社会，服务农民群众，为乡村的经济社会发展和文化建设做出自己的贡献。现在的农村社会，中年和老年村民文化素质普遍较低，接受教育有限，而且思想观念比较守旧，不容易接受新事物，难以实现乡村文化与城市文化、现代文化的融合、创新和发展。而从农村走出又接受过高等教育的青年毕业生，有着自身的文化优势。因此，政府应当出台相关政策，大力鼓励大学生回归乡村社会，为乡村社会的文化建设注入新鲜的血液。近些年来，在政府的号召下，大批大学生通过支教、村官等形式进驻和服务乡村社会，但是以这些形式开展的服务大都是暂时和短期的，这些青年人无法真正融入乡村生活，无法真正持续地为乡村社会服务。事实上，大部分下乡大学生都将在农村的工作经历看作是寻找更好工作的一个过渡性平台。因此，相关部门应当制定相关政策和措施，鼓励大学生回归乡村，注重大学生服务的持续性，增强大学生对乡村社会的认同感、归属感和自豪感，培养本土化的优秀文化人才。

（三）挖掘乡村文化资源，发展民间传统文化

我国的民间传统文化与农民文化生活有着密切的联系，是一个地域农民文化生活的精神创造和审美创造，是将人们乡土情感、亲和力和自豪感整合的产物，也是农村文化生活特有的文化资源和文化资本。[①] 李培林这样论述道："传统在本质上是蕴含着过去、现在和将来的动态积淀过程，某些'传统要素'可以通过经济社会交换而成为向新体制结构过渡的稳定因素。"[②] 因此，要寻求农村文化的内生性，形成农村文化的自我生成机制，必须正确认识民间传统文化的价值和作用，深入挖掘乡村传统文化的精髓，使之渗透到村民的文化生活之中，使这些文化资源能够为乡村的文化建设服务。

第一，挖掘乡村文化资源，打造乡村文化品牌。在乡村社会里，隐藏着宗祠、旧居、族谱、传说等丰富的传统文化资源，这些文化资源都蕴含着浓郁的文化气息，驻足其间就会被其浓浓的文化气息所触动和浸润。因此，要大力发掘这些优质文化资源，并加以合理开发推介，使沉淀的传统村落文化发挥作用。要积极发展乡村传统文化，使之继续扮演勤劳、质朴、敦厚、和睦的乡村风气的领导者，并恢复原有的民间艺术、民俗表演项目等，鼓励村民创新文化活动，改造和发展地方传统文艺等。同时，也应当尽量将这些富有地方特色的乡村文化资源和文化活动进一步品牌化。一个具有特色的乡村文化，能够吸引更多的人进入乡村社会，也能够得到更多人的认可和尊重，促使更多的人参与乡村文化建设。因此，发展民间传统文化的关键一步是要挖掘富有特色的乡村文化资源，使其品牌化，打造一个特色文化村或者精品文化村。同时加大宣传力度，促使更多的人知晓乡村的品牌文化，促进乡村文化的传播和发展。

第二，培育乡村的文化能人和民间艺人，发展民间传统文化。文化能人和民间艺人是一种非常重要的乡村文化资源，也是乡村文化传承的重要

---

① 蔡志良、王俏华、蔡应妹：《跨越德性生长的断层：农村学校布局调整后学生道德成长风险研究》，浙江教育出版社2016年版，第281页。

② 李培林：《另一只看不见的手——社会结构转型》，社会科学文献出版社2005年版，第268页。

载体。所谓文化能人，指的是具有文化才艺或者是在乡村社会中能够动员村民参与文化活动的个体或群体。由于在乡村社会中比较有权威，文化能人能够起到带头和引领作用，号召村民们参与文化活动，所以文化能人对于乡村的文化建设和乡村文化的自我生成都具有十分重要的价值。通常而言，文化能人在农村较为稀缺，因此，应当在乡村社会发现文化能人，并进行大力的培养。民间艺人是传承我国优秀民间文化传统的个体或群体，他们为我国民间文艺事业的发展和传统文化的保存做出了重要的贡献。这些民间艺人通常都具有某种精湛的文化技艺，比如手工雕刻、剪纸艺术、地方小调等，非遗文化传承人就是民间艺人的一种重要形式。在现代农村，民间艺人的逐渐消失，民间文化技艺的式微，对于农村文化是极大的伤害。因此，应当出台相关政策，大力培养乡村的文化能人和民间艺人，充分利用他们的独特优势，发挥农村文化自身的传播特色，激发农村文化的自我生成。政府应当制定一些措施，为文化能人和民间艺人提供一定的保障，让他们能安心于农村文化建设事业。

（四）传承与创生并举，促进现代文化与传统文化融合

挖掘和利用乡村传统文化并不意味着忽视现代文化，促进乡村文化的内生性生长也并不表示可以忽略现代文化在乡村文化建设中的作用。在现代社会中，随着城市化和市场经济的不断深入，如果单纯靠乡村的传统文化，并不能保证乡村文化自我生长的持久性。因此，要实现乡村文化的自我生长，就必须注入现代文化这一新鲜血液，秉承传承与创生并举的理念，促进现代文化与传统文化的融合，培育现代性的乡村文化，真正实现乡村文化的创新和发展。同时，也应当注重乡村传统文化资源的现代性应用，促使乡村文化品牌化，打造特色的文化产业链，探索一条"文化—旅游—经济"相结合的乡村经济发展道路。

第一，促进现代文化与传统文化的融合，打造现代性的文化乡村。经过几千年积淀和保存下来的传统文化只有经过现代性转变、创新和发展，才能保持强大的生命力，而这需要将传统文化与现代文化相融合，建立一种新型的文化价值理念。

一方面，现代文化是人类适应现代化本质要求而逐渐形成的现代价值

文化体系，是人类面对自然和社会环境的变化而逐渐演化和创造的。现代文化内含着丰富的先进、高雅内容，也与社会主义核心价值观存在着一致性和耦合性。现代文化是社会主义现代化和建设社会主义和谐社会的"助推器"，也是新农村建设的重要力量。将现代文化引进乡村社会，应坚持为培育新型农村文化为原则。探究现代文化和城市文化创生中的理路，选择先进的文化资源、高雅的文化产品进农村，以引导与培育优秀的农村文化。另一方面，传统文化是人类经过几千年发展而积聚的结晶，也是人类面对自然和社会风险时的宝贵经验和财富。建设社会主义新农村和新型农村文化自然离不开传统的乡村文化。当然，现代文化也包含着许多不良文化、低俗文化，比如拜金主义、享乐主义和消费主义等，应当以优秀传统文化支撑现代文化发展，促使现代文化克服自身缺陷，向积极、健康的方向发展。

传统文化是现代文化滋生的土壤和基础，现代文化是传统文化实现发展的"领路人"和指引者。事实上，随着时代进步，任何现代文化最终都会变成传统文化，传统文化曾经也是现代文化的一种形式。传统文化中的精华只有经过现代文化的传承，才会有永恒的文化光芒。在促进传统文化和现代文化融合的过程中，既要发掘农村丰富的传统文化资源，保持乡土文化的特色，也要以现代文化来承接传统文化，促使传统文化嫁接现代文化，传播现代文明，最终打造一个现代性的文化乡村。促进传统文化和现代文化融合的过程，需要转变农民的思想观念，改变农民身上存在的"小农意识"，培养农民的现代性意识。只有如此，现代文化才能在乡村社会真正地扎根，与传统文化相互融合。将现代文化引入乡村文化，实现现代与传统文化的融合，应当注意传统文化和现代文化联结的方式，要在不破坏传统文化生态平衡的基础上实现两者融合，而不是将传统文化消融于现代文化之中，那样的话只会使乡村文化加速衰落和消亡。

第二，加强乡村传统文化资源的现代性应用，打造特色的文化产业链。乡村社会中存在着丰富的文化资源，只有充分挖掘和利用这些富有特色的文化资源，才能实现乡村文化的保存、传播、创新和发展。要加强传统文化资源的现代性应用，将传统文化与经济发展结合起来，打造特色的文化产业链，这样才能保持乡村传统文化的内在张力和强大的生命力，才能真正形成农村文化的自我生成机制。

伴随着市场经济的不断深入和现代化的推进，在乡村经济发展的同时，传统的乡村文化却日渐衰落，乡村文化的重建已是刻不容缓。在不破坏乡村文化整体面貌和内涵的前提下，开发乡村文化产业是我国重建乡村文化的重要途径。开发乡村文化产业就是推进对乡村文化资源合理的开发和利用，挖掘其传统文化特色内涵，转化为文化商品，并使其品牌化、规模化经营。同时，要加大对乡村特色文化产业的宣传力度，进一步提升文化产品的价值。重点要抓好乡村社会中的文化企业，充分发挥这些文化企业的带动作用。地方政府还应积极培育和扶持当地具有乡村特色的文化企业，鼓励乡村文化产业升级，实现乡村文化产业的规模化和正规化。应当将传统文化、文化旅游、经济发展相互结合起来，打造特色的文化产业链，探索一条"文化—旅游—经济"相结合的乡村经济发展道路。近些年来，文化旅游产业具有很大的市场需求和市场价值，在这一趋势之下，我国也打造了一批富有特色的文化旅游村。这些文化旅游村的开发也为探索"文化—旅游—经济"相结合的乡村经济发展道路提供了宝贵的经验。

挖掘和利用乡村特色文化资源，打造特色文化产业链，一方面可以实现传统文化助推乡村经济发展，让村民意识到建设乡村文化有助于创造更多的经济效益，与自身利益息息相关，从而促使村民积极主动参与到乡村文化建设的工作中来；另一方面，可以以经济发展带动乡村文化建设，乡村经济发展为乡村文化的建设提供资金保障，使乡村经济发展与乡村文化建设之间实现相互促进，最终实现农村社会的可持续发展。

第六章　农村学校的文化突围

随着新型城镇化的持续推进和返乡创业农民的逐步增加，在广大农村中心村、乡（镇）的农村学校将在相当长时间内存在。农村学校应当承担起当地文化中心的责任，这就需要突破"孤岛"化的存在方式，与周边农村结成文化共同体，既为当地农村文化建设发挥作用，又从乡村文化中获得活化的教育资源，营造独特的办学特色。

一　重塑"校—村"文化共同体

中华文明起源于农耕社会，农村文化深嵌着广博的中华文化内质，而嵌入农村的学校就是农村文化传承的重要载体。农村学校教育源远流长，古有孔子讲学、私塾传道、书院教学，如今有着大量学校和教学点开班授课。但是近十多年来，国家推行大规模、大范围、大力度的农村布局调整，导致农村小规模学校和教学点急速消失或合并于城镇。农村学校的消失、农村学校教育的向城性、农村学校悬浮于乡村社会之外等现象，导致了农村学校与农村文化的远离。一个社会必须要有文化的滋养才得以发展，农村文化在农村学校布局调整之后逐渐衰落，势必会导致乡村社会的败落。对此我们应基于理性的判断，采取恰当的改革举措，重塑"乡村—学校"的文化共同体，让农村学校成为"麦田的守望者"。

（一）将学校重建成为农村文化中心

乡村学校肩负着复杂的历史和社会使命，它的首要身份是乡村的核心公共教育资源，它承担着教书育人、为乡村进行文化输入的重任，但更重要的是它还具有农村重要文化资源的社会身份。学校因其文化能力、文化资源和文化功能，成为农村的文化中心，对农村的文化发挥着举足轻重的作用。每一所农村学校都是当地的文化中心，是农村文化建设的重要阵地，它具有相关职能明确、教育功能集约、教学时间充分、办学场地固定、教育设施完备等独特条件，其功能和作用不可替代。因此，重塑"乡村—学校"的文化共同体，一个重要前提就是在学校布局调整后，继续维持甚至提升现存农村学校的文化功能，从而保持和推动农村的新文化建设。

农村学校作为当地社会建设的知识中心，由于其所处的独特自然环境与人文环境，形成了独具乡村特色的学校文化特质，它有利于保持农民群众文化参与、文化享有和文化发展的完整文化权利形态。农村学校对乡村社会建设具有独特的作用——要强农需先强校。学校的宣传教育工作，是推动和形成实现农村建设目标的强大精神力量，重视理想和信念教育，才能为未来农村经济文化建设培养更多合格人才打下坚实的思想基础。农村学校坚持文化创新和教育革新，积极传播当代优秀科学技术文化，让先进文化和地方文化深度融合，才能为农家子弟将来更好的文化深造和文化创造奠定坚实的科学文化知识基础。走道德楷模塑造之路，农村教师以其足够的知识储备和强烈的事业心，向学生乃至社会展示了自己的人格品位，以高品位的文化素养及人格魅力、学识魅力感染学生。坚守农村教育，守望农家子弟，用文明唤醒文明，用道德感召道德。坚信只要创建一所楷模学校，就有利于建设一方文明。把"立德树人"作为教育的根本任务，怀有对国家、民族以及乡土社会的责任感，通过几代人薪火相传来塑造孩子文明的心灵。立足社区求发展，一方面激发师生对家乡、对亲人的热爱，引导农村孩子热爱自然，热爱乡村，培养他们对乡村文化的亲切感和自豪感，培养他们用先进文化反哺家乡的游子情结；另一方面赢得村民对学校的重视、支持和信赖，从而达到共享双赢的目的。

而对于乡村学校在农村文化建设中的作用，有学者总结，历史上乡村学校作为农村教育文化的主阵地，其文化的功能主要有：第一，文化信息中心。学校图书馆储藏的科技文化书籍、光盘、报纸、杂志等文化资源为农民提供了接收各类信息的媒介，使农民的文化需求有所依托。第二，文化传播中心。学校通过广泛向农民宣传新思想、新文化、新道德、新风尚，以积极成熟的学校文化带动乡村文化，以多种形式营造新农村文化氛围。第三，文化活动中心。通过学生文化活动活跃文化空气、熏染农民的同时，吸引和带动农民参与到活动中来，为农民提供了轻松自由的开展文化活动的场所。第四，文化服务中心。学校利用现有的师资、设施资源为农服务，通过开展职业技能培训、夜校等按农所需地普及了文化知识，提供了兴农兴产的先进技术。第五，文化发展中心。教师是农村中文化层次相对较高的群体，是乡村文化发展的中坚力量，不仅缔造个体文化而且以学校为中介携农民之手共同延续和发展乡村文化。①

在农村学校的撤并运动中，农村学校被视为落后文化的象征，视为影响了教育资源高效率利用的落伍者。笔者认为，农村学校担负着农村文化中心的重要角色，不应无差别地取消否认，要将现存的农村学校重建为农村文化中心。

第一，利用学校硬件设施，开展乡村文化建设活动。学校具备条件较好的校舍和文体设施，如体育设施、图书馆、教室等，这些教育设施可以用于发展社会性教育事业，如开展农村文化教育、技术培训场地，也可以成为举办农民演出、比赛等文化活动的场所。总之，要尽量利用农村学校的教育资源，为各类乡村文化活动的开展提供便利条件。

第二，发掘本土文化传统，引导农民生活方式。学校作为拥有文化能力和文化资源的社会机构，不仅承载和保存着文化，还具有接续乡村文化断点、促进传统文化更新的能力和人物。学校可以发掘、诠释本地民俗文化和习惯，引导农民和他们的后代正确理解他们所生产、所传承、所享受、所创造的文明，引导农民将其作为基本的精神资源加以传承和改良，形成持久稳定、健康文明的生活方式。

第三，共享学校文化资源，充实本土文化人才。除了硬件资源外，学校经过调整合并，优化重组了教育资源，其师资力量得到增强，教师群体

① 贾莹：《发挥学校文化堡垒作用，引领乡村社会文化建设——布局调整中乡村学校文化的复归》，《吉林省教育学院学报》2010 年第 6 期，第 11—12 页。

拥有更为丰富的知识素养和技能，学校文化软实力得到提高，这就为农民参与文化活动创造了更多的途径和更广阔的空间。与农村学校教师交往是农民文化生活的重要支撑，农村学校的当务之急不仅是要开放资源，更要使农民融入学校文化社群，成为社群的一分子，通过文化活动培养一批当地文化精英，自主地助推农村文化生活。

第四，沟通代际文化代沟，建设农民家庭文化。学校—社会—家庭的三位一体是教育目标实现的重要路径。学生是学校和家庭之间的文化纽带，学校以学生为媒介，以学生和家长的代际结合为突破口，形成了乡村家庭文化建设的新模式——文化反哺。学校邀请学生家长参与亲子交流教育活动，共同感受教育、接受教育，通过一个学生带动一个家庭，以学生文化反哺家庭文化；通过一所学校带动一片乡村，以学校文化反哺乡村文化。

第五，积极进行社会服务，文化反哺本土社群。农村学校以完成"普九"教育任务为主，在完成基本教育任务之外，可以采取"一校挂三牌"的模式，利用农闲时间对农民进行文化普及、实用技术培训的成人教育，针对学生分流与就业的职业技术教育同步推进。在管理方式上实行一校挂三牌，一长管三校，一师任三教。这种模式可以充分发挥师资、基地等教育资源优势，使普、职、成三教相互促进，相互补充，协调发展。

（二）发挥农村学校的社会服务功能

农村学校要加强与农村社会的联结，就要充分发挥学校的社会服务功能。我们面对的问题是，农村教育需要明确为谁服务和怎样服务。首先，农村教育社会服务的内容应当是有选择的，应当选择那些适合自己的服务项目和服务对象；其次，农村学校参与社会服务并不是一味迎合与满足社会对教育无限制的要求；再次，农村教师直接参与社会服务，这当然是一件好事，但是有的教师花费了大量的时间和精力在社会服务项目上而严重地影响教学，这也是不可取的；最后，农村学校的社会服务，要积极利用自己的优势资源，结合时代要求，服务社会发展。具体而言，农村学校应当肩负以下几种社会服务功能。

第一，以农村社会发展为导向，将提高人口素质作为自身主要任务。

事实证明，实现农业现代化，发展农村经济，对科学文化知识的要求越来越高，对有文化科学水平和各类专业技能的人才要求越来越多。据推论，现代化的程度对有文化科学专业技能的劳动者的要求是：在低机械化条件下，劳动者的体力与脑力支出为 9∶1，劳动者是初等教育文化程度；在中等机械化条件下，劳动者的体力与脑力支出为 6∶4，要求劳动者有相当于初中的文化程度；在全盘自动化的条件下，劳动者的体力与脑力支出为 1∶9，不仅要求劳动者有相当于高中的文化程度，而且还要经过专门职业技术训练才能适应。这种经济发展与科学文化要求的规律，早已被世界上一些经济发达的国家所证明。提高农村的文化科学水平，培养适应农村四化需要的各类专业人才，主要靠发展、改革和办好农村教育。①

　　第二，围绕当地主导产业，大力开展职业技术学历教育，为促进农村经济发展提供人才支撑。以四川蒲江为例，十几年前，蒲江县就把教育纳入全县经济社会发展全局中考虑，坚持人口布局中优先考虑教育布局，产业布局中优先考虑人才培养规划，将当地教育发展与经济社会发展有效整合，实现当地人才当地培养，当地产业就地用人，产学结合。比如，当地茶产业的发展需要更多有技术、高素质的茶农和技术工人，茶乡的学生和家长就是培训对象。当地学校与当地茶业公司合作，挂牌成立"社区教育学校"。学校负责开放教育资源，提供培训场所，编写乡土校本教材；企业负责提供实习基地，派技术骨干兼职学校教师，还适时聘请高校茶业专家进课堂授课。开展现代田园教育，以培养具有浓厚家乡情怀的城市人、具有优秀传统文化素养的现代人为目标，其最显著的特点是中国传统教育乡村性与现代性的融合，源于自然、回归农村，传承文明、发展文化。在这个目标的引领下，蒲江县坚持以提升学生素质为核心，将地方文化特色、经济发展特色与教育理念有机结合，创新了"学校+家庭+企业+社区"四位一体的教育模式，打造了"自然教育""信任教育""幸福教育"等一系列特色教育品牌，走出了一条农村学校服务农村经济发展、农村教育反哺农村社会建设的办学新路，为地方经济社会发展培养了大量高素质

① 宁韬：《农村学校教育要为农村四化建设服务》，《人民教育》1987 年第 1 期，第 9—14 页。

实用型人才。①

　　第三，将农村学校建设成推进民主与法制建设的重要基地。加强农村基层民主与法制建设，是贯彻依法治国基本方略、建设社会主义新农村的重要组成部分。进一步推进农村基层民主法制建设，有利于集思广益，调动农民生产积极性，促进农村经济健康持续发展；有利于党的政策和国家法律法规在农村的贯彻落实；有利于实现人民当家作主；有利于农村基层各项事业的顺利开展。大力加强农村法制建设，不断扩大农村基层民主，实现农村各项事业的依法管理，是实施依法治国基本方略的基础。然而在当前，由于各种因素的影响与制约，不少农民群众的法律意识和法制观念还很淡薄，农村青少年犯罪率居高不下；村自治组织依法自治的水平不高，许多农民还不善于依法行使民主权利，不懂得运用法律武器维护自己的合法权益；在村务、政务公开方面，农民群众对农村大事的参与和监督还缺乏规范；一些干部缺乏依法行政、依法管理的意识和能力，在决定与管理重大事务时议事不民主、理事无规章、决策无程序的现象还不同程度地存在。这些与全面落实依法治国基本方略、建设社会主义新农村的目标和实际需要是不相适应的。它们不仅影响国家法律法规的贯彻实施、损害农民群众的切身利益，也直接妨碍着推进社会法治化管理和社会主义新农村建设的进程。推进农村民主法制建设、有效保护广大农民合法权益、营造和谐稳定的社会环境，是建设社会主义新农村的重要基础。农村学校要利用自身的优势，与当地政府、司法、公安机关联结互动，自觉为当地村民普及法律知识、宣传法治观念，力所能及地提供基础性法律服务，成为当地的法制教育基地。

　　第四，积极开展农村实用技术推广培训，为农村经济发展提供强有力的技术支持。农村学校拥有技术和知识上的优势，农村学校教师作为当地主要知识分子，也肩负着传播技术的责任。在完成本职教学工作的前提下，积极在农村开展实用技术的推广和培训。一是建立健全培训网络。建立以职教中心为龙头，乡村农技校为依托，辐射村组、户的职业教育培训网络。二是探索建立培训基地。针对农村主导产业发展实际和需求，建立

---

① 刘磊：《让农村教育反哺农村发展》，《中国教育报》2013年10月28日第1版。

各类培训基地、示范基地，辐射带动农村经济发展。三是积极开展农村实用技术培训，通过集中培训、走进田间地头现场指导等方式，积极开展农村实用技术培训。四是按照当地农村产业发展规划，积极实施农业新技术的试验、示范和推广培训。通过实用技术的培训，新技术的试验、示范、推广能为推进农业发展提供有力的技术支持。

第五，农村学校还应当致力于增强自身服务能力，才能更好地投身于农村社会服务。"服务能力"是指一个服务系统提供服务的能力程度，通常被定义为系统的最大产出率（output rate）。根据农村学校社会服务的形式与内涵，我们可以得出，构成农村学校社会服务能力的五个基本组成要素分别是：人力资源（包括教学、科研、管理人员等）、设施设备（包括教学设备、科研设备等）、技术资源（包括专业、课程、教材、科技成果等）、服务时间及服务对象参与。其中，人力资源是一个关键能力要素，设施设备、技术资源及服务时间是能力发挥的条件要素，服务对象参与是一个重要的辅助要素。提升农村学校的社会服务能力，就是要建立有效的体制机制，实现五个基本要素的有机协调。

（三）探索有效的家校文化联动机制

农村学校布局调整使家校距离拉大，家校合作在一定程度上受到削弱，造成学校、家庭互不沟通。需要注意的是，家校合作不仅具有教育效益，也具有社会效益，它是加强学校与当地社群联系的纽带，是"家—校"文化直接交流传递的渠道。因此，构建乡村"家—校"文化共同体，还要加强家校联系。

加强乡村家校联系，首先要加强互信，培育家校合作观念。在我国农村地区，学校与家庭之间的互信还较为脆弱，农村一些家长的教育知识欠缺，有的对学校教育盲目崇拜，认为孩子交给学校就万事大吉了；也有的家长不信任学校，不认同学校与传统文化不符的教育理念；一些学校教师也对家长不够信任，认为家长教育观念落后，因而不愿与其进行沟通。要想建立良好的家校合作关系，提高家校合作的有效性，就必须做到家庭学校双方观念的一致，形成合作意识，才能形成改善家庭文化氛围、促进学生成长的合力。

树立正确的舆论导向是培养合作观念的基本前提。通过在学校和农村家长群体的良性互动和有效宣传，逐渐在全校范围内形成家校平等的合作氛围，构建家校间互相信任的氛围。建立家校间平等的合作观念是家校联动的必要条件。学校和家长应当是相互配合的关系，要使得合作过程顺利进行，必然要求双方互相尊重、信任和了解。教师要做好在家校合作中角色的转变，转变观念与态度。在合作过程中和学生家长互相交流和学习，只有建立平等的合作观念，才能在合作过程中使家长和教师能够充分发挥各自的优势，达到理想的合作目的。加强校方对家校合作的重视是家校联动的重要保障。必须将家庭教育置于整个教育系统中，沟通家庭教育与学校教育、社会教育的联系，使农村学生家长的教育观念得到更新，能够主动积极地寻求从学校获取子女相关信息，与学校合作，以实现家庭教育与学校教育的配合和联动。因此，学校和社会要承担起培养家长合作意识的任务，提高家长对合作目的、意义的正确理解，认识到自己的教育职责，提高其与学校合作的积极性，确保家长对学校教育的关注与参与，以利于建立良好的合作共建文化环境。

加强乡村家校联系，还要畅通渠道，构建家校合作机制。首先，学校内部应当建立畅通有效的固定渠道，保障家校联动的有效进行，应该建立多种形式的固定家校交流平台和渠道，设定明确的责任人，确切的时间频率，并进行定期的总结，以保证其效果；其次，应当建立稳定有序的制度措施，保障家校联动的可持续性，应当在校内建立明确可靠的规章制度，保障家校联动的稳定有序进行，这些程序措施应当保证所有偏远地区学生家长也都可以有效地与学校形成互动；最后，应当充分利用农村社区力量，为家校联动提供新平台，家校合作不是独立的农村家庭与学校的联系，而是以农村社区为平台，学校同时与区域内多个家庭保持联系，使得学生有更多的机会回归熟悉的自身文化场域，并能在这一环境下自如地进行文化学习和体验。

加强乡村家校联系，更要提升能力，强化双方合作效能。只有参与各方的能力达到特定水平，才能充分发挥合作机制的作用，实现家校文化联动的有效性。必须着力提高参与者的能力，切实提高家校联动效能。家校文化联动中各参与方需要的能力主要是沟通能力、学习能力和协作能力，这三种能力在教育的联动中缺一不可，互为支撑，贯穿了联动教育的各个环节，并最终决定了家校文化联动的效果。

沟通能力是指个人的行为能够适应特定情境，且能通过交流实现自身的或关系性的目标的能力。[①] 沟通能力能使交流对象理解、接受自身所要传达的信息和观点，在家校文化联动中尤其重要，因为联动的各个环节都需要家校双方信息和观点的传达。首先，双方先应当提升自身沟通的意愿和主动性，能够主动了解情况、提出要求；其次，家长还应提高自身的总结、描述、归纳能力，可以向学校准确地传达孩子的各种情况，以利于为学校提供切实有效的教育决策参考依据。只有教师与家长双方均具备了良好的沟通能力，才能使得家校文化联动的各个环节顺畅地进行。

学习能力指个人获取、理解和应用新知识的能力。在家校文化联动过程中，教师和家长双方处于不同的语境中，都面临着对自己而言陌生的信息和材料。要使家校文化联动过程有效地运行，必须是双方都完整地理解这些信息材料，才能进一步进行沟通协调，完成联动机制的教育目标。对教师来说，要放低姿态，在与家长沟通时，要进入对方的文化语境，知晓对方的文化习俗和言行习惯，并能进一步地用符合对方思维方式和言行习惯的表达方式，将自己所需要传达的信息传达给对方。对于家长来说，则应当主动提高自身文化素养，进行一定程度的理论学习，起码应做到能够理解校方所传达的信息、理念和材料。双方具备了足够的学习能力，才能进一步推进家校文化联动。

协作能力指某人与其他人进行良好的合作达成特定目标的能力。协作能力是一项较为复杂的能力，需要较高的沟通、学习和协调的技巧，需要对全局更为有效的权衡和平衡，是对以上所有技巧更高层次的综合运用的结果。家校文化联动究其根本还是一项协同性的行为，其顺利完成需要各方面有效的协调，因此协同能力可以说是家校文化联动中最关键的能力。家校双方在沟通交流后，进一步对学生进行共同的教育时，就必须进行良好的协作，否则双方教育措施不协调，甚至可能产生冲突。具体说来，家

---

① Reardon, Kathleen Kelley, *Interpersonal communication: Where minds meet*, Belmont, CA: Wadsworth, 1987.

校文化联动机制参与者首先应当具有合理分工的能力,可以对当前的教育目标和总体任务有清楚的认识;还要增强即时反思能力,在联动过程中,能不断回顾和审视自身的教育实践,看其是否符合双方设定的教育目标。

二　重建农村教师的公共性

教育理论认为,教师身份角色具有双重性:第一种是专业身份,这一身份仅呈现在学校教育场域中,其主要身份义务是对学生传授教学目标所事先确定的科学性和确定性知识,在这一角色身份下,教师是一种"知识人";① 第二种是公共身份,又称为社会身份,这一身份呈现在学校之外广阔的社会生活场域中,其身份义务是开放性的,可以进入社会生活的各种具体场合,提供各种伦理性和非确定性的知识,在这种角色身份下,教师是一种"伦理人"。而在当前特殊的历史社会条件下,农村教师身份角色呈现单一化趋向,其作为知识人的专业角色受到重视,但作为伦理人的公共角色却失落了。

对于教师的公共角色,学者持有两种观点,一种认为其是作为权力传声筒的"半支配阶层代言人",另一种则认为其是对权力持批判态度的"公共知识分子"。② 其中前者是马克思主义视角,而后者是西方自由主义的视角,两者各有其合理性。但笔者认为,在上述两者之外,还可以有基于我国文化传统建构的更契合我国乡土现状的教师角色:新乡贤,这是填补乡村公共空间主体空缺的良好对象。当前我国的乡村社会中,庞大的农村教师群体是乡村知识分子的主体,它们不仅人数众多,而且在道德性和文化性上具备天然优势,理应成为"新乡贤"的主体,为乡村公共生活做出贡献。

在古代中国,乡村教师作为"乡贤"的一分子,肩负着广泛的公共角色。宋代大儒欧阳修曾对这一群体这样描述道:"孝慈友悌,达于一乡,

---

① 金美福:《知识人:教师角色的知识社会学研究视角——知识人的社会角色分类方法及其应用价值》,《外国教育研究》2003 年第 4 期,第 19—23 页。
② 程天君:《教师社会角色:三种研究视角的比较》,《教育理论与实践》2005 年第 11 期,第 58—62 页。

古所谓乡先生者，一乡之望也。"① 在古代"皇权不下县"的基层权力真空状态下，乡贤以较低的社会成本，维护了有效的乡村自治。乡村教师之所以能够成为烛照乡村的灯火，使之温暖踏实，主要在于乡村教师清楚认识到教师职业的公共性质，自觉担当应有的公共角色，积极履行自身的文化使命，充分发挥乡村教师之于乡村社会的独特价值。当前，农村教师这盏灯火越发暗淡，并呈现出明显的将熄迹象，这是农村教师的公共性质消弭带来的后果。长此以往，农村教师的公共性质与社会责任的缺失将被视为理所当然，并在潜移默化中被现代性合法化，这对农村社会的建设与农村教育的发展尤为不利。因此，重燃乡村的灯火并使之更持久地照亮乡村大地迫在眉睫，而重构农村教师的公共性则是关键所在。

（一）重建农村教师作为基层治理主体的公共角色

当前我国不少农村存在着基层组织涣散、精英人才外流、传统治理体系破碎等治理困境。随着乡村治理命题的提出，学术界对乡村治理的物质条件、制度设计、模式变迁等进行了很多研究，并发现"治理主体"对治理效果具有重大影响。治理主体是治理的具体执行者，乡村治理主体可以分为制度性主体与非制度性主体两大类。乡村治理的制度性主体指制度确立的正式组织，如乡（镇）政府、村民委员会、党委会、村民代表会议等；乡村治理的非制度性主体指社会演化中自然形成的非正式组织，如各种非正式农民组织、私营企业、农村宗族、非政府组织等。②

新中国成立以来，由于强势国家主义的影响，我国传统治理理论曾经偏重于关注制度性主体，如有的学者就认为，乡村治理就是通过公共权力的配置与运作，对村域社会进行组织管理和调控，从而达到一定目的的政治活动。然而正如前文所述，随着改革开放后的社会发展，国家逐步从乡村收缩，出现了权力空缺，同时随着市场经济发展，市民社会也逐步发育和发达。因此，"多中心治理"就成为一种可能的有效方案。"多中心治

---

① 欧阳修：《章望之字序》。
② 张艳娥：《关于乡村治理主体几个相关问题的分析》，《农村经济》2010 年第 1 期，第 14—19 页。

理"认为在治理格局中并非只有一个最高权威，应当由多个权力中心组成治理网络，提供公共管理和公共服务，实现公共物品供给结构的多元化。该理论强调公共部门、私人部门、社区组织等均可成为公共产品的供给者，从而实现公共产品供给的多元竞争机制。①

对于乡村中现存可以成为治理主体的个体，贺雪峰等学者提出了"体制精英—非体制精英—普通村民"的三层分析框架。② 在多中心治理的语境下，我们主要关注非体制主体，而其中普通村民普遍存在治理能力和身份权威的不足，无法成为有效的治理主体，因此"乡贤"作为非体制精英的杰出代表，就成为重要的治理主体。正如费孝通指出的，中国传统的礼俗社会中存在着"双轨制"结构，正式官僚机构只到县一级，而乡村实际上长期处于自治的状态，乡贤在解决纠纷、维持秩序方面，一直发挥着重要作用。③ 虽然中国传统社会结构已经解体，但正如学者指出，当前中国乡村一定程度上仍然存在着主体的非流动性、空间的地方性、社会关系的熟悉性等乡土社会特征。④ 乡贤治理与这种乡土社会的特征非常契合，从而可以强化其内生道德基础，提升治理能力，弥补现行治理体系的不足。

进一步说，在作为治理主体的角色上，教师身份本身与乡贤身份也存在若干关键要素的重叠。实际上，中国传统社会中的乡村教师本身就是乡贤的一分子。中国古代乡村书院是宗法社会中宗族安宁、社会稳定的重要保障，"敦亲睦族"本身就是书院的一大任务；而普通乡村私塾教师也具有较高的道德权威和治理能力。随着儒学的独大和科举制度的巩固，科举与出仕之间建立了直接联系，这种制度型构了教师的特殊社会地位，并促成了关于一种教师身份的民间想象，"尊师"的日常习俗逐渐呈现，乡村教师被尊称为具有文化符号象征意义的"先生"，获得乡村社群的高度认同，深入参与了乡村中行文听讼、定分止争、挖渠筑坝等日常事务，成为

① 陈艳敏：《多中心治理理论：一种公共事务自主治理的制度理论》，《新疆社科论坛》2007 年第 3 期，第 35—38 页。

② 贺雪峰、全志辉：《村庄权力结构的三层分析——兼论选举后村级权力的合法性》，《中国社会科学》2002 年第 1 期，第 158—167 页。

③ 《费孝通选集》，群言出版社 1999 年版，第 342 页。

④ 李建兴：《乡村变革与乡贤治理的回归》，《浙江社会科学》2015 年第 7 期，第 82—87 页。

乡村治理的重要主体。①

　　当代农村教师虽然身份特质相对传统的"先生"发生了转化，但仍然与乡贤有共通之处。教育理论认为，教师具有"经济人""社会人""道德人""学术人"四重身份标识。② 教师不仅要提供社会效益、树立道德标杆、扩展学术知识，还要服务于社会公共事业。而且，在乡村构建"乡贤"治理秩序过程中，农村教师具有独特的优势，将成为乡贤的重要分子。在当前乡村自治中，所谓的"乡贤治村"经常异化成"富人治村"，经济上的成功者将村庄视作公司进行治理，扮演着家长式角色，混淆了公私边界，甚至引发农村制度灰色化、基层民主萎缩的消极后果。

　　乡村自治亟须由"功利型"向"道德型""平等型"和"知识型"转化。农村教师在这方面具有独特优势：首先，农村教师作为知识分子天然具有对权力的批判性，而教师一般并非本村出生，相对于当地村落宗族群体具有独立性；其次，由于教师较高的职业道德标准和丰富的道德知识，也具有相对较高的道德能力和道德权威；最后，由于教师的知识储备相对优越，相对村民也具备较为良好的治理能力和技术。由于农村教师在独立性、道德性和知识性上的优势，从而具备了成为新型乡贤的有利条件。

　　另外，农村教师作为乡贤参与乡村治理，也应适应当代社会环境，进行自我提升优化。首先，民间自治应当在法治国家总体框架下进行，农村教师应当发挥学习能力优势，积极学法普法，为村民提供力所能及的法律咨询建议，以为村民行为提供事前指引；其次，农村教师应当充分发挥自身体制内身份优势，充当体制内外的沟通渠道，协助政府传达解释政策，协助村民与政府部门沟通表达；再次，农村教师应当在心理和生活上积极融入本地乡土熟人社会，以对乡土生活取得同情和理解，掌握充分的相关信息，并获得村民身份认同，才能更好地参与治理；最后，农村教师应当注重提高说理能力和协调能力，掌握较为专业的谈判和调解方法，才能更好地服务于乡村社会治理。

---

　　① 容中逵：《他者规训异化与自我迷失下的乡村教师——论乡村教师的身份认同危机问题》，《教育学报》2006 年第 5 期，第 83—88 页。

　　② 闫建璋、郭赟嘉：《道德人：大学教师身份的伦理旨归》，《高等教育研究》2013 年第 11 期，第 60—65 页。

（二）重建农村教师作为社群道德支点的公共角色

社会主义新农村建设的重要内容是良好公共生活的构建，这就需要良好有序的社会秩序。社会秩序的形塑有法律和道德两种基本工具，而在制度化程度不足的乡村，道德工具扮演了更为重要的良好社会秩序构建角色。社会主义新农村建设是一项全面重构农村社会结构和秩序的工程，道德秩序是社会秩序的一种重要内生变量，它是基础秩序的一种具体形式，发挥着重要功能。道德秩序与制度构建具有密切关联，共同的道德诉求可以成为制度构建的动力和前提。在农村社会秩序转型的情况下，非制度化的道德秩序更加成为一种基础性的整合力量。①

然而，当前农村道德环境现状堪忧。随着市场经济向乡村迈进，乡村人口城市化进程加速，传统以土地为核心要素的自然经济模式解体，村民生产生活观念日益市场化、社会化和个人化，传统道德的承载基础也不复存在。农民的道德心理和价值取向日益复杂化、碎片化和功利化。虽然作为市场经济发展的必然后果，这种变化有利于法治意识和权利意识的觉醒，但也给乡村社会及其道德秩序带来强烈冲击，产生了极端个人主义、人际关系冷漠、传统美德失落、社会责任感匮乏等道德失范现象。道德环境的修复和道德观念的重建，不能仅靠自上而下源自公权力的灌输和宣教，而应在社群内部成员的自发交往和示范中逐步发展扩散，这种道德示范和扩散支点的代表性人物就是乡贤。

中国传统礼俗社会中，知识分子本身就肩负着道德教化的作用。儒家的人文主义取向的一大特征就是以诗书礼乐之教化实现人的价值理性。《礼记》中说："乐正崇四术，立四教，顺先王诗书礼乐以造士，春秋教以礼乐，冬夏教以诗书。"② 这里的"士"就是儒家所构想的"道德人"，章学诚解释道："教之为事，羲、轩以来，盖已有之。观《易·大传》之所称述，则知圣人即身示法，因事立教，而未尝于敷政出治之外，别有所

---

① 陶建钟：《转型社会的道德秩序及其整合》，《伦理学研究》2014 年第 5 期，第 5—8 页。
② 《礼记·王制》。

谓教法也。"① 可见，道德教化的主体是具有道德权威性的儒家知识分子。这些知识分子在乡村发挥着重要的道德支点作用，"一乡之贤，里刊相接，封畛相连，而其人之德行、风节、文学、事功、遗风余烈洽于所见所闻者，至亲且切，有不待旁求远访而后知也"②。这些乡贤也确实在乡村产生了重要的道德表率作用，并且获得了乡村社群的认可。"天下郡县皆建乡贤祠以祀先哲，盖所以树之风声，教之德义，使后学小子有所感慕兴起，其著化理也大矣。"③ 可见在传统社会中，乡贤也主要是指具有道德权威身份和道德教化能力的知识分子，而非如当前偏向于经济成功人士或退休官员。

教师是传统乡贤的主要群体来源，而且古代教师职业经常成为知识分子向乡贤转化的中介性职业。儒家教化系统的核心环节之一就是对教师之"师道"的构建。《吕氏春秋》认为："师之教也不争轻重尊卑贫富，而争于道。"将道德规范视为教育的核心内容之一，并认为教师应达到实现道德内化和道德散播的双层目标，即孔子所谓"修己以安人""修己以安百姓"，从而设立了教师从自我道德修养到社会道德责任的职业价值体系。而教师通过设书院、乡学等形式，直接向乡村进行道德教化和传播，《明儒学案》描述韩贞"以化俗为任，随机指点农工商贾……聚徒谈学，一村既毕，又之一村"④，形象地反映了教师作为乡村道德支点的角色。

在现代教育理论中，同样提出了对教师的道德要求。有学者指出，不仅要重视"作为'教师'的人"即职业角色，也要重视"作为'人'的教师"，即伦理角色。⑤ 教师伦理角色是对教师职业的道德性规定，其目标是通过教师的道德榜样作用对社会进行道德熏陶。联合国教科文组织早就提出，必须使教师得以发展社会期待于他们的伦理的、智力的和情感的品

---

① 章学诚：《文史通义·原道》。

② （明）徐一夔：《始丰稿》，《杂述：乡贤祠记》，台北：文渊阁四库全书影印本，第1229册，第248页。

③ （明）周瑛：《祭广德州乡贤文》，《翠渠摘稿》，台北：文渊阁四库全书影印本，第254册，第815页。

④ 《明儒学案·卷三十二·泰州学案一》。

⑤ 朱水萍、高德胜：《教师伦理角色的缺位与回归》，《全球教育展望》2013年第10期，第35—41页。

质，以使他们日后能在他们学生身上培养同样的品质。① 教师不仅直接对学生的道德成长发挥着重要影响，同时通过社会服务、人际交流、道德榜样树立和道德知识产出等方式，对学校所处社群整体的道德氛围和道德发展发挥着重要影响。

在农村中，兼具道德知识、能力和道德权威身份的农村教师，可以以乡贤身份，成为乡村社群道德支点的合适人选。陶行知就曾经提出"乡村学校做改造乡村生活的中心，乡村教师做改造乡村的灵魂"的思想。② 农村教师一方面是乡村社群中知识的占有者，从而得以更容易地构建自身的道德权威，树立道德榜样，可以更好地进行道德说理和示范，更容易为村民所接受；教师由于在道德知识和道德反思能力上的优势，可以对既有的乡村道德传统进行批判性反思，从而可以促进乡村对自身不符合社会发展要求的旧道德进行扬弃和发展；教师还具有视野和信息上的优势，通过全国统一的教育体系和自身技术手段，可以更容易地参与城乡道德知识的传播，从而得以直接传授和间接熏陶的方式，使当前社会上较为先进的新道德、新风尚传入乡村，并逐渐融为乡村生活的一部分。

（三）重建农村教师作为文化传承枢纽的公共角色

社会科学实证研究早就证明，文化环境深刻影响着社会经济政治各方面的发展，文化不仅是人类活动的产物，当一个民族的文化精神形成后，它会反过来以各种方式渗透到人们的日常生活中，成为凝聚民族成员的精神纽带和精神动力，从而对民族的发展发挥重大影响。然而，当前我国农村文化环境的薄弱严重制约着我国的新农村建设。农村文化发展的困境有其复杂的社会背景，其主要成因既包括我国经济和社会发展的不平衡，也包括我国城乡之间的发展不平衡等。

由于我国经济和社会发展的不平衡，在市场经济大潮的冲击下，农村经济建设蒸蒸日上，但对农村文化建设却重视不够，投入不足，导致符合

---

① 国际21世纪教育委员会：《教育——财富蕴藏其中》，联合国教科文组织总部中文科译，教育科学出版社1996年版，第143页。

② 中央教育科学研究所：《陶行知教育文选》，教育科学出版社1986年版，第52页。

农村需求的文化供给严重不足，农村中产生了"读书无用论"等反文化思潮，村民们也更热衷于吃喝玩乐等物质享受，忽视了对精神文化生活的追求。我国城乡之间的发展不平衡，导致文化事业是以城市为中心，城市获取了文化发展的话语权，文化产品的内容和话语方式也都是城市化的，难以被农民接受。农村相关的文化产品中，也出现了农民主体地位缺失的情况，文化产品中的农村和农民经常成为供城市观赏的对象，没有得到足够的尊重，优秀的文化传统也因后继无人而出现了衰落。农村文化在城市不良文化糟粕的影响下发生了退化。

在我国传统社会中，作为乡贤主体的知识分子本身就担负着民族文化传承和传播的责任。在纵向历史意义上，儒家知识分子是传统文化知识的保存者、传承者，正如著名历史学家陈寅恪认为："夫士族之特点既在其门风之优美，不同于凡庶，而优美之门风基于学业之因袭。故士族家世相传之学业乃与当时之政治社会有极重要之影响。"① 更进一步的，儒家知识分子还以"道统"传承的方式，掌握了对文化的价值诠释权：由韩愈通过建构历史系谱的方式，确立了思想文化的合理性与正当性标准，经由程朱等宋儒的发展，道统也成为中国传统思想文化史的基本叙事基础。② 正如许可用在《乡贤祠堂记》中所说的："道之统在圣，而其寄在贤，或晦或明，或绝或续，有不得而殚论者。"③ 即乡贤有"载道"的文化责任。

古代社会中教师作为乡贤群体，同样承担了乡村文化传播的责任。在较高的层次上，儒家学者设置了各种书院，这些书院是各种文化理论构建和传播的中心，如明代心学代表人物及其门人纷纷创建、修复书院以传播自身的力量，并将书院学习教育与理论诠释传播结合起来，使书院成为文化研究和文化传播的重要场所，而书院中的儒者既是教育者，也是文化的传播者。④ 在较低的层次上，古代中国各地乡村由国家或私人广泛设置了

---

① 陈寅恪：《唐代政治史述论稿》，上海古籍出版社 1997 年版，第 72 页。
② 葛兆光：《道统、系谱与历史——关于中国思想史脉络的来源与确立》，《文史哲》2006 年第 3 期，第 48—60 页。
③ 叶盛：《水东日记（卷二三）许可用乡贤祠堂记》。
④ 李兵：《书院：明代心学建构与传播的主要依托》，《现代哲学》2006 年第 4 期，第 108—112 页。

"义学""乡学""蒙学""私塾"等各种教育机构，这些教育机构承担着在基层传播传承中华民族文化的重任，学子在这些教育机构中要跟随教师学习诸如《论语》《尔雅》等儒家经典名著，接受传统文化的熏陶，这些机构作为乡村文化中心，在当地乡村文化生态中也发挥着重要作用，对乡村社群成员发挥着重要的文化影响。①

现代教育体系中的学校和教师同样肩负着文化传播的重要责任。国外研究表明，学校的存在与否对农村居民的心理及文化归宿感会产生重大的影响，②而在中国，学校之于乡村，也是农村文化进化、更新、繁荣的文化堡垒，是农村文化过滤、加工、整合的文化机关，是国家新文化体系建设的最基层组织之一。③对于教师职业，西方学者认为，教师是社会上最重要的行动者，通过他们，民族国家教育年轻一代掌握公共知识：历经久远年代积累起来的、外在于学习者的有价值的历史文化传统；④并且教师职业还具有推进文化构建和发展的社会职责，"暗含着一种也许是姗姗来迟的重建公共文化的颠覆性力量"⑤。

具体到我国乡村，附加了乡贤身份的农村教师同样应当负担起文化传承的责任，其中具体包括纵向的对历史文化传统的文化继承，也包括横向的面向不同社群的文化传播。纵向而言，我国教育体系本来就肩负着继承中国优秀传统文化的任务，而农村教师作为掌握这些教育内容的专业人士，同样可以通过工作和生活渠道向学生和本地社群传播这些文化。并且，教师职业本身也具有教育科研任务，对教育内容的进一步挖掘和解释也是教师的工作内容，因此农村教师是乡村中少有的具有文化深入研究和反思能力者，他们可以对文化传统做出更符合乡村实际、更易被乡村社群

---

① 杨卫安：《我国城乡教育关系制度的变迁研究》，博士学位论文，东北师范大学，2010 年，第56—57 页。

② 王建梁、陈瑶：《21 世纪新西兰农村学校布局调整的反思及启示》，《外国教育研究》2011 年第6 期，第73—78 页。

③ 龙宝新：《村小"消逝"现象的文化学思考》，《中国教育学刊》2012 年第6 期，第12—16页。

④ White, Jane J., "The Teacher as Broker of Scholarly Knowledge", *Journal of Teacher Education*, Vol. 38, No. 4, 1987, pp. 19–24.

⑤ ［美］拉塞尔·雅各比：《最后的知识分子》，洪洁译，江苏人民出版社 2002 年版，第26 页。

接受、更能产生社会功效的各种良性诠释。

就横向而言，教师由于在知识和信息上的优势，还可以成为各不同文化群体间的横向传播者，从而提升乡村文化环境。农村教师可以促进城乡间的文化传播，一方面他们可以将城市的各种先进文化通过自身在乡村中的身份，传入相对封闭的乡村本土社区，从而促进乡村社区的文化更新；另一方面，教师职业具有文化多元性和道德宽容性要求，因此教师可以在尊重差异性的前提下，将世界上其他国家、国内其他区域和民族的不同文化向乡村社群进行介绍，并促进文化间的交流和互相学习，从而促进乡村文化的多元性。总而言之，农村教师由于文化知识和能力的优势，可以乡贤的身份，承担起对乡村文化传承的责任。

三　构建"适农"的农村教育

文化与教育具有辩证统一的关系。文化的继承、发展、繁荣都离不开教育，教育又需要文化为其提供内容和资源。两者紧密相连，共同推动社会的进步与发展。因此，农村文化和农村教育也具有天然的联系，农村学校教育的发展也离不开农村文化建设，农村文化的繁荣必须有赖于发挥农村教育的重要作用。因此，农村学校必须以乡村传统文化为基石，接纳、吸收、整合、利用现代文明，担负起自己的责任，释放自身的文化影响力，"离农"的乡村教育无法肩负起这一重任。笔者认为，乡村教育应当实现从"离农""为农"到"适农"的价值转换。

（一）农村教育价值选择的重新定位

教育学术界关于农村教育的讨论中，一直存在着应该采取"离农"还是"为农"倾向的争论。第一种是回归乡土的"为农"模式。20世纪二三十年代的乡村建设运动中，陶行知、梁漱溟等教育家和思想家都曾提及农村教育课程的城市化倾向造成了学生对乡土社会的不适应，引发乡土文化上的断裂。于是陶行知开创晓庄师范学校，开展活的教育运动；梁漱溟本着乡约传统构建乡学与村学（或乡农学校），以重新组织中国社会；晏阳初希望通过改变农民中存在的"愚、贫、弱、私"四大弊病，深入河北定县推行平民教育；黄炎培写出《学校教育采用实用主义之商榷》，开设适合农村发展的职业教育。这些学者虽然采用不同的教育方式，然而共同之处在于，他们都关注到了农村教育与乡村社会和文化的密不可分的关系。作为同时代的研究者，廖泰初对山东汶上县农村教育的调查结果显示，即使政府对私塾加以限制，宣传学校教育，但是私塾依然十分发达，新式学校却不适合乡间的生活习惯和老百姓的胃口而难以发展，所以符合乡土需要的教育才能够获得民间社会的认可。① 受到美国教育家杜威实用主义思想的影响，胡适也提到教育的基本内容忽视了农村的生活实际，认为"中小学课程设置和内容设计，一定要和当地当时社会的实际需要紧密联系，只注重课程的完备却不顾及实用，事实上只能培养高不成、低不就的不会做事又不肯做事的游民"②。因而，这一时期，从乡土出发为农村服务的"为农"教育思想已经形成。现当代中西文化冲突与社会政治经济的动荡是催生出这些思想的大背景，乡村学校"离农"化教育可能带来的社会和文化问题是引发老一辈学者认为农村教育应回归乡土农村的主要原因。

第二种是城市导向的"离农"模式。在农村城镇化进程和现代化不断发展的背景下，现当代学者开始反思和质疑以往梁漱溟、陶行知所秉持的通过乡村学校改造农村和农业的做法是否已经不合时宜，"建设适应乡村生活的活的教育"思想虽然符合当时社会、经济和政治背景，然而却已经不顺应当下的局势，乡村教育的任务应该转而为将来的城市生活做准备。从受教育者个人及其家庭意愿来看，他们向往城市健全的基础设施、优秀的教育资源，深信"考出去"才是获得城市身份的最好途径；从课程内容来看，"为农"思想希望提供农业技术教育，隐含意义是仍然留在农村从事农业生产，虽然看似是为农村做贡献；从社会发展趋势来看，农村人口大批向城市流动的社会现实下，不顺应潮流的发展而要反其道而行之必然引起农村的自我封闭。③

---

① 廖泰初：《变动中的中国农村教育：山东汶上县教育研究》，燕京大学出版社1936年版。
② 《胡适文粹》，作家出版社1991年版，第557页。
③ 庄孔韶、王媛：《评议"离农"、"为农"争论——教育人类学视角的农村教育》，《广西民族大学学报》（哲学社会科学版）2011年第3期，第79—83页。

　　两种模式都存在其自身的不足。"离农"教育破坏了农村社会发展动力。"离农"教育是以城市为中心，为城市培养高级技术人才，培养离开农村、农业和农民进入城市主流文化而不是回归乡土文化的人才。受过这种教育的农村孩子通过自己的努力掌握优势的文化资本，改变农民身份，成为城里人，过上城市人的生活，这自然是许多农村人的梦想。但农村知识精英涌向城市，必然造成农村人才资源的匮乏，从根本上滞缓了农村发展的步伐。"剪刀差"使农民为城市发展做出了巨大的牺牲。在城乡二元分割的格局下，乡村处于依附的劣势地位，乡村教育也是以培养过城市生活为导向的人群为主要目标，受过教育的农村青年流入城市，大量留守农村的青年人在知识、心理上与乡村社会不相适应。农村教育的断裂和危机，使广大农民生活陷入尴尬与贫穷，农村社会经济越发落后。

　　"为农"教育则破坏了学生个人发展前景。法国社会学家布迪厄认为，教育是文化再生产和社会再生产的工具，具有维护不平等社会关系的功能。如果农村教育只面向农村劣势文化圈，那么只能导致农村孩子的低地位的社会再生产，农民永远摆脱不了悲惨的命运。[①] 目前对于农村孩子来说，高考几乎是实现社会升迁性流动的唯一机会，但是在目前高等学校招生制度下，城市考生占有很大的优势，农村的高考入学比例远低于城市，农村的学生要付出数倍的努力才能获取上大学的机会。对于那些猛烈批判农村教育脱离农村生活的人，实际上他们预设了一个十分危险的前提：农村可以脱离城市而独立存在和发展，所以农村教育培养的人才应该留在农村而不是流向城市。在全球化的时代背景下，科技浪潮对当代经济和生活的覆盖力已经使农村现代化的自力更生成为一种过时的浪漫。倘若硬要农村陷入自我封闭和自我循环的体系中，那么农村的崩溃和断裂是不可避免的，事实上在信息化、全球化的背景下，对农村发展起关键作用的不再是那些农村的实用知识和本土知识，而恰是那些现在看来脱离农村实际的全国性知识和全球化的知识。[②]

---

　　① 余秀兰：《中国城乡教育差异》，教育科学出版社 2004 年版，第 346 页。

　　② 张济洲：《"离农"、"为农"——农村教育改革的困境与出路》，《河北师范大学学报》（教育科学版）2006 年第 3 期，第 11—14 页。

　　笔者认为，要克服"离农""为农"两种对立的倾向，应当倡导一种"适农"的乡村教育理念。具体而言，农村教育既不能成为城市化的附庸，以为城市提供合格劳动力为核心目标而忽略农村需求，也不能成为乡土情结的牺牲品，为维系一个传统乌托邦而牺牲农村儿童的机会公平，因此，"离农""为农"应该转型为"适农"的教育理念。"适农"教育拒绝将农村教育的目标设定为为城市化服务，也不要求牺牲农村儿童自主性和机会公平来服务于乡土社会。"适农"教育理念是从"目标"向"方法"的转向，它并不在城乡之间设定服务目标和对象，而要在开放和多元的教育目标前提下，设置适合农村社会现状的具体教育内容和方式。这种"适农"的教育更适合农村社会现状，更能体现农村优秀文化的传承，更容易为农村儿童所接受，但其目标选择是开放多元的，不能以国家或学者的理论专断取代农村家庭和儿童的自主选择，而应给予其充分的选择权力和机会。

（二）坚持消除城乡壁垒的办学方向

　　当前中国社会农业生产效率大幅度提高，大批农业劳动力从土地中解放出来，转而向第二、第三产业流动。这一发展的实质就是城市化水平不断提高，最终达到城乡一体化。这一发展趋势，决定了中国农村教育必须面对现代化社会变迁的实际，既不能不切实际地回归乡土，也不是传统意义上直接抛弃农村教育的现代化。农村教育应立足于乡村社会的实际，为乡村的社会发展服务，同时又要突破仅仅为乡村社会服务的局限，确立为城乡共同发展、协调发展服务的办学方向，建立城乡平等的教育公平理念。城乡二元体制是人为的制度设计造成的，虽然有其客观原因，但其思想根源和价值基础在于对农村和城市在国家发展中的地位存在认识偏差。这种认识偏差导致的政策与制度歧视在伦理上和法律上不具有合理性与合法性，违背了以人为本和社会公平的现代价值理念。

　　因此，确立城乡平等发展的理念，是推进教育城乡一体化的前提。教育城乡一体化制度设计的基点就是教育公平，教育公平应成为发展基础教育的政策基点和价值取向。近些年来，国家也采取了各种政策促进教育公平：首先，扩投入、补短板，促进教育公平共享。积极扩大学前教育资源覆盖面，重点解决连片特困地区、少数民族地区、留守儿童集中地区资源短缺问题；推进城乡教育一体化发展。深入开展县域义务教育均衡发展督导评估认定和监测复查。全面改善贫困地区义务教育学校基本办学条件，加快推进义务教育公办学校标准化建设，改善农村学校寄宿条件，办好乡村小规模学校（含教学点）。深入实施农村义务教育学生营养改善计划。健全留守儿童教育关爱体系，加强留守儿童控辍保学。进一步完善进城务工人员随迁子女平等接受义务教育政策，落实和完善在当地参加中考、高考政策。

乡村教育坚持为城乡一体化服务就是要将为城市现代化服务和为新农村建设服务结合起来，它既不是单纯地为城市化服务，也不是单纯地为农村建设服务。从为城市化服务的视角来看，主要就是为农村人口向城市转移服务，包括两种方式的服务，即为学生继续升学服务和为进城进行非农业就业服务。从为新农村建设服务来看，一是学校要成为建设乡村的文化中心，不仅传播乡土文化还应包括现代的价值理念等内容，以逐步改变乡村落后的社会面貌为目的；二是提高农村人口的整体素质，培养不迷信、不盲从，有创新精神，有一定的科学文化知识，有一技之长，有良好的道德品质，有较高的民主法治素质，能懂得用法律的手段来维护自身的权益的学生，使其成为热爱乡村，愿意扎根于乡村的劳动后备力量，为培育新型农民奠定基础。

农村教育坚持为城乡一体化服务的办学方向，并不意味着城乡教育统一化，由于城市和乡村经济、文化等差异的始终存在，决定了不论在哪个发展阶段，城乡之间对于教育的需求都是有所区别的、有所侧重的。所以要追求"和而不同"的原则，提倡差异发展，使不同学校能根据自身的特色形成自己的办学方向。各地区和学校在坚持教育质量水平符合相应要求的基础上，应考虑自身的实际和当地社会的需要，在办学模式、办学理念和学校建设等方面可以走多样化发展的道路，可以适当引进竞争机制，促进不同地区与学校的自主发展，以满足不同教育者享受更优质教育与多样化的教育需求。①

城乡教育二元结构主要由制度问题所导致，或者说，二元结构问题本

---

① 苏启敏：《对教育均衡问题的思考》，《教育发展研究》2008年第10期，第13—15页。

身就是制度问题。破解城乡教育二元结构问题、推进和实现城乡教育一体化，必须从制度入手，必须改革城乡二元的教育体制机制。城乡教育一体化体制机制构建是一项系统工程，涉及多种制度的改革，其中之一是办学体制的改革。办学体制本质上是谁为办学主体、怎么来办学的问题，涉及办学主体之间的关系、办学资格和办学运作方式的法律关系，也影响着教育管理体制的模式选择和教育投入方式的制度选择。建构城乡教育一体化的办学体制，就是要在学校层面上打破城乡壁垒，促进城乡教育的双向沟通和良性互动，探索城乡学校交流合作的新模式及城市教育支持农村教育发展的新机制。①

　　消除城乡壁垒涉及教育资源分配，而分配的大前提是教育资源的极大丰富，因此就要明确政府责任，通过多元办学体制扩展城乡优质教育资源。基础教育责任在政府，进行办学体制改革时要坚持教育的公益性，明确政府的教育责任范围，使政府成为教育体系的规划者、教育条件的保障者、教育服务的提供者、教育公平的维护者、教育标准的制定者和教育质量的监管者。基础教育办学体制改革的核心在于如何通过整合现有办学资源发挥更大的教育效用，在于如何扩展并促进基础教育办学资源的增量发展。因此，在确保政府承担义务教育责任的前提下，也要吸纳社会资源，鼓励行业、企业、社会团体和个人参与办学，扩大优质教育资源。为此，可以进行如下尝试：支持有条件的公办学校探索公办民助、委托管理和合作办学等多种形式的改革，增强办学活力；选择部分公办学校探索集团化办学，改造薄弱学校，扶持新校发展；进行优秀校长管理多所学校的改革试验，共享先进管理经验；健全以政府为主导、社会参与、办学主体多元、办学形式多样和充满生机活力的办学体制，形成以政府办学为主体、全社会积极参与、公办教育和民办教育共同发展的格局，调动全社会参与的积极性，进一步激发教育活力，满足人民群众多层次和多样化的教育需求。②

　　① 褚宏启：《教育制度改革与城乡教育一体化——打破城乡教育二元结构的制度瓶颈》，《教育研究》2010年第11期，第3—11页。
　　② 高莉、李刚：《城乡教育一体化背景下的办学体制改革研究》，《教育科学研究》2011年第6期，第9—12页。

（三）乡村教育培养目标的多元化

教育的培养目标是指将教育目的具体化，它是根据特定的社会需要所决定的，同时也受教育对象所处的学校级别影响。在确立坚持乡村教育城乡一体化的办学目标后，还需要确立培养目标的多元化，改变当下乡村教育在培养目标上一元化的定位，以促进乡村教育的健康发展。制约农村教育可持续发展的最根本问题，在于农村教育目标的一元化，农村教育的应试性、城市性与离农性背后其实都是培养目标的一元化。要改变当下农村教育培养目标一元化趋势，就要从目标、内容、形式、结构和布局诸方面改革农村教育。

第一，要促进农村教育的教育目标多元化。城乡一体化是城乡关系发展的大趋势，其实质就是要把城乡作为一个有机整体统筹谋划，通过体制改革和政策调控，使整个城乡社会全面、协调、可持续发展。推进城乡一体化其目的是要消除城乡二元体制的消极影响，推进社会公平，解决"三农"问题，归根到底是要实现最广大人民的根本利益，特别是要满足弱势农民群体的需求。农村教育目标应由一元化向多元化转变，农村教育要彻底摒弃以升学为目的、单纯教人学知识的偏颇做法，更重要的是培养农村经济社会发展所需要的全面发展的各级各类人才。农村要把沉重的人口负担转化成人才资源，最根本的办法就是重新认识农村教育，重新构建农村的教育体系，使农村教育形成成职普、初中高、农科教相结合的完整的立体网状结构和良性的运行机制。

第二，应当以本地需求作为农村教育的出发点。教育城乡一体化，是城乡一体化在教育领域的体现，就是基于教育公平，从系统论和全局观视角，把城乡教育发展作为一个不可分割的有机整体，通过一体化的政策和措施，改变城乡教育不平衡的现状，形成城乡教育平等协调发展的新型关系。其最终目的和归宿就是通过一体化来促进农村教育发展，从而满足农民需求，改变农民的弱势地位，实现城乡居民的平等公民待遇。农村社会、经济、文化多种差别的存在，要求农村教育发展模式必须从本地实际出发，允许各地自主创新，这样，农村教育的目标就会随之多元化。农村教育除了为城市培养人才外，更多的是要承担起全面培养适合农村、热爱农村、建设现代化农村的高中初级优秀人才。因此，农村教育要最大限度地强化地方人才的培养和稳定意识。要坚持教育与经济发展的一体化战略，从解放与发展农村社会生产力的实际需要出发，确定教育目标，设计教育模式，规划教育未来。

第三，要以培养有素质、具有现代人格的合格公民为农村教育的基本任务。培养具有责任意识、道德意识、法治意识和可持续发展意识，能主动承担义务，遵守社会规范的合格公民，是农村教育义不容辞的任务和职责。只有实现了合格公民的培养目标，农村教育才能真正提高乡村的整体素质，才能完成教育的使命。乡村学生未来的走向可能是城市也有可能是城镇，相对于城镇的学生，情况更加复杂。因此，要更加注重基本素质的培养，这样才能促进学生对社会的适应能力。首先，培养学生热爱农村、农业和农民的情感。当下，乡村的学生虽然出生在乡村，但是对乡村缺乏热情，一心想离开家乡。一方水土养一方人，连自己的家乡都不热爱很难说会爱祖国、爱人民，就更难说是合格的公民。因此，农村教育要注重学生"三农"情感的培养，只有这样，才能使一部分学生留在乡村，而离开乡村的学生才能更好地去关注"三农"问题，为解决"三农"问题出力。其次，培养乡村学生的文化自信，具有开放的文化心态等现代人格。在这个社会转型、多元文化碰撞的中国，城市成了现代化与幸福生活的象征，农村则被看成是落后的象征，由此造成农村学生对乡土文化认同感降低，以及对所处的环境的自卑感增加。因此，农村教育应培育学生基本的文化自信和多样的现代人格，不管将来是走出农村还是立足于农村都能以一个健康的心态去面对。

第四，农村教育应担负为"学生升学"服务和为"当地培养合格劳动者"的双重任务。首先农村教育应重视为学生升学服务的任务，但并不是片面地追求升学率。过去学校在谈到为学生升学服务时，往往片面追求升学率，因而造成学生素质片面发展，使大批学生的观念、知识和能力不能适合社会发展的需要。这种观念需要改变，升学教育应促进学生德智体美全面发展，符合学生个人发展需要，同时也要符合社会发展的需要，促进农村人口向城市流动。其次农村教育也应重视为社会培养后备力量的劳动者服务。农村教育要使学生初步掌握一些基本的生产知识和劳动技能，这里所指的技能并不是要求学生掌握形成某一种职业所需要具备的专业知识和技能，能直接成为社会某种职业所需要的技术人才，而是要求学生初步了解基本的职业知识和技术，为学生将来就业、职业选择和生涯规划打下基础。

第五，农村教育应当促进农民精神的现代化，而非农民户籍的城市化。现代精神的形成应该成为农村教育的最终目的。不同质的农业文明、工业文明与后工业文明在当前中国同时存在，处于不同文明中的人们形成了不同的精神。农村人口很容易形成与农业文明相对应的传统精神，他们听天由命、知足常乐，甘于平庸、自我压抑、封闭守旧，家庭本位、强他律性。为适应农村社会的转型，农村教育要塑造农村人口与农村社会现代化相适应的现代精神，从而推动农村社会向现代社会转变。要培养他们具有成就欲望，个性鲜明、开放进取，适应社会、自律性强等现代精神。之所以把培养具有现代精神的人作为农村教育的最终目的，是因为只有具有现代精神的人才能真正进入城市文明、现代文明，才能适应城市文明、现代文明。这样才能实现农村人口向城镇的稳定转移，实现农村社会的转型，最终使我国的社会阶层结构趋向合理。①

四　开发地方乡土课程资源

乡土文化是农村教育、农村儿童和农村教师的文化根基。农村学校要开门接纳丰富多彩的乡土资源，并加以开发提炼，使优秀乡村文化成为学校课程内容，发挥教育培养农村学生的特有作用。这既是农村学校文化突围的重要途径，也是城市学校所无法比拟的独特优势，同时还是农村学校保存、传承优秀农村文化的重要途径和方式。

（一）乡村文化内化于农村教育的基本原则
农村教育的生命力在于教育的乡土化。农村学生在掌握一般性知识的

① 戚务念：《多元化：当前农村教育目标的必然选择》，《江西教育科研》2005 年第 8 期，第 23—24 页。

前提下，了解当地的地方特色，有利于培养学生热爱"三农"、服务"三农"的情感，适应当地经济社会发展的需要。因此，农村教育应立足本土，努力构建具有本土人文特色、充满生机活力的农村教育。

乡村之于城市的优势，在于拥有多姿多彩的自然风物，乡村的各种各样的风物景观，是一种丰富的教育资源。大自然、乡土社会都是一本活教材，在农村学校的课程教育中，不能仅仅局限于运用显性资源，更要充分挖掘、利用隐性的资源，秉承发现乡土智慧、传播乡土价值、激发乡土创造的宗旨，充分挖掘、利用农村丰富多彩的资源，开展生动的乡土教育。农村学校应形成属于自己的办学特色，利用乡村环境的优势培养学生学习的兴趣，引导学生融入大自然，在大自然中学习、游戏，陶冶性情，使学生亲近自然、了解自然、热爱自然，这是城市学校无法达到的，也是农村学校教育的潜在优势。

乡村社会在长期的历史发展过程中积淀形成了大量的民间智慧和美德，包括风俗习惯、乡土人情等乡村生活中原本存在的合理的文化因素，这些文化因素对乡村生活秩序的建构有着弥足珍贵的意义，它们构成了乡村教育特有的资源。如"剪纸文化""印染文化""孝德之乡"等非物质文化遗产，这些颇具特色的乡土文化，也是鲜活的乡村教育素材。乡村特有的文化素材能丰富乡村少年的精神世界，乡村教育更应该融入乡村特有的文化因素，充盈学生在情感、态度、价值观上的体会，培养学生在认知、社会发展和做人方面的能力。

开发地方乡土课程资源。自然、和谐、宁静的乡土文化是构成农村学校教育宝贵而独特的原材料。在农村学校设置具有乡土文化特色的课程，不仅能够使农村学生涵养于当地特色文化，有利于传承乡土文化，还能避免农村学生受到城市不良文化的影响和诱惑，保持正确的价值观，树立独特的乡村文化精神。比如，聘请当地民间艺人，教授学生本土的手工艺、表演艺术、民歌、民谣等知识，可以使农村学生提高审美水平，树立起对乡土文化的自信；请当地的年长者讲述当地村庄的历史传统、乡风民俗，深化农村学生对基于自然的生活方式的乡土文化价值的理解和认同；学校还可以开展丰富多彩的乡土实践活动，如手工艺比赛，学习民歌民谣活动，地方志的调查研究，参与到村落各种仪式庆典中。理论与实践相结合的乡土文化特色课程教学模式，才能使农村学生切身感受到自己出生、成长的乡村的巨大魅力，有利于增加农村学生的文化自信和文化自觉，对乡村文化的传承、发展具有重要的意义。

地方乡土课程资源的设置，应当遵循乡村文化内化于农村教育的基本原则。具体而言，这一基本原则可以分解为开放性原则、实效性原则、特色性原则。其中开放性原则要求为乡土课程资源的开发建立新的逻辑思路，即以相对确定的学科知识体系为参照系，打破学校围墙，沟通社区，建立学生—教师—学者的联动机制，使得乡土课程资源开发更切合实际。贯彻开放性原则包括学科的开放性，就要根据不同学科特点有针对性地进行开发；参与的开放性，乡土课程资源开发除了教师和学生参与外，还包括家长、当地和外地的学者等社会人士；空间的开放性，乡土课程资源开发不能只停留在书面和课堂上的探讨，要让学生参与实践，走出课堂，走到广阔的山川自然和社会生活当中。

实效性原则即要求乡土课程资源开发要讲求实效，要最大限度地实现其对新课程学科教学内容的有益补充的目标。实效性原则首先包括开发内容的实效性，乡土资源的指向通常带有历史性的内容和地域性的内容，传统的方式是调查整理后再通过笔墨或者口耳传播，而在社会进入信息时代的今天，网络信息技术正以其快捷迅速、超大容量和传播范围广等特点成为乡土资源开发的重要方式；实效性原则还包括操作过程的有效性，在内容和方法确定后，要落实好任务，保证责任到人，以达到按时按质完成任务的目的，要确定不同的专题，分别由教研科室与老师组成研究小队，按专题进行归类和开发。

特色性原则包含三个层次，就是本土性、核心性和审美性。本土性就是我们所说的文化原色。文化原色有如细胞遗传中的染色体，它造就一个民族的精神气质，赋予民族生命以基本的品行。一个地区的本土性文化就是该地区群众共同的精神观念，是一种生生不息、历久弥新的价值理念。这些宝贵的乡土文化资源，可以纳入课程的体系，形成独具特色的乡土名人课程资源。核心性指本土文化中最具代表性的关键部分，"每一个族类的生存品味都有一个原点，其原点是该民族跨越自然与社会、人文和他在的分水岭，也是该民族根性的真正原生点"①。这相当于文化的源泉，最突出地体现了本土性文化的特色，已经成为本地人内在的独特基因，因而成为当地学生精神方面的宝贵课程资源。而审美性则除了关注文化的内涵之外还关注其外在特征，每一个地域文化都有其独特的审美，而决定地域文化审美的是一个地方群众的精神的选择，也是经历过历史的浪淘之后沉淀下来的独特的元素。发掘和普及这些具有一定审美标准的乡土资源，既可以让乡村文化得以传承，也可以锻炼学生的审美能力，促进对传统文化的创造性发展。②

（二）注重乡土文化的开发提炼

正如前文所述，在未经理性的道德审思而自发形成的乡村文化中，实际上存在相当多的非道德甚至反道德的因素，那些落后的乡村文化无疑是应当摒弃的。乡村文化必须对自身传统进行扬弃，取其精华、弃其糟粕，实现创造性转化。前文论述了继续推动乡村文化发展更新的若干路径，然而，发展是永恒的，乡村文化永远不可能呈现一种完全完美的状态，要使乡村文化进入学校教育体系，就必须经过一个选择和提炼的过程。另外，文化系统是一个庞大的系统，可以说无所不包，而文化形式也是无限多样的，但在学校教育过程中，由于教育事业的独特性质，对教育素材的使用是有一些严格要求的。因此，乡土文化要进入学校教育过程，就必须经过一个整理提炼的再处理过程。只有经过这个过程，乡村文化中较为优秀的成分才能被识别整理出来，并形成优秀的素材，为农村学校教育所使用。

对乡土文化资源的开发利用，有几种不同的模式。有研究者总结为三种模式：教师中心模式、学校中心模式、学校—社会合作模式。教师中心模式，是指教师个体或群体根据自我兴趣、达成教学目标和完成教学任务的需要，以教育主题活动为载体，以乡土资源为内容，自发地或自觉地将乡土资源融入教育教学过程的模式；学校中心模式是指学校根据培养目

---

① 栾栋：《水性与盐色——从中西文化原色管窥简论华人的文化品位》，《唐都学刊》2003 年第 1 期，第 110—114 页。

② 黄浩森：《乡土课程资源的界定及其开发原则》，《中国教育学刊》2009 年第 1 期，第 81—84 页。

标、教育条件，组织整合管理人员、教师、学生和课程专家等，对乡土文化资源进行鉴别、选择、改编、整合和创新，进而形成乡土教育材料的模式；学校—社会合作模式则是指以校内外的各种项目为契机，以乡土文化资源为内容或条件，从而推动或带动乡土教育资源开发的模式。[①] 三种模式各有利弊，应当依据当前教育现状、教育目标、学校各项具体条件综合考虑选择使用何种模式。

对乡土文化的总结提炼，必须遵循一定的原则。要使乡土文化资源能够为学校教育所用，对其总结提炼就必须遵循特定的原则。对此，有研究者提出了四项原则：多样性原则、可行性原则、特色性原则、整合性原则。[②] 乡土文化教育资源开发的多样性原则，具体包括乡土文化教育资源的种类多样性、利用主体的多样性和开发利用途径的多样性。可行性原则，是指乡土文化资源的开发利用要能够结合学生、社会、学科以及课程目标的实际，以保证能够以最少的成本实现开发利用。为达到最理想的效果，乡土文化资源开发利用的具体方式和手段，必须尊重儿童成长的独特过程和特征，避免将乡土文化资源的开发异化为学生学习的额外负担，而应当使其成为教育的外部资源支撑。特色性原则，是指乡土文化资源的开发利用要因地制宜，体现出地域特性、民族特性、文化特性，将不同文化群体在价值取向、生活方式、风俗习惯、宗教信仰和民族文化上的差异，转化为乡土课程资源的丰富性、多样性、独特性，形成本地乡土特色。整合性原则，是指教育目标和教育资源之间整合的有效性和平衡性，建立一种教育目标的实现与乡土资源开发利用的整体机制，保证两者的平衡。因为乡土文化资源必然具有部分的封闭性或片面性，因此必须积极促进乡土文化资源的开发利用，在课堂内外、社区、地区等各个层次的平台上，充分促进来自不同区域和文化背景下各种形式和类型的乡土文化资源的交流、对话、整合，以更好地为农村教育所利用。

---

① 黄新海：《在中学德育中开发利用乡土文化资源的探索——以浙江海宁二中为例》，硕士学位论文，华东师范大学，2008年，第25—27页。

② 同上书，第20—21页。

对乡土文化的总结提炼，还需提升教师开发能力。教师应该是课程资源的建设者和开发者，这是新课程对教师的要求。然而，大部分农村教师对乡土课程资源的开发意识十分淡薄，严重存在着课程和教学相分离的思想。因此，一是要对教师进行乡土课程资源开发的培训，以提高教师对乡土课程资源的开发意识和能力；二是要建立多层次交流合作平台，交流平台有校内学科内部的教研活动和不同学科的交流平台，有校际的交流合作平台，特别是建立城市学校和农村学校的交流合作平台；三是要培养乡土课程资源开发的带头人，实施传帮带，促进乡土课程资源开发的可持续发展。总之，要让教师认识到，教师自身不仅是课程资源的使用者，更是课程资源的开发者，开发乡土课程资源是教师的职责。要让教师的乡土课程资源调查研究能力、野外考察能力、收集和处理能力、编写乡土教材的能力真正有所提高。

对乡土文化的总结提炼，还需细致梳理其内容。乡土文化资源有显性和隐性之分。显性的乡土文化资源的表现形式主要有文字、音像和实物等。文字资源是乡土文化资源中最基础也是最重要的组成部分，如当地历史人物的记载、文人的著述、乡土教材、通俗读物、历史档案、地方志、家谱、族谱等，都可以通过文字的形式为课程提供教育内容。实物是人类开发利用自然和进行社会活动时所应用的工具、用品或纪念物等，包括器物类材料、建筑类材料等，如各种铜器、陶器、铁器、木器、漆器、玉器、织物等生产工具和生活用具，再如古遗址、古墓葬、古塔、古桥、庙祠、碑碣等建筑遗产。这些实物也许平时不为人们所关注，但都是宝贵的乡土文化资源。乡土隐性文化资源包括口述文学、礼仪风俗等，前者包括历史传说、民间故事、民谣谚语等，后者则包括当地各种不成文的非制度文化现象和民间习惯。这些乡土文化资源都是课程开发的对象，需要经过细致的梳理、选择才能作为有意义的课程资源。

（三）纳乡土文化于学校教育系统

开发和利用乡土文化资源对农村教育效果的提升具有重要价值。现代教育要避免成为纯粹符号化知识的传递过程，应当充分地创设情境，开展丰富的体验活动，才能突破现有教材和教育资源的束缚，使得作为教育对象的儿童的视野更为开阔，让学生走出教材和校内资源的狭隘空间，提升其对教育的接受度，同时也要避免课程资源结构的单一化，实现课程结构和功能合理化。乡土文化教育资源的开发，使得农村教育更加具体化、生活化、形象化，带着乡土本色的教育资源更易被学生所体验和接受，更有助于学生解决身边和现实生活中的问题。因此，我们在规划教育内容时，要把目光投向本地丰富的自然资源和人文资源，着力构建并逐步完善本土化的教育内容体系，让农村教育成为更具情境性、真实性和实践性的教育形式。

以乡土文化充实校园文化内涵。校园文化是学校的内部精神环境，它可以对教育效果产生长期的隐性作用。良好的精神环境是一种有效的教育资源，可以陶冶人的情操、净化人的心灵、调动人的情绪，达到"不言而教"的良好效果。充分利用本区域的乡土文化资源，反映自身独特的文化特性，形成富有地方文化特色的校园文化，也是农村学校彰显特色、改变弱者形象的重要途径。具体来说，可以发挥显性的校园设施的影响，如用黑板报、宣传栏、雕塑、壁画等展示固定类型的乡土文化资源。可以发挥隐性文化资源的作用，如民间故事、传统礼仪等，让学生从中了解自身所处地域的历史、文化传统和风俗习惯，进而对本地民众性格、文化品格和精神特征有更为真切的了解。

将乡土文化引入学校课程。课程是学校对学生进行教育的最主要载体，课程教学是技术最为精细、过程最为可控的教育途径。在学校课程建设中，可以充分利用本地的乡土文化资源，根据农村学校教育的总体要求，编制出具有地域特色的校本课程，拉近学生与本地乡贤、自然山水、生活事件、风土人情的距离，从而激发他们的情感，起到以情促知的作用。如口述当地传说能增加学生对教育内容中相关的人、事或物的感性认识和积极情感。农村学校把这些乡土文化资源作为学校课程建设中的内容展示给学生，让学生在深入了解具有乡土特色文化的同时，对于培养学生善良、正直、诚实的品德和美好人格方面都有积极的促进作用。

围绕乡土文化展开课外活动。课外活动虽然规律性和可控性稍弱，但相对于课堂教学，形式更为灵活多样、内容更为丰富，也更容易被学生接受。可以选择特定的本地乡土文化资源，结合与这种乡土文化内容相契合的教育主题，灵活地组织各种教育活动，如学校可以以感恩教育、诚信教育和立志教育等为主题，围绕相关的本地乡土文化资源，定期通过各种途径宣传展出本地乡贤的典型事迹，根据这些榜样性人物的成就和经历类型，提炼不同的教育元素，有针对性地运用到活动中去。例如，有的人物行为昭示了感恩或诚信意识，有的人物的经历展现了励志和成功的信念，有的人物的成就突出了求知学习的意义，让乡村儿童们得以根据自身不同的需求和情感反应，寻找自己所学习的对象，受到在同一文化传统下成长起来的榜样人物的激励。还可以让学生亲自参与到对本地乡土文化的发掘、宣传中去，以期取得更好的教育效果，如组织学生搜集本地传说中体现乡贤们优秀品质的事迹，描述本地山川景物并在其中融入自己的感悟，开展演讲比赛、作文比赛等。这种活动比一般的教育活动更能激起学生心中的认同感、共鸣感。

运用乡土文化资源实现教育手段多元化。通过乡土文化资源开发，并将其纳入学校课程体系，是实现农村学校教育手段多元化的有效途径，因为：第一，学校和学生所处地方的乡土文化资源包含多元化的知识、多样化的经验和差异化的文化类型，能满足课程多样化和多元性的要求；第二，乡土文化课程资源的开发能使教师有选择课程内容、教学方法的机会，学生有选择课程内容、学习方式的权利，满足课程多样化选择的要求；第三，乡土课程资源就是地方特色的课程资源，它适应我国地区间社会经济发展水平的差异，及时吸收地方经济社会发展和文化建设的成就，反映地方发展的新需要，能随时调整课程内容，能充分满足课程多样化、适应性和灵活性的要求；第四，乡土课程资源就是让学生体验生活世界和走进自然世界，让学生的精神生活和生命体验成为课程文化的中心，让体验学习贯穿教学和课程的始终，满足课程多样化人本性的要求。乡土课程资源的多样化存在为课程多样化提供了重要依托，不同的地域、不同的民族、不同的文化背景、不同的学校、不同的教师、不同的学生个体所具有的乡土课程资源各不相同，正是这些差异，将使我国各地学校的课程开发与实施呈现多样化的特点。

此外，地方乡土课程资源开发还具有保存和传承乡村文化的重要价值。乡土课程资源的开发过程首先就是对乡村文化的发掘、记载、整理，是对各种显性的、隐性的文化资源的重新认识，再将其中优秀的成分加以固化和保存，有的甚至是对即将消失的乡村文化的拯救。开展乡土课程教育教学，就是对这些历经风雨而价值永恒的文化精华的传承。

附录一　农村学校布局调整对农村文化建设的影响调查

（乡友卷·学校被撤并村）

尊敬的乡友：

您好！

为了准确把握我国农村中小学布局调整（撤并）对农村文化建设和对广大农民兄弟文化生活的影响，以便为国家和当地有关部门制定相关政策提供可靠的依据，我们组织了本次学术调查。此次调查以匿名方式进行，您只需要根据您所在地的实际情况和您的看法，将相应选项的代码填入问题后的括号内，或在"＿＿＿＿"上填写相应内容再将代码填入问题后的括号内。问卷只有项目组的科研人员才能接触，不会对您产生不利影响。

衷心感谢您的支持！

国家社会科学基金 2011 年度一般项目（编号 11BSH031）项目组

1. 您的基本情况是：

（1）年　　龄：＿＿＿周岁

（2）性　　别：＿＿＿

（3）民　　族：＿＿＿族

（4）文化程度（　　　）

①小学以下　　　　　　　　②小学

③初中　　　　　　　　　　④高中（或中专）

⑤大专及以上

（5）您的个人身份(　　)

①普通村民　　　　②村两委干部　　　　③乡镇干部

④农村文体骨干　　⑤乡镇文化员　　　　⑥其他_____

2. 您所在的村属于(　　)

（1）老少边穷地区　　　　　　（2）民族聚居区

（3）城乡接合部　　　　　　　（4）名村古镇

（5）有文物古迹　　　　　　　（6）普通乡村

（7）其他_____

3. 平时，您们村里人的主要文化娱乐活动有哪些？（可以多选，按从事的人数从多到少次序排列）(　　)

（1）看电视　　　　　　　　　（2）看电影

（3）看戏（文艺演出）　　　　（4）读书看报

（5）打牌、打麻将　　　　　　（6）上网

（7）吹拉弹唱　　　　　　　　（8）听广播、收音机

（9）看录像碟片　　　　　　　（10）体育健身

（11）拜菩萨、做礼拜等　　　　（12）其他_____

4. 您们村里有哪些文化公共设施？（可以多选）(　　)

（1）文化活动室　　　　　　　（2）村广播室

（3）电视室　　　　　　　　　（4）图书室

（5）体育健身场所　　　　　　（6）其他_____

5. 您参加公共性的文化活动吗？(　　)

（1）经常参加　　　　　　　　（2）较少参加

（3）很少参加　　　　　　　　（4）从不参加

6. 您对农村文化生活是否满意？(　　)

（1）满意　　　　　　　　　　（2）比较满意

（3）不太满意　　　　　　　　（4）不满意

7. 您对本村学校被撤并的态度是(　　)

（1）赞成　　　　（2）部分赞成　　　　（3）不赞成

8. 您认为本村学校被撤并后关于小孩子的教育问题有（可以多选，按严重性次序排列）(　　)

（1）小孩子上学路途远了，上学更不方便

（2）孩子上学路上的安全

（3）家庭负担加重了

（4）家长和孩子在一起的时间少了

（5）家长平时照看不到孩子了

（6）教育质量下降　　　　（7）其他_____

9. 看到自己村里的学校被撤并，您的心理感受是（　　）

（1）高兴　　　　　　　（2）无所谓　　　　　　　（3）难受

10. 您对原来村里学校的情况熟悉吗？（　　）

（1）熟悉　　　　　（2）比较熟悉　　　　　（3）不熟悉

11. 您对当地现在的学校情况熟悉吗？（　　）

（1）熟悉　　　　　（2）比较熟悉　　　　　（3）不熟悉

12. 您认识原来村里学校的老师吗？（　　）

（1）都认识　　　　　　　　（2）大部分认识

（3）少数认识　　　　　　　（4）都不认识

13. 您认识现在学校的老师吗？（　　）

（1）都认识　　　　　　　　（2）大部分认识

（3）少数认识　　　　　　　（4）都不认识

14. 村里有学校的时候，您会去学校走走，和老师们聊聊天吗？
（　　）

（1）经常会　　　　　　　　（2）有时会

（3）很少会　　　　　　　　（4）不会

15. 原来村里学校的那些老师们会参加村里的活动吗？（　　）

（1）经常会　　　　　　　　（2）有时会

（3）很少会　　　　　　　　（4）不会

16. 原来村里学校的那些老师们和村民们的关系好吗？（　　）

（1）好　　　　　　　　　　（2）比较好

（3）不太好　　　　　　　　（4）不好

17. 您觉得以前村里学校的老师对本村的文化建设、村民的文化生活
有帮助吗？（　　）

（1）很有帮助　　　　　　　　（2）有些帮助

（3）没帮助　　　　　　　　　（4）说不清

18. 您认为村里有没有学校对村里的文化建设有影响吗？（　　）

（1）影响很大　　　　　　　　（2）有些影响

（3）没有影响　　　　　　　　（4）说不清

19. 比一比村里学校被撤并之前和之后，乡风有没有不同？（　　）

（1）有很大的不同　　　　　　（2）有些不同

（3）没有什么不同　　　　　　（4）说不清

20. 您认为乡风好不好和村里有没有学校有关系吗？（　　）

（1）有关系　　　　（2）没有关系　　　　（3）说不清

21. 以赌博为例，村里学校被撤并之前和之后，什么时候多？
（　　）

（1）学校被撤并之前多　　　　（2）学校被撤并之后多

（3）学校被撤并之前之后一样多　　（4）说不清

22. 您觉得赌博、迷信活动等不良现象多少与村里有没有学校存在有
关系吗？（　　）

（1）有关系　　　　（2）没有关系　　　　（3）说不清

23. 从邻里关系来看，村里学校被撤并之前和之后有没有变化？
（　　）

（1）有变化，学校被撤并之前邻里关系更为密切

（2）有变化，学校被撤并之后邻里关系更为密切

（3）没什么变化　　　　（4）说不清

24. 有人说："以前村里有学校，孩子在本村学校上学，放学后在家
里待的时间也多，家长有好多时间要管孩子，同时也担心影响孩子，所以
打牌赌博的也少。现在孩子不在本村上学，待在家里时间也少，有的平时
不回家，有的家长农闲时没事做，打牌赌博的也就多起来了。"您觉得这
种说法符合实际情况吗？（　　）

（1）符合　　　　　　　　　　（2）基本符合

（3）不大符合　　　　　　　　（4）不符合

25. 有人说："孩子们在本村学校上学时，一起读书、玩的时间比较

多，家长们互相之间联系交往也就比较多。现在孩子不在本村上学，回到家里的时间也少，家长们互相之间联系交往也就比以前少多了。"您觉得这种说法符合实际情况吗？（　　　）

（1）符合　　　　　　　　　　（2）基本符合

（3）不大符合　　　　　　　　（4）不符合

26. 有人说："以前村里有学校，学校里有琅琅读书声，孩子们背着书包上学、放学，村子里就有一种书香气息。现在学校被撤了，心里觉得空落落的，好像丢了什么似的。"您觉得这种说法符合实际情况吗？（　　　）

（1）符合　　　　　　　　　　（2）基本符合

（3）不大符合　　　　　　　　（4）不符合

27. 有一种说法："一个村子，有没有学校就不一样，有学校的村子就充满朝气和活力；没有学校的村子就缺乏朝气和活力。"您觉得这种说法有道理吗？（　　　）

（1）有道理　　　　　（2）说不清　　　　　（3）没道理

28. 有这样一种说法："学校是农村文化的中心和高地，是乡村文明的象征。"您觉得这种说法有道理吗？（　　　）

（1）有道理　　　　　（2）说不清　　　　　（3）没道理

29. 您会怀念村里以前的学校吗？（　　　）

（1）经常会　　　　　　　　　（2）有时会

（3）很少会　　　　　　　　　（4）不会

30. 您希望自己村里有学校吗？（　　　）

（1）希望有　　　　　（2）不希望有　　　　　（3）无所谓

（本调查问卷到此结束，再次感谢您的合作！）

附录二 农村学校布局调整对农村文化建设的影响调查

（乡友卷·合并学校所在村）

尊敬的乡友：

您好！

为了准确把握我国农村中小学布局调整（撤并）对农村文化建设和对广大农民兄弟文化生活的影响，以便为国家和当地有关部门制定相关政策提供可靠的依据，我们组织了本次学术调查。此次调查以匿名方式进行，您只需要根据您所在地的实际情况和您的看法，将相应选项的代码填入问题后的括号内，或在"_____"上填写相应内容再将代码填入问题后的括号内。问卷只有项目组的科研人员才能接触，不会对您产生不利影响。

衷心感谢您的支持！

国家社会科学基金 2011 年度一般项目（编号 11BSH031）项目组

1. 您的基本情况是：

（1）年　　龄：____周岁

（2）性　　别：____

（3）民　　族：____族

（4）文化程度（　　）

①小学以下　　　　　　　　　②小学

③初中　　　　　　　　　　　④高中（或中专）

⑤大专及以上

（5）您的个人身份（   ）

①普通村民　　　　②村两委干部　　　　③乡镇干部

④农村文体骨干　　⑤乡镇文化员　　　　⑥其他_____

2. 您所在的村（镇）属于（   ）

（1）老少边穷地区　　　　（2）民族聚居区

（3）城乡接合部　　　　　（4）名村古镇

（5）有文物古迹　　　　　（6）普通村（镇）

（7）其他_____

3. 平时，您们村（镇）里人的主要文化娱乐活动有哪些？（可以多选，按从事的人数从多到少次序排列）（   ）

（1）看电视　　　　　　　（2）看电影

（3）看戏（文艺演出）　　（4）读书看报

（5）打牌、打麻将　　　　（6）上网

（7）吹拉弹唱　　　　　　（8）听广播、收音机

（9）看录像碟片　　　　　（10）体育健身

（11）拜菩萨、做礼拜等　 （12）其他_____

4. 您们村（镇）里有哪些文化公共设施？（可以多选）（   ）

（1）文化活动室　　　　　（2）村广播室

（3）电视室　　　　　　　（4）图书室

（5）体育健身场所　　　　（6）其他_____

5. 您们村（镇）里的文化活动多吗？（   ）

（1）多　　　　　　　　　（2）有，但不多

（3）很少　　　　　　　　（4）没有

6. 您参加公共性的文化活动吗？（   ）

（1）经常参加　　　　　　（2）较少参加

（3）很少参加　　　　　　（4）从不参加

7. 您对所在地文化生活是否满意？（   ）

（1）满意　　　　　　　　（2）比较满意

（3）不太满意　　　　　　（4）不满意

8. 您对本村（镇）学校合并其他村学校的态度是（   ）

（1）赞成　　　　　　　（2）部分赞成　　　　　　　（3）不赞成

9. 您认为本村学校合并了其他村学校，对本村（镇）人的日常生活有影响吗？（　　）

（1）有　　　　　　　（2）没有　　　　　　　（3）不知道

10. 您认为本村学校合并其他村学校，对本村（镇）的影响有（　　）（可以多选，按你感觉的影响程度次序排列）

（1）学校变大了，村（镇）里变热闹了

（2）学校大、校舍新，为村（镇）增光添彩了

（3）学生多了，学校周边的生意多了

（4）学校大了，学生多了，村（镇）上更有文化气息了

（5）村民们经常可以听到读书声、唱歌声

（6）村民们经常可以看到学校组织学生活动

（7）村民们的文明程度受到学校影响而提高了

（8）其他_____

11. 您觉得本村（镇）的学校，除了孩子上学外，平时和村（镇）民们有联系吗？（　　）

（1）有，很多　　　　　　　　　（2）有，但不多

（3）很少有联系　　　　　　　　（4）没有联系

12. 您对本村（镇）学校的情况熟悉吗？（　　）

（1）熟悉　　　　　　　（2）比较熟悉　　　　　　　（3）不熟悉

13. 您认识本村（镇）学校的老师吗？（　　）

（1）都认识　　　　　　　　　　（2）大部分认识

（3）少数认识　　　　　　　　　（4）都不认识

14. 村（镇）里学校的老师们和村民们的关系好吗？（　　）

（1）好　　　　　　　　　　　　（2）比较好

（3）不太好　　　　　　　　　　（4）不好

15. 学校平时让村民们进学校吗？（　　）

（1）让进　　　　　　　（2）有时让进　　　　　　　（3）不让进

16. 除了为孩子读书的事，村民们会去学校参加其他活动吗？（　　）

（1）会　　　　　　　（2）很少会　　　　　　　（3）不会

17. 学校的老师们会参加村里的活动吗？（   ）

（1）经常会   （2）有时会

（3）很少会   （4）不会

18. 除了学生读书的事，老师们和村民们有交往吗？（   ）

（1）有   （2）很少有   （3）没有

19. 您认为本村（镇）学校对村里的文化建设有影响吗？（   ）

（1）影响很大   （2）有些影响

（3）没有影响   （4）说不清

20. 您觉得本村学校的老师对本村的文化建设、村民的文化生活有帮助吗？（   ）

（1）很有帮助   （2）有些帮助

（3）没帮助   （4）说不清

21. 您认为乡风好不好和村里有没有学校有关系吗？（   ）

（1）有关系   （2）没有关系   （3）说不清

22. 您觉得本村（镇）学校在合并其他村学校前后相比，对本村（镇）乡风的影响有没有不同？（   ）

（1）有   （2）没有   （3）说不清

23. 有人说："学校合并后学校变大了，学生多起来了，经常可以看到孩子们上学、放学，能听到琅琅读书声，村子里文化气息浓起来了。"您觉得这种说法符合实际情况吗？（   ）

（1）符合   （2）基本符合

（3）不大符合   （4）不符合

24. 有人说："学校合并后学校变大了，学生多起来了，学校的老师和学生会参加村（镇）的文化活动，给乡村文化建设提供了很多帮助。"您觉得这种说法符合实际情况吗？

（1）符合   （2）基本符合

（3）不大符合   （4）不符合

25. 有人说："学校合并后学校变大了，学生多起来了，无形当中村（镇）的文明程度也受到影响而提高了。"您觉得这种说法符合实际情况吗？

（1）符合　　　　　　　　　　　（2）基本符合

（3）不大符合　　　　　　　　　（4）不符合

26. 有人说："学校合并后学校变大了，学生多起来了，但学校除了孩子上学之外，和当地村（镇）民之间没有多少往来。"您觉得这种说法符合实际情况吗？（　　）

（1）符合　　　　　　　　　　　（2）基本符合

（3）不大符合　　　　　　　　　（4）不符合

27. 有人说："学校合并后学校变大了，学生多起来了，但学校基本上是关着门办学，对村（镇）的文化建设没什么关系。"您觉得这种说法符合实际情况吗？（　　）

（1）符合　　　　　　　　　　　（2）基本符合

（3）不大符合　　　　　　　　　（4）不符合

28. 有人说："学校只要搞好教育、教好学生就行了，没有必要也没责任参加村（镇）文化建设。"您觉得这种说法对吗？（　　）

（1）对　　　　　（2）有点对　　　　　（3）不对

29. 您觉得本村（镇）学校教师有参加当地村（镇）文化建设的能力吗？（　　）

（1）有　　　　　（2）有一些　　　　　（3）没有

30. 您觉得本村（镇）学校教师有参加当地村（镇）文化建设的条件和机会吗？（　　）

（1）有　　　　　（2）有一些　　　　　（3）没有

31. 您觉得本村（镇）学校对当地村（镇）文化建设的功能发挥情况如何？（　　）

（1）充分发挥　　　　　（2）有些发挥　　　　　（3）没有发挥

32. 有这样一种说法："学校是农村文化的中心和高地，是乡村文明的象征。"您觉得这种说法有道理吗？（　　）

（1）有道理　　　　　（2）说不清　　　　　（3）没道理

（本调查问卷到此结束，再次感谢您的合作！）

附录三 农村学校布局调整对农村文化建设的影响调查

（教师卷）

尊敬的老师：

您好！

为了准确把握我国农村中小学布局调整（撤并）对农村文化建设和对广大农民兄弟文化生活的影响，以便为国家和当地有关部门制定相关政策提供可靠的依据，我们组织了本次学术调查。此次调查以匿名方式进行，您只需要根据您所在学校和所在地的实际情况以及您的看法，将相应选项的代码填入问题后的括号内，或在"_____"上填写相应内容再将代码填入问题后的括号内。问卷只有项目组的科研人员才能接触，不会对您产生不利影响。

衷心感谢您的支持！

国家社会科学基金 2011 年度一般项目（编号 11BSH031）项目组

1. 您的基本情况是：

（1）年　　龄：____周岁

（2）性　　别：____

（3）民　　族：____族

（4）文化程度（　　）

①高中（或中专）以下　　②高中（或中专）

③大专　　　　　　　　　④大学本科

⑤研究生（或硕士）

（5）您的个人身份（　　　）

①普通教师　　　　　　②学校中层干部　　　　　　③学校领导

2. 您所在学校地处（　　　）

（1）老少边穷地区　　　　　（2）民族聚居区

（3）城乡接合部　　　　　　（4）名村古镇

（5）有文物古迹　　　　　　（6）普通村（镇）

（7）其他＿＿＿＿＿＿

3. 平时，您校所在地村（镇）民的主要文化娱乐活动有哪些？（　　　）（可以多选，按从事的人数从多到少次序排列）

（1）看电视　　　　　　　　（2）看电影

（3）看戏（文艺演出）　　　（4）读书看报

（5）打牌、打麻将　　　　　（6）上网

（7）吹拉弹唱　　　　　　　（8）听广播、收音机

（9）看录像碟片　　　　　　（10）体育健身

（11）拜菩萨、做礼拜等　　（12）其他＿＿＿＿＿＿

4. 您校所在村（镇）有哪些文化公共设施？（　　　）（可以多选）

（1）文化活动室　　　　　　（2）村广播室

（3）电视室　　　　　　　　（4）图书室

（5）体育健身场所　　　　　（6）其他＿＿＿＿＿＿

5. 您校所在地村（镇）民的文化活动多吗？（　　　）

（1）多　　　　　　　　　　（2）有，但不多

（3）很少　　　　　　　　　（4）没有

6. 您参加所在地村（镇）公共性的文化活动吗？（　　　）

（1）经常参加　　　　　　　（2）较少参加

（3）很少参加　　　　　　　（4）从不参加

7. 您对所在学校的文化生活是否满意？（　　　）

（1）满意　　　　　　　　　（2）比较满意

（3）不太满意　　　　　　　（4）不满意

8. 您对学校所在村（镇）文化生活是否满意？（　　　）

（1）满意　　　　　　　　　　（2）比较满意

（3）不太满意　　　　　　　　（4）不满意

9. 您对所在学校合并其他村学校的态度是（　　　）

（1）赞成　　　　　（2）部分赞成　　　　　　（3）不赞成

10. 您认为所在学校合并了其他村学校，对现在学校村（镇）人的日常生活有影响吗？（　　　）

（1）有　　　　　　（2）没有　　　　　　　（3）不知道

11. 您认为所在学校合并其他村学校，对所在村（镇）的影响有（　　　）（可以多选，按你感觉的影响程度次序排列）

（1）学校变大了，村（镇）里变热闹了

（2）学校大、校舍新，为村（镇）增光添彩了

（3）学生多了，学校周边做生意的多了

（4）学校大了，学生多了，村（镇）上更有文化气息了

（5）居民们经常可以听到读书声、唱歌声

（6）居民们经常可以看到学校组织学生活动

（7）居民们的文明程度受到学校影响而提高了

（8）其他_____

12. 您觉得所在学校，除了学生上学外，平时和当地居民们有联系吗？（　　　）

（1）有，很多　　　　　　　（2）有，但不多

（3）很少有联系　　　　　　（4）没有联系

13. 您对本村（镇）的情况熟悉吗？（　　　）

（1）熟悉　　　　　　（2）比较熟悉　　　　　　（3）不熟悉

14. 您认识学校所在村（镇）的居民吗？（　　　）

（1）都认识　　　　　　　　（2）大部分认识

（3）少数认识　　　　　　　（4）都不认识

15. 所在学校的老师们和当地居民的关系好吗？（　　　）

（1）好　　　　　　　　　　（2）比较好

（3）不太好　　　　　　　　（4）不好

16. 学校平时能让当地居民进学校吗？（　　　）

（1）让进　　　　　（2）有时让进　　　　　（3）不让进

17. 除了为孩子读书的事，当地居民会来学校参加其他活动吗？（　　　）

（1）会　　　　　（2）很少会　　　　　（3）不会

18. 学校的老师们会参加村里的活动吗？（　　　）

（1）经常会　　　　　　　（2）有时会

（3）很少会　　　　　　　（4）不会

19. 除了学生读书的事，老师们和当地居民们有交往吗？（　　　）

（1）有　　　　　（2）很少有　　　　　（3）没有

20. 您认为本校对所在村（镇）的文化建设有影响吗？（　　　）

（1）影响很大　　　　　　（2）有些影响

（3）没有影响　　　　　　（4）说不清

21. 您觉得本校的老师对本地的文化建设、居民的文化生活有帮助吗？
（　　　）

（1）很有帮助　　　　　　（2）有些帮助

（3）没帮助　　　　　　　（4）说不清

22. 您认为乡风好不好和村（镇）上有没有学校有关系吗？（　　　）

（1）有关系　　　　　（2）没有关系　　　　　（3）说不清

23. 您觉得本校在合并其他村学校前后相比，对所在村（镇）乡风的
影响有没有不同？（　　　）

（1）有　　　　　（2）没有　　　　　（3）说不清

24. 有人说："学校合并后学校变大了，学生多起来了，学校所在村
（镇）的文化气息浓起来了。"您觉得这种说法符合实际情况吗？（　　　）

（1）符合　　　　　　　（2）基本符合

（3）不大符合　　　　　（4）不符合

25. 有人说："学校合并后学校变大了，学生多起来了，学校的老师
和学生会参加村（镇）的文化活动，给乡村文化建设很多帮助。"您觉得
这种说法符合实际情况吗？（　　　）

（1）符合　　　　　　　（2）基本符合

（3）不大符合　　　　　（4）不符合

26. 有人说："学校合并后学校变大了，学生多起来了，无形当中村

（镇）的文明程度也受到影响而提高了。"您觉得这种说法符合实际情况吗？（   ）

 （1）符合   （2）基本符合

 （3）不大符合   （4）不符合

27. 有人说："学校合并后学校变大了，学生多起来了，但学校除了学生上学之外，和当地村（镇）民之间没有多少往来。"您觉得这种说法符合实际情况吗？（   ）

 （1）符合   （2）基本符合

 （3）不大符合   （4）不符合

28. 有人说："学校合并后学校变大了，学生多起来了，但学校基本上是关门办学，对村（镇）的文化建设没什么关系。"您觉得这种说法符合实际情况吗？（   ）

 （1）符合   （2）基本符合

 （3）不大符合   （4）不符合

29. 有人说："学校只要搞好教育、教好学生就行了，没有必要也没责任参加村（镇）文化建设。"您觉得这种说法对吗？（   ）

 （1）对   （2）有点对   （3）不对

30. 您觉得本校教师有参加当地村（镇）文化建设的能力吗？（   ）

 （1）有   （2）有一些   （3）没有

31. 您觉得本校教师有参加当地村（镇）文化建设的条件和机会吗？（   ）

 （1）有   （2）有一些   （3）没有

32. 您觉得所在学校对当地村（镇）文化建设的功能发挥情况如何？（   ）

 （1）充分发挥   （2）有些发挥   （3）没有发挥

33. 有这样一种说法："学校是农村文化的中心和高地，是乡村文明的象征。"您觉得这种说法有道理吗？（   ）

 （1）有道理   （2）说不清   （3）没道理

（本调查问卷到此结束，再次感谢您的合作！）

附录四 "农村学校布局调整对农村文化建设的影响"访谈提纲

一 "农村学校布局调整对农村文化建设的影响"访谈提纲（被撤并学校村乡友）

尊敬的乡友：

您好！

为了准确把握我国农村学校布局调整对农村文化建设的影响和学校被撤并后农村文化建设状况，以便为国家和当地有关部门制定相关政策提供可靠的依据，我们组织本次访谈，请您根据本村实际情况对以下问题发表看法。您所发表的所有内容只有项目组的科研人员才能接触，不会对您产生不利影响。

衷心感谢您的支持！

国家社会科学基金 2011 年度项目（编号 11BSH031）项目组

1. 看着本村学校被撤并，您的心情怎么样？

2. 本村学校被撤并，对您家有什么影响？给您们村带来什么问题？

3. 村里原来那个学校除了供孩子上学外，平时还有其他用处吗？现在还有这样的用处吗？

4. 学校没被撤之前，村民们去学校多吗？村民们和学校、老师之间的关系如何？和现在的学校、老师之间的关系相比，有什么不同吗？

5. 您觉得以前村里学校的老师对本村的文化建设、村民的文化生活有帮助吗？

6. 现在您们村里的人农闲时间主要花在哪些方面？这和学校被撤之前相比，有什么不同吗？

7. 学校被撤前后相比，您觉得村里人之间相互往来多少有变化吗？相互之间关系有变化吗？

8. 村里有没有学校对村风、民风有影响吗？

9. 有人说："村校老师的道德品行是村民们的榜样。"对此，您同意吗？

10. 您们村平时、节日里组织哪些活动？哪些活动参加的人多？

11. 您们村里有广播室、图书室、棋牌室和文娱活动室等地方吗？经常有人活动吗？

12. 您怀念村里原来那个学校吗？

二 "农村学校布局调整对农村文化建设的影响" 访谈提纲（合并学校所在村乡友）

尊敬的乡友：

您好！

为了准确把握我国农村学校布局调整对农村文化建设的影响和学校被撤并后农村文化建设状况，以便为国家和当地有关部门制定相关政策提供可靠的依据，我们组织本次访谈，请您根据本村（镇）实际情况对以下问题发表看法。您所发表的所有内容只有项目组的科研人员才能接触，不会对您产生不利影响。

衷心感谢您的支持！

国家社会科学基金 2011 年度项目（编号 11BSH031）项目组

1. 您认为本村学校合并了其他村学校，学校变大了，对本村（镇）人的日常生活有什么影响？

2. 您觉得本村（镇）的学校，除了孩子上学外，平时和村（镇）民们有联系吗？主要有哪些方面？

3. 您村（镇）里学校的老师们平时和村民们有联系吗？主要有哪些方面？

4. 除了为孩子读书的事，村民们会去学校参加其他活动吗？参加哪些活动？

5. 学校的老师们会不会参加村里的活动？参加哪些活动？

6. 您认为本村（镇）学校对村（镇）民们的文化生活有影响吗？体现在哪些方面？

7. 学校合并后学校变大了，学生多起来了，对于提高村（镇）的文明程度有作用吗？

8. 村里有没有学校对村风、民风有影响吗？

9. 有人说："村校老师的道德品行是村民们的榜样。"对此，您同意吗？

10. 您觉得本村（镇）学校对当地村（镇）文化建设有作用吗？体现在哪些方面？

11. "学校是农村文化的中心和高地，是乡村文明的象征。"对此，您怎么看？

三 "农村学校布局调整对农村文化建设的影响"访谈提纲（教师）

尊敬的老师：

您好！

为了准确把握我国农村学校布局调整对农村文化建设的影响和学校被撤并后农村文化建设状况，以便为国家和当地有关部门制定相关政策提供可靠的依据，我们组织本次访谈，请您根据本校和所在村（镇）实际情况对以下问题发表看法。您所发表的所有内容只有项目组的科研人员才能接触，不会对您产生不利影响。

衷心感谢您的支持！

国家社会科学基金 2011 年度项目（编号 11BSH031）项目组

1. 您认为本村学校合并了其他村学校，学校变大了，对本村（镇）人的日常生活有什么影响？

2. 您觉得您所在学校，除了孩子上学外，平时和村（镇）民们联系密切吗？主要有哪些方面？

3. 本校老师们和村民们有联系吗？主要有哪些方面？

4. 除了为孩子读书的事，村民们会去学校参加其他活动吗？参加哪些活动？

5. 学校的老师们会不会参加村里的活动？参加哪些活动？

6. 您认为所在学校对所在地居民的文化生活有影响吗？具体体现在哪些方面？

7. 学校合并后学校变大了，学生多起来了，对于提高村（镇）的文明程度有作用吗？

8. 村里有没有学校对村风、民风有影响吗？

9. 有人说："村校老师的道德品行是村民们的榜样。"对此，您同意吗？

10. 您觉得所在学校对当地村（镇）文化建设有作用吗？体现在哪些方面？

11. "学校是农村文化的中心和高地，是乡村文明的象征。"对此，您怎么看？

参考文献

一 中文文献

（一）著作

［1］毕世响：《乡村生活的道德文化智慧》，吉林人民出版社 2002 年版。

［2］蔡志良、王俏华、蔡应妹：《跨越德性生长的断层：农村学校布局调整后学生道德成长风险研究》，浙江教育出版社 2016 年版。

［3］蔡志良：《文化学视野下的农村教师专业发展研究》，上海交通大学出版社 2016 年版。

［4］曹锦清、张乐天、陈中亚：《当代浙北乡村的社会文化变迁》，上海人民出版社 2014 年版。

［5］陈立旭、潘捷军：《乡风文明：新农村文化建设——基于浙江实践的研究》，科学出版社 2009 年版。

［6］陈序经：《文化学概观》，商务印书馆 1947 年版。

［7］戴斌荣：《城镇化发展进程中农村教育问题与对策》，南京大学出版社 2013 年版。

［8］董建波、李学昌：《20 世纪江浙沪农村社会变迁中的文化演进》，华东师范大学出版社 2010 年版。

［9］董磊明：《宋村的调解——巨变时代的权威与秩序》，法律出版社 2008 年版。

［10］范先佐等：《中国中西部地区农村中小学合理布局结构研究》，中国社会科学出版社 2009 年版。

[11] 《费孝通文集》，群言出版社 1999 年版。

[12] 费孝通：《乡土中国》，人民出版社 2008 年版。

[13] 傅国涌：《过去的中学》（增订本），同心出版社 2012 年版。

[14] 高金岭、谢登斌：《文化学观照下的教育变革》，广西师范大学出版社 2007 年版。

[15] 高宣扬：《流行社会学》，中国人民大学出版社 2006 年版。

[16] 郭清扬、赵丹、范先佐：《中小学布局调整与教学点建设研究》，人民教育出版社 2011 年版。

[17] 贺雪峰：《新乡土中国》，北京大学出版社 2013 年版。

[18] 胡德海：《教育学原理》，甘肃教育出版社 1998 年版。

[19] 李红婷：《跨越生命的断层——村落视野下的教育遭遇》，汉域文化有限公司 2011 年版。

[20] 李培林：《另一只看不见的手——社会结构转型》，社会科学文献出版社 2005 年版。

[21] 李锐等：《农村教育的社会学研究》，中国社会科学出版社 2013 年版。

[22] 李书磊：《村落中的"国家"——文化变迁中的乡村学校》，浙江人民出版社 1999 年版。

[23] 李水山：《农村教育史》，广西教育出版社 2007 年版。

[24] 李小云、赵旭东、叶敬忠：《乡村文化与新农村建设》，社会科学文献出版社 2008 年版。

[25] 李秀忠、李妮娜：《当代中国乡村文化建设问题研究》，山东人民出版社 2014 年版。

[26] 李友梅等：《快速城市化过程中的乡土文化转型》，上海人民出版社 2007 年版。

[27] 梁漱溟：《中国文化要义》，学林出版社 1987 年版。

[28] 刘豪兴：《农村社会学》，中国人民大学出版社 2008 年版。

[29] 刘铁芳：《乡土的逃离与回归：乡村教育的人文重建》，福建教育出版社 2008 年版。

[30] 刘云衫：《从启蒙者到专业人——中国现代化历程中教师角色演

变》，北京师范大学出版社 2006 年版。

[31] 娄立志：《社会转型与教育代价》，中国社会科学出版社 2012 年版。

[32] 吕红平：《农村家庭问题与现代化》，河北大学出版社 2001 年版。

[33] 罗慧燕：《教育与社会发展——中国贵州省的一个个案研究》，民族出版社 2009 年版。

[34] 马秋帆：《梁漱溟教育论著选》，人民教育出版社 1994 年版。

[35] 苗春德：《中国近代乡村教育史》，人民教育出版社 2004 年版。

[36] 钱理群、刘铁芳：《乡土中国与乡村教育》，福建教育出版社 2008 年版。

[37] 钱民辉：《教育社会学概论》，北京大学出版社 2010 年版。

[38] 秦红增：《乡土变迁与重塑——文化农民与民族地区和谐乡村建设研究》，商务印书馆 2012 年版。

[39] 任运昌：《空巢乡村的守望——西部留守儿童教育问题的社会学研究》，中国社会科学出版社 2009 年版。

[40] 容中逵：《传统与现代的交锋：百年中国乡村教育变迁的实践表达》，浙江大学出版社 2010 年版。

[41] 史宁中等：《新农村建设与城镇化推进中农村教育布局调整研究》，经济科学出版社 2009 年版。

[42] 21 世纪教育研究院：《农村教育向何处去——对农村撤点并校政策的评价与反思》，北京理工大学出版社 2013 年版。

[43] 司马云杰：《文化社会学》，中国社会科学出版社 2001 年版。

[44] 孙立平：《重建社会——转型社会的秩序再造》，社会科学文献出版社 2009 年版。

[45] 孙立群、孙福田：《农村教育与经济社会协调发展关系研究》，中国农业出版社 2007 年版。

[46] 孙培青：《中国教育史》，华东师范大学出版社 2009 年版。

[47] 王慧：《中国当代农村教育史论》，光明日报出版社 2014 年版。

[48] 王廷洽：《中国早期知识分子的社会职能》，河南人民出版社 1997 年版。

[49] 王增进：《后现代与知识分子社会位置》，中国社会科学出版社 2003

年版。

[50] 翁乃群：《村落视野下的农村教育——以西南四村为例》，社会科学文献出版社 2009 年版。

[51] 邬志辉、秦玉友：《中国农村教育发展报告 2012》，北京师范大学出版社 2014 年版。

[52] 吴康宁：《意识形态与中国教育学——走向一种教育学的社会学研究》，南京师范大学出版社 2008 年版。

[53] 吴理财等：《当代中国农村农民文化生活调查》，知识产权出版社 2011 年版。

[54] 萧功秦：《知识分子与观念人》，天津人民出版社 2002 年版。

[55] 徐平利：《教育的陷阱》，广西师范大学出版社 2008 年版。

[56] 许纪霖：《公共性与公共知识分子》，江苏人民出版社 2003 年版。

[57] 阎云翔：《私人生活的变革：一个中国村庄里的爱情、家庭与亲密关系（1949—1999）》，上海书店出版社 2006 年版。

[58] 晏阳初：《平民教育与乡村建设运动》，商务印书馆 2014 年版。

[59] 杨镜江：《文化学引论》，北京师范大学出版社 1992 年版。

[60] 叶敬忠、吴惠芳、孟祥丹：《中国农村教育：反思发展主义的视角》，社会科学文献出版社 2015 年版。

[61] 叶哲铭：《底层视野——现代学校教育与乡村民众生活》，浙江大学出版社 2010 年版。

[62] 于影丽：《社会转型期乡村文化：传承与断裂——玉村教育人类学考察》，教育科学出版社 2012 年版。

[63] 余英时：《中国知识分子论》，河南人民出版社 1997 年版。

[64] 张洪华：《农村中小学布局调整中的利益博弈——基于苏镇个案的实地研究》，南开大学出版社 2014 年版。

[65] 张济洲：《文化视野下的村落、学校与国家——一个地方社区基础教育变迁的历史人类学考察》，教育科学出版社 2011 年版。

[66] 张鸣：《乡村社会权力和文化结构的变迁》，广西人民出版社 2001 年版。

[67] 郑金洲：《教育文化学》，人民教育出版社 2000 年版。

［68］郑也夫：《城市社会学》，上海交通大学出版社 2009 年版。

［69］郑也夫：《知识分子研究》，中国青年出版社 2004 年版。

［70］中央教育科学研究所：《陶行知教育文选》，教育科学出版社 1981
年版。

［71］周军：《中国现代化与乡村文化建构》，中国社会科学出版社 2012
年版。

［72］［德］O. F. 博尔塔夫：《教育人类学》，李其龙译，华东师范大学出
版社 1999 年版。

［73］［德］彼得·科斯洛夫斯基：《后现代文化——技术发展的社会文化
后果》，毛怡红译，中央编译出版社 1999 年版。

［74］［德］哈贝马斯：《公共领域的结构转型》，曹卫东译，学林出版社
1999 年版。

［75］［法］爱弥尔·涂尔干：《宗教生活的基本形式》，渠东、汲喆译，
上海人民出版社 1999 年版。

［76］［法］皮埃尔·布迪厄、［美］华康德：《实践与反思——反思社会
学导引》，李猛等译，中央编译出版社 1998 年版。

［77］［美］保罗·康纳顿：《社会如何记忆》，上海人民出版社 2000
年版。

［78］［美］戴维·波普诺：《社会学》（第 10 版），李强等译，中国人民
大学出版社 1999 年版。

［79］［美］柯克·约翰逊：《电视与乡村社会变迁——对印度两村庄的民
族志调查》，中国人民大学出版社 2005 年版。

［80］［美］钱德勒·巴伯、尼塔·H. 巴伯、帕特丽夏·史高利：《家庭、
学校与社区》，丁安睿等译，江苏教育出版社 2013 年版。

［81］［美］乔伊丝·L. 爱普斯坦等：《学校、家庭和社区合作伙伴：行
动手册》，吴重涵等译，江西教育出版社 2012 年版。

［82］［美］希尔斯：《论传统》，傅铿等译，上海人民出版社 2009 年版。

［83］［英］吉登斯：《现代性的后果》，田禾译，译林出版社 2011 年版。

［84］［英］马林诺夫斯基：《文化论》，费孝通译，中国民间文艺出版社
1987 年版。

[85] ［英］培根:《学校与社区关系》,周海涛译,重庆大学出版社 2003
年版。

(二) 论文

[1] 安晓敏、田茂:《学校布局调整对乡村社会的影响及相应对策》,《湖
南师范大学教育科学学报》2011 年第 5 期。

[2] 毕世响:《人与思想出没的地方——学校原型的天问》,《上海教育科
研》2012 年第 2 期。

[3] 陈柏峰:《熟人社会:村庄秩序机制的理想型探案》,《社会》2011
年第 1 期。

[4] 陈丽琴:《农村公共空间的退缩与女性的政治参与——对湖北省 S 村
公共空间的分析与思考》,《中华女子学院学报》2009 年第 3 期。

[5] 陈茜:《村校消失后的乡村文化建设研究——浙江省 L 村的个案研
究》,硕士学位论文,浙江师范大学,2015 年。

[6] 陈文胜、陆福兴:《新农村文化建设的战略思考》,《中国发展观察》
2006 年第 12 期。

[7] 陈文胜、陆福兴:《新农村文化建设的战略思考》,《中国发展观察》
2006 年第 12 期。

[8] 陈艳敏:《多中心治理理论:一种公共事务自主治理的制度理论》,
《新疆社科论坛》2007 年第 3 期。

[9] 程立涛、乔荣生:《现代性与"陌生人伦理"》,《伦理学研究》2010
年第 1 期。

[10] 程天君:《教师社会角色:三种研究视角的比较》,《教育理论与实
践》2005 年第 11 期。

[11] 代静亚、龙红霞:《"后撤点并校时代"的乡村教育与乡村文化传
承》,《教学与管理》(理论版)2014 年第 4 期。

[12] 戴利朝:《茶馆观察:农村公共空间的复兴与基层社会整合》,《社
会》2005 年第 5 期。

[13] 费孝通:《反思·对话·文化自觉》,《北京大学学报》(哲学社会科
学版)1997 年第 3 期。

［14］ 费孝通：《家庭结构变动中的老年赡养问题——再论中国家庭结构的变动》，《北京大学学报》（哲学社会科学版）1983 年第 3 期。

［15］ 冯翠云：《学校布局调整背景下乡村文化传承的困境分析》，《清华大学教育研究》2012 年第 2 期。

［16］ 冯莉：《转型期中国中部农村生活模式的变迁研究——以河南省 C 村选举为中心的考察》，《社会科学》2012 年第 11 期。

［17］ 高水红：《乡村学校教育变迁与时空意识的变革》，《北京大学教育评论》2012 年第 4 期。

［18］ 龚翠翠：《村校消失后家庭伦理关系问题及对策研究》，硕士学位论文，浙江师范大学，2015 年。

［19］ 郭俊霞：《农村家庭代际关系的现代性适应（1980—　 ）——以赣、鄂两个乡镇为例》，博士学位论文，华中科技大学，2012 年。

［20］ 郭于华：《代际关系的公平逻辑及其变迁——对河北农村养老事件的分析》，《中国学术》2001 年第 4 期。

［21］ 贺雪峰、仝志辉：《村庄权力结构的三层分析——兼论选举后村级权力的合法性》，《中国社会科学》2002 年第 1 期。

［22］ 黄浩森：《乡土课程资源的界定及其开发原则》，《中国教育学刊》2009 年第 1 期。

［23］ 黄新海：《在中学德育中开发利用乡土文化资源的探索——以浙江海宁二中为例》，硕士学位论文，华东师范大学，2008 年。

［24］ 纪德奎：《城乡教育一体化进程中乡村学校文化的冲突与调适》，《教育发展研究》2013 年第 21 期。

［25］ 季中扬：《乡土文化认同危机与现代性焦虑》，《求索》2012 年第 4 期。

［26］ 贾莹：《发挥学校文化堡垒作用　引领乡村社会文化建设——布局调整中乡村学校文化的复归》，《吉林省教育学院学报》（学术版）2010 年第 6 期。

［27］ 李长吉：《农村教师：改造乡村生活的灵魂——兼论农村教师的知识分子身份》，《教师教育研究》2011 年第 1 期。

［28］ 李建兴：《乡村变革与乡贤治理的回归》，《浙江社会科学》2015 年

第 7 期。

[29] 李强：《中国村落学校的离土境遇与新路向》，《中国教育学刊》2010 年第 4 期。

[30] 刘瑞娟：《论村落文化在乡风文明建设中的作用》，《山西农业大学学报》（社会科学版）2008 年第 1 期。

[31] 刘铁芳：《文化破碎中的乡村教育》，《青年教师》2008 年第 9 期。

[32] 刘永佶：《小农意识——农民个体而非阶级的意识》，《社会科学论坛》（学术评论）2007 年第 4 期。

[33] 龙宝新：《村小"消逝"现象的文化学思考》，《中国教育学刊》2012 年第 6 期。

[34] 卢荣轩、童辉波：《试论村落文化的基本特征及历史性变革》，《社会主义研究》1993 年第 1 期。

[35] 罗志田：《科举制废除在乡村中的社会后果》，《中国社会科学》2006 年第 1 期。

[36] 孟祥丹：《当村庄没有了学校》，《中国农业大学学报》（社会科学版）2009 年第 2 期。

[37] 任学丽：《转型社会伦理秩序的重构——从"熟人社会"到"陌生人社会"》，《长白学刊》2013 年第 5 期。

[38] 容中逵：《他者规训异化与自我迷失下的乡村教师——论乡村教师的身份认同危机问题》，《教育学报》2006 年第 5 期。

[39] 孙刚成、田玉慧、王安新：《村小消失后对农村文明的不利影响》，《集美大学学报》（教育科学版）2015 年第 1 期。

[40] 唐松林：《理想的寂灭与复燃：重新发现乡村教师》，《中国教育学刊》2012 年第 7 期。

[41] 万明钢：《文字上移：渐行渐远的乡村教育》，《教育科学研究》2010 年第 7 期。

[42] 王灿明：《农村教师与农村精神文明建设》，《江苏教育学院学报》（社会科学版）1996 年第 1 期。

[43] 王成芝、曹晶：《乡村文化传承何以受阻：农村学校布局调整的文化学思考》，《教育理论与实践》2015 年第 31 期。

［44］王定华：《关于我国农村义务教育学校布局调整的调查与思考》，《华中师范大学学报》（人文社会科学版）2012 年第 11 期。

［45］王国胜：《农民的公民意识问题及其增强》，《理论探索》2010 年第 1 期。

［46］王彦明：《教师身份认同：危机、原因、诉求》，《教育导刊》2011 年第 3 期。

［47］王易萍：《地方戏剧在乡村公共文化生活变革中的价值——广西平南牛歌戏为个案》，《湖南农业大学学报》（社会科学版）2010 年第 3 期。

［48］王勇：《城乡文化一体化与乡村学校的文化选择》，《中国教育学刊》2013 年第 3 期。

［49］魏峰：《农村文化与新农村教育》，《教育导刊》2006 年第 8 期。

［50］吴惠青、王丽燕：《新农村文化建设中农村学校的使命》，《教育发展研究》2011 年第 19 期。

［51］肖海平：《新农村建设中教育的文化使命》，《当代教育论坛》2008 年第 1 期。

［52］肖前、陈朗：《论文化的结构和功能》，《天津社会科学》1992 年第 5 期。

［53］熊春文：《"文字上移"：20 世纪 90 年代末以来中国乡村教育的新趋向》，《社会学研究》2009 年第 5 期。

［54］熊春文：《再论"文字上移"：对农村学校布局调整的近期观察》，《中国农业大学学报》（社会科学版）2012 年第 4 期。

［55］阳锡叶：《焕发乡村文化活力的根基在教育——现存文化现象与乡村教育问题探析（上）》，《湖南教育》2012 年第 2 期。

［56］姚蓓琴：《村落文化和农村两个文明建设》，《社会科学》2000 年第 4 期。

［57］姚荣：《从"嵌入"到"悬浮"：国家与社会视角下我国乡村教育变迁研究》，《清华大学教育研究》2014 年第 4 期。

［58］叶忠海：《学校和社区的沟通——上海城市社区教育研究》，《教育发展研究》1999 年第 3 期。

[59] 殷京生：《试论城市文化的特征》，《宁夏社会科学》2003 年第 1 期。

[60] 于影丽、毛菊：《乡村教育与乡村文化研究：回顾与反思》，《教育理论与实践》2011 年第 8 期。

[61] 昝剑森：《农民发展的现代化困境：农民意识向公民意识的转换》，《当代世界与社会主义》2013 年第 2 期。

[62] 张济洲：《"离农"、"为农"——农村教育改革的困境与出路》，《河北师范大学学报》（教育科学版）2006 年第 3 期。

[63] 张良：《乡村公共空间的衰败与重建——兼论乡村社会整合》，《天津行政学院学报》2013 年第 6 期。

[64] 张孝德：《拯救中国乡村文明呼吁书——生态文明视野下中国乡村文明发展命运反思》，中国公共经济研究会乡村文明研究中心"首届中国乡村文明发展论坛"，2012 年。

[65] 张艳娥：《关于乡村治理主体几个相关问题的分析》，《农村经济》2010 年第 1 期。

[66] 赵霞：《传统乡村文化的秩序危机与价值重建》，《中国农村观察》2011 年第 3 期。

[67] 赵霞、杨筱柏：《当代中国乡村教育的文化阐释与价值选择》，《河北学刊》2012 年第 3 期。

[68] 郑杭生、杨敏：《社会实践结构性巨变的若干趋势》，《社会科学》2006 年第 10 期。

[69] 周洪新、徐继存：《农村学校布局调整中的乡村文化危机与反思》，《理论学刊》2014 年第 9 期。

[70] 周晔：《"学校离村"的乡村教育新动向及其社会文化隐忧——兼与"文化上移"提法商榷》，《河北师范大学学报》（教育科学版）2015 年第 5 期。

[71] 朱水萍、高德胜：《教师伦理角色的缺位与回归》，《全球教育展望》2013 年第 10 期。

[72] 庄孔韶、王媛：《评议"离农"、"为农"争论——教育人类学视角的农村教育》，《广西民族大学学报》（哲学社会科学版）2011 年第 3 期。

二　外文文献

[1] A. G. Phipps and W. J. Holden, "Intended Mobility Response to Inner-city School Closure", (London) *Environment and Planning A*, No. 17, 1985.

[2] Dewey, John, *The School and Society*, Vol. 151, SIU Press, 1980.

[3] Douglas Lehman, *Bringing the School to the Children: Shortening, the Path to Education for all*, The World Bank, August, 2003.

[4] Lewis, W. A., "Economic Development with Unlimited Supply of Labor", *The Manchester School of Economic and Social Studies*, 1954.

[5] Mark Gottdiener and Ray Hutchison, *The New Urban Sociology*, Boston: McGraw-Hill, 2000.

[6] Reardon, Kathleen Kelley, *Interpersonal Communication: Where Minds Meet*, Belmont, CA: Wadsworth, 1987.

[7] White, Jane J., "The Teacher as Broker of Scholarly Knowledge", *Journal of Teacher Education*, Vol. 38, No. 4, 1998.

后　记

1973 年至 1985 年，从村校到乡校再到小镇上的高中，我在浙北平原的农村接受了初等和中等教育，完成了一个乡下孩子经过农村教育考入大学的历程。

那时的学校与周边乡村是融为一体的，乡民们都把学校看成是"我们的"，学校有事，乡民们会主动出工出力；老师大都是土生土长的本地人，乡民有事会向他们请教，请他们帮忙，老师们也乐意为乡民做些力所能及的事；唱戏、说书、节日喜庆、露天电影、村民大会等活动都在村校举行；小杂货店、小茶馆也紧挨着学校。尽管校舍寒碜、条件简陋，但它实实在在是乡民生活中心、活动中心，更是知识中心、文化中心。每天从学校传出的广播声、读书声、嬉闹声，在乡民们听来，就是从文化高地传出的活力之声、希望之音。

20 世纪 90 年代伊始，在轰轰烈烈的农村学校布局调整中，村校消失了、乡校衰落了。眼见着那些曾寓身于其中的、寄托着乡情乡愁的圣地般的学校，已经物是人非甚至物非人非，不禁心生凄凉。尚存的农村学校常常是大门紧闭，似乎与周边世界毫不相干，老师们也多是早来晚去的"上班族"。又见农闲时光的乡民们，不少沉湎于麻将、纸牌，由此引起不少矛盾。不少村建起了文化礼堂，但多数是有"礼堂"没"文化"。凡此种种，使我真切感受到：农村学校的撤并，对于失去学校的农村来说是一次不小的文化伤害。

个人的情感是一回事，学理的论证又是一回事，更不能以一个孤证来说明学校撤并对农村文化影响的普遍性。2011 年，我主持申报了国家社会科学基金项目"农村学校布局调整对农村文化建设的影响",迫切想通过系统研究弄清我关注的一些问题,如当今时代农村学校的价值何在?学校撤离后的农村文化生态如何?合并后的农村学校的文化功能何以发挥?失去了学校的农村文化怎样重建?该项目获得批准立项后,我们着手开始研究,从2012年7月至2014年9月,历经两年多时间,在全国7个省17个县(市、区)的20个乡(镇)进行深入细致的调查研究。调查采用问卷、访谈、观察等方法进行。在研究期间,国家关于农村学校布局、农村教育、农村文化建设的政策都有较大的调整,农村文化建设出现了新的变化,我们的研究工作也随之做出适当调整,及时增补调查研究,获取最新的一手材料,研究过程也就自然拉长。在这过程中,由于工作变动等原因,课题组成员也有所变化。

现在呈现在读者面前的就是该项目研究的最终成果,是项目组的集体研究成果,分工如下:蔡应妹(负责项目研究方案总体设计,执笔绪论、第一章、第二章、第四章)、严米平(执笔第三章、第五章)、杜维超(执笔第六章)。单敏、谢颖、陈艳超、金园园也参加了部分书稿的起草。全书最后由蔡应妹修改定稿。

参与调查研究的还有浙江师范大学法政学院、教师教育学院的研究生,他们是:费学良、许勇、李莉、肖秀兰、吴超智、赵薇、闫闯、杨哲、黎丹妮、陈茜、龚翠翠、姜剑虹、谢桢、胡灵斌、王安。

本项目研究得到了我国著名社会学家王思斌先生的关心,他提出的真知灼见为研究工作提供了思路与方法指导。他还应我之邀欣然为本书作序,为拙作增色。对此,表示衷心的感谢!

在调查过程中,得到了所调研地区的村民、基层干部、老师们的支持和帮助,对此我们深表谢意!本书出版得到浙江师范大学马克思主义学科的支持,一并致谢!

随着我国进入中国特色社会主义新时代,乡村振兴战略的实施,我们相信,农村文化建设将会得到进一步加强,农村文化生态将会得到明显改善,我们期望本研究成果能在今后的农村学校布局调整和农村文化建设政策与措施的制定上具有参考价值。

　　由于研究水平和诸多条件所限，我们的研究肯定存在许多不足，还请专家、读者指正。

蔡应妹

2018 年 2 月于浙江师范大学